高等职业教育工作手册式创新教材

数控编程与操作

主　编　潘红恩　郎旭东
副主编　张静静　谌　鹏
参　编　李新华　马鲁强　许　兵

机械工业出版社

本书以训练学生的数控加工程序编制技能为目标，系统全面地介绍了数控机床的基本概念、数控加工刀具选用、数控车削和铣削编程与加工、数控仿真软件操作、数控车削和数控铣削 CAD/CAM 自动编程加工等内容，以实际工程中具有代表性的典型零件为载体，以任务为导向，采用任务驱动的方式组织内容，每个任务均由学习目标、任务导入、知识链接、任务实施、学习结果评价、知识巩固与拓展等部分组成，书中相关案例代码的详细解析和仿真加工过程等以二维码的形式呈现。另外，本书从价值引领、育人为本的角度，注重工匠精神的注入及职业素养塑造，以期培养更多高素质数控技能人才。

本书可作为普通本科、高等职业教育院校数控技术专业、机电一体化技术专业、机械制造及自动化技术专业、模具设计与制造等专业的教学用书或技能培训用书，也可供有关专业的师生及从事相关工作的科技人员参考。

为方便教学，本书配有电子课件、电子教案、参考程序、教学实施与评价指南、试题及答案等，凡选用本书作为授课教材的老师均可登录机械工业出版社教育服务网（www.cmpedu.com）免费下载。咨询电话：010-88379375。

图书在版编目（CIP）数据

数控编程与操作/潘红恩，郎旭东主编. —北京：机械工业出版社，2023.6（2025.7重印）
高等职业教育工作手册式创新教材
ISBN 978-7-111-72374-5

Ⅰ.①数… Ⅱ.①潘… ②郎… Ⅲ.①数控机床-程序设计-高等职业教育-教材②数控机床-操作-高等职业教育-教材 Ⅳ.①TG659

中国国家版本馆 CIP 数据核字（2023）第 049287 号

机械工业出版社（北京市百万庄大街22号 邮政编码100037）
策划编辑：高亚云　　　　　责任编辑：高亚云　周海越
责任校对：潘 蕊　梁 静　　封面设计：马若濛
责任印制：张 博
固安县铭成印刷有限公司印刷
2025年7月第1版第3次印刷
210mm×285mm·14.5印张·398千字
标准书号：ISBN 978-7-111-72374-5
定价：45.00元

电话服务　　　　　　　　网络服务
客服电话：010-88361066　　机 工 官 网：www.cmpbook.com
　　　　　010-88379833　　机 工 官 博：weibo.com/cmp1952
　　　　　010-68326294　　金 书 网：www.golden-book.com
封底无防伪标均为盗版　　　机工教育服务网：www.cmpedu.com

前　言

党的二十大报告指出，"推进新型工业化，加快建设制造强国、质量强国、航天强国、交通强国、网络强国、数字中国"。航空航天装备是智能制造装备重点建设领域，对于新一代数控机床操作要求较高。因此，南京信息职业技术学院与中航工业金城南京机电液压工程研究中心（简称航空工业南京机电）合作编写了本书，使学生掌握典型工作任务的数控操作与编程，为成长为高技能人才打下良好的理论与实践基础。

本书具有以下特点：

1. 本着价值引领、育人为本的理念，将知识传授、能力培养与素养提升相统一。书中注重工匠精神的融入，通过"榜样的故事"鼓励学生走技能成才之路，通过观看视频、文字介绍了解我国科技成就；通过小提示、小思考、小疑问、情境设置以及丰富的互动问题，提高学生自主思考、动手操作能力，提升数控领域的职业素养。

2. 吸纳国家级技能大师，校企双元合作开发。本书由南京信息职业技术学院与航空工业南京机电合作编写，书中所有任务均来自企业的典型案例，更便于学生"做中学"。

3. 以任务为驱动，书证融通，凸显职业教育特色。全书由浅入深，以 FANUC 数控系统为基础，结合数控车铣加工职业技能等级要求，全面讲解了数控编程与加工基础、数控车削编程与加工、数控铣削编程与加工、数控车铣复合件加工等内容。每个任务由学习目标、任务导入、知识链接、任务实施、学习结果评价、知识巩固与拓展等部分组成，便于学生更好地掌握所学内容。

4. 新形态一体化，配套资源丰富。教材涉及实例中的数控加工程序和操作过程附有详细、清晰的二维码解析说明。此外，为了方便教师教学和学生自主学习，本书配备了教学 PPT、电子教案、习题答案、程序代码等辅助资源，师生可以灵活安排学习地点和进程，实现碎片化学习，个性化教学，使教学过程更加顺畅。

本书参考学时为 64 学时，各项目的参考学时如下：

项　目	内　容	学　时
1	数控编程与加工基础	4
2	数控车削编程与加工	30
3	数控铣削编程与加工	26
4	数控车铣复合件加工	4
总　计		64

本书由南京信息职业技术学院从事专业教学的教师和航空工业南京机电技术人员合作完成，南京信息职业技术学院潘红恩和航空工业南京机电郎旭东任主编，南京信息职业技术学院张静

静和谌鹏任副主编，南京信息职业技术学院李新华、马鲁强及航空工业南京机电许兵也参与了本书的编写，具体分工如下：潘红恩负责拟定本书的框架结构、确定编写思路、统稿和定稿，并编写任务1.1、任务1.2、任务2.1~2.10和附录A、B；郎旭东负责本书的企业案例规划、工艺编制和内容审核；张静静负责编写任务3.5、任务3.7~3.9，参与编写项目4；谌鹏负责编写任务2.11、任务3.1、任务3.3、任务3.10~3.12，参与编写项目4；李新华负责编写任务3.2和任务3.6；马鲁强负责编写任务3.4；许兵负责工艺编制，并编写附录C。此外，感谢航空工业南京机电赵桂生和丁正荣为本书提供数控车企业案例，王晓福为本书提供数控铣企业案例。

在本书编写过程中，南京信息职业技术学院、四川凉山越西县职业技术学校和航空工业南京机电的领导给予了悉心指导，也得到了其他院校、同行的大力支持与帮助，在此一并表示感谢。

由于编者水平所限，书中难免存在疏漏之处，恳请读者批评指正。

编　者

二维码索引

二维码名称	二维码图形	页码	二维码名称	二维码图形	页码
任务 1.1-1 数控机床基本概念与分类		1	任务 2.2-2 外圆柱面与圆弧面编程与加工		52
任务 1.1-2 数控加工过程与加工原理		3	任务 2.2-3 数控车床刀尖半径补偿 G41、G42		49
任务 1.2-1 数控编程方法及数控机床坐标系		9	任务 2.3-1 外圆柱车削固定循环 G90		57
任务 1.2-2 数控编程基本指令		13	任务 2.3-2 外圆锥车削固定循环 G90		58
任务 2.1-1 数控车削装夹与刀具选用		20	任务 2.3-3 垂直端面车削固定循环 G94		60
任务 2.1-2 数控车削加工工艺及切削用量选用		25	任务 2.3-4 锥形端面车削固定循环 G94		60
任务 2.1-3 数控车床基本操作		29	任务 2.3-5 简单阶梯轴编程与加工		61
任务 2.1-4 航空工业首席技能专家——飞机液压柱塞泵连接轴加工		42	任务 2.4-1 外轮廓粗车循环 G71、精车循环 G70		64
任务 2.2-1 数控车床基本指令 G00、G01、G02G03		46	任务 2.4-2 G71、G70 案例编程与加工		66

(续)

二维码名称	二维码图形	页码	二维码名称	二维码图形	页码
任务 2.5-1　端面粗切循环 G72 编程与加工		72	任务 2.10-1　数控车中级职业技能编程训练		107
任务 2.5-2　成形车削循环 G73 编程与加工		71	任务 2.10-2　数控车中级职业技能加工训练		110
任务 2.6-1　宽、窄槽加工方法及暂停指令 G04		75	任务 2.11-1　数控车 CAD、CAM 自动编程加工概述		113
任务 2.6-2　宽、窄槽编程仿真加工		77	任务 2.11-2　数控车自动编程加工		116
任务 2.6-3　子程序 M98、M99 案例编程与加工		79	任务 3.0　工匠精神的传承-飞机齿轮泵的加工		119
任务 2.7-1　数控车削螺纹方法与 G32 指令		84	任务 3.1-1　数控铣装夹与刀具选用		122
任务 2.7-2　G92 直螺纹切削循环指令编程与加工		89	任务 3.1-2　数控铣切削用量选用及下刀方法		126
任务 2.7-3　G92 锥螺纹切削循环指令编程与加工		87	任务 3.1-3　数控铣床基本操作		129
任务 2.7-4　G76 复合螺纹车削循环指令编程与加工		89	任务 3.2-1　数控铣基本指令 G00、G01、G02-G03		137
任务 2.8-1　孔加工方法		94	任务 3.2-2　平面轮廓编程仿真加工		140
任务 2.8-2　孔车削编程与加工		95	任务 3.3-1　数控铣刀具半径补偿指令 G41、G42、G40		144
任务 2.9-1　轴套类零件工艺编制与编程		100	任务 3.3-2　数控铣刀具长度补偿指令 G43、G44、G49		147
任务 2.9-2　轴套类零件加工		104	任务 3.3-3　外轮廓编程仿真加工 5.11		149

(续)

二维码名称	二维码图形	页码	二维码名称	二维码图形	页码
任务3.4 型腔加工典型走刀路线与编程仿真加工		155	任务3.10-1 加工中心功能及其换刀		186
任务3.5 内轮廓深层铣削加工编程仿真加工		159	任务3.10-2 加工中心零件编程		189
任务3.6 坐标系旋转指令G68、G69编程仿真加工		163	任务3.10-3 加工中心仿真加工		191
任务3.7-1 孔加工指令概述		166	任务3.11-1 宏变量与宏指令概述		195
任务3.7-2 孔加工指令详解		167	任务3.11-2 椭圆轮廓编程仿真加工		196
任务3.7-3 孔加工指令应用-5.11		171	任务3.12-1 加工中心CADCAM自动编程加工概述		200
任务3.8-1 比例缩放指令G51、G50编程仿真加工		177	任务3.12-2 加工中心自动编程加工		202
任务3.8-2 镜像G51.1、G50.1指令编程仿真加工		178	任务4-1 数控车铣复合件加工工艺分析与车削编程仿真加工		208
任务3.9 平面多轮廓加工G54、G55、G56、G57		183	任务4-2 数控车铣复合件铣削编程仿真加工		210

目 录

前言
二维码索引

项目 1　数控编程与加工基础 ·· 1

　任务 1.1　数控加工基础 ·· 1
　任务 1.2　数控编程基础 ·· 8

项目 2　数控车削编程与加工 ·· 19

　任务 2.1　数控车认知及基本操作 ··· 19
　任务 2.2　外圆柱面与圆弧面加工（G00、G01、G02/G03、G41/G42 指令应用）············· 43
　任务 2.3　简单阶梯轴加工（G90、G94 指令应用）·· 55
　任务 2.4　复杂阶梯轴外轮廓加工（G71、G70 指令应用）···································· 63
　任务 2.5　端面粗车和成形曲面循环加工（G72、G73 指令应用）···························· 68
　任务 2.6　切槽切断加工（M98、M99 指令应用）·· 74
　任务 2.7　螺纹轴的加工（G32、G92、G76 指令应用）······································· 83
　任务 2.8　孔加工（G71、G70 指令应用）··· 93
　任务 2.9　轴套类零件加工 ··· 100
　任务 2.10　数控车中级职业技能训练 ··· 106
　任务 2.11　数控车 CAD/CAM 自动编程加工 ·· 112

项目 3　数控铣削编程与加工 ·· 119

　任务 3.1　数控铣认知及基本操作 ··· 120
　任务 3.2　平面轮廓加工（G00、G01、G02/G03 指令应用）································ 135
　任务 3.3　外轮廓加工（G41/G42/G40、G43/G44/G49 指令应用）·························· 143
　任务 3.4　型腔加工（G41/G42/G40 指令应用）··· 153
　任务 3.5　内外轮廓深层铣削加工（M98/M99 指令应用）··································· 158
　任务 3.6　相同结构零件加工（G68/G69 指令应用）·· 162
　任务 3.7　钻孔、镗孔、攻螺纹加工（G73~G89 指令应用）································ 166
　任务 3.8　镜像、比例缩放编程（G51/G50、G51.1/G50.1 指令应用）······················ 175
　任务 3.9　平面多轮廓加工（G54~G59 指令应用）·· 180
　任务 3.10　数铣削、加工中心综合零件的加工 ·· 185

任务 3.11　数铣削、加工中心宏程序编程与加工 …………………………………… 193

任务 3.12　数控铣、加工中心 CAD/CAM 自动编程加工 …………………………… 199

项目 4　数控车铣复合件加工 …………………………………………………………… 206

附录 …………………………………………………………………………………………… 213

附录 A　常用切削用量表 ……………………………………………………………… 213

附录 B　数控车铣加工职业技能等级要求 …………………………………………… 216

附录 C　齿轮泵壳体工艺路线表 ……………………………………………………… 218

参考文献 ……………………………………………………………………………………… 219

项目1　数控编程与加工基础

任务1.1　数控加工基础

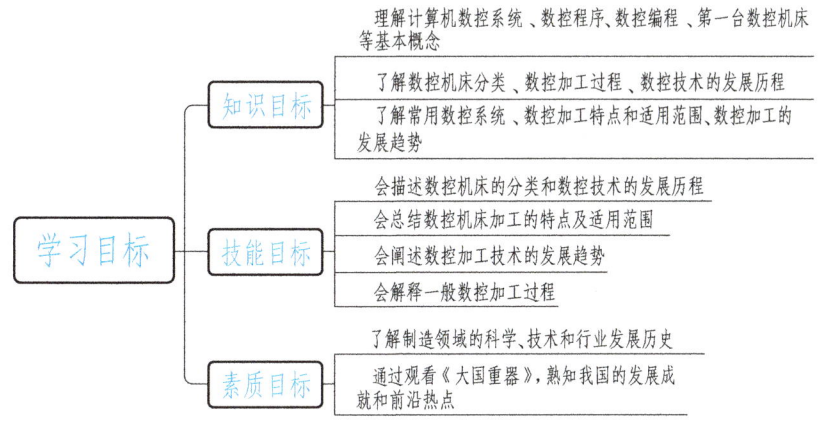

任务导入

任务1：利用互联网，观看《大国重器》（第二季）　第七集　智造先锋，回答以下几个问题？

1）全球_____%的数控机床装在了中国的生产线上。

2）全球装备制造业的竞争焦点是_____。

3）中国超过80%的高端数控装备还必须依赖进口，因此超精密数控加工系统的研发尤为重要。将金属工件表面加工成镜面，只有超精密数控系统才能做到，国外数控制造巨头的核心技术机密是_____。

4）中国工程师在超精密数控加工系统研发中，找到了观测刀具振动误差的方法，在色谱图的帮助下，零件表面加工精度达到了____μm，这相当于汽车在100km/h的速度下，轮胎运行偏差只有三根头发丝，而轮胎的抖动误差还不到头发丝的万分之一。

任务2：根据表1.1.1中所示机床外形，填写机床的名称、适用范围及几种常见机床型号。

表 1.1.1 识别机床

机床外形	机床名称	适用范围	常见机床型号

知识链接

1. 数控机床概述

请观看轴加工视频和埃菲尔铁塔加工视频，并描述所看到的现象。

_____

_____

（1）基本概念　数控技术是用数字信息对机械运动和工作过程进行控制的技术，该技术范围覆盖很多领域，包括机械制造技术，信息处理、加工、传输技术，自动控制技术，伺服驱动技术，传感器技术，软件技术等。

1）数字控制（Numerical Control，NC）。它是指用数字化信号对机床运动及其加工过程进行控制的一种方法，简称数控。

2）数控系统（NC System）。数控设备的数据处理和控制电路以及伺服机构等构成的系统称为数控系统。它能逻辑地处理输入到系统中具有特定代码的程序，并将其译码，从而使机床运动并加工零件。

3）计算机数控（Computer Numerical Control，CNC）系统。由装有数控系统程序的专用计算机、输入/输出设备、计算机数控装置、可编程控制器（PLC）、主轴驱动装置和进给驱动装置等部分组成。

4）数控程序（NC Program）。它是指输入数控系统中、使数控机床执行确定的加工任务、具有特定代码和其他符号编码的一系列指令。

5）数控编程。它是指将零件的加工信息编制成数控机床能识别的代码。在数控机床上加工零件时，要把零件加工的全部工艺过程、工艺参数和位移数据以信息的形式记录在控制介质上，用控制介质上的信息来控制机床，实现零件的全部加工过程。从分析零件图到获得数控机床所需控制介质的全部过程，称为数控编程。

6）数控机床（NC Machine）。数控机床是一种装有程序控制系统（数控系统）的高效自动化机床。它综合了计算机、自动控制、精密测量、机床机构设计与制造等方面的最新成果。具体地讲，凡是将刀具相对于工件的移动轨迹和相关的工艺信息用代码进行编程，然后送入数控系统经过数字运算、处理，并通过高性能的驱动单元控制机床的刀具与工件的相对运动，加工出所需工件的一类机床即为数控机床。

世界上第一台数控机床是1952年美国帕森斯（Parsons）公司和麻省理工学院（MIT）合作研制成功的三坐标数控铣床，它用来加工直升机叶片轮廓检查用样板。数控机床的产生使机械制造业的发展进入了一个新的阶段。

与普通机床相比，数控机床取代了手工操作，可由数控系统在程序控制下自动完成。当今世界，工业国家数控机床的拥有量反映了这个国家的经济能力和国防实力。

（2）数控机床的分类　通常，数控机床可根据工艺方式、伺服控制方式、机床运动轨迹、数控系统的功能水平等进行分类。机床按工艺方式分类如图1.1.1所示，机床按伺服控制方式分类如图1.1.2所示。

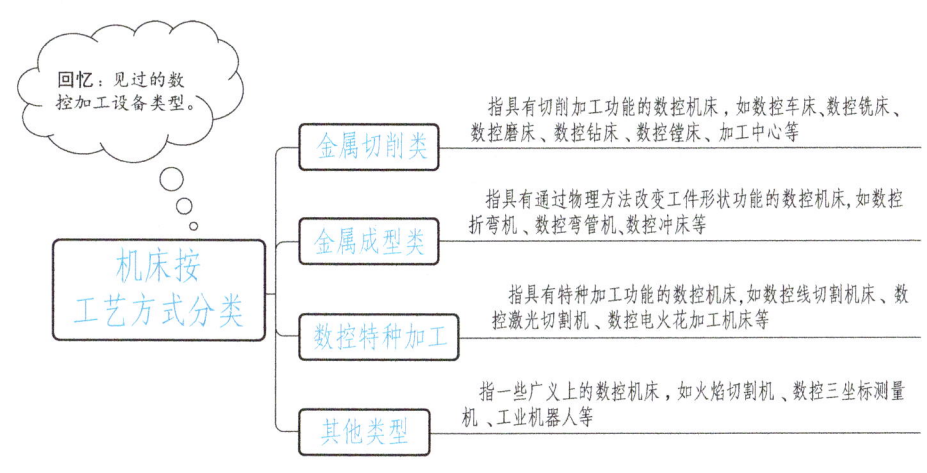

图1.1.1　机床按工艺方式分类

2. 数控加工概述

（1）数控加工工作过程　根据被加工零件的图样进行工艺分析，将零件的形状、尺寸及技术要求等按运动顺序、所用数控机床规定的指令代码及程序格式编写成加工程序，并输入到数控系统中，经过计算机的处理运算，向机床各坐标的伺服系统及辅助装置发出指令，驱动机床有序动作，实现刀具与工件的相对运动，加工出所要求的零件，如图1.1.3所示。

（2）数控技术的发展历程　从1952年世界上第一台数控铣床问世至今，随着微电子技术的不断发展，数控技术得到了迅猛的发展，加工精度和生产率不断提高。如图1.1.4所示，数控技术的发展至今经历了2个阶段和6代。

前三代数控系统主要由电路的硬件和连线组成，称为硬线数控系统，具有硬件和连线多的特点，电路复杂、可靠性不高。装有这类数控系统的机床称为普通数控机床。

后三代数控系统主要由计算机硬件和软件组成，通常称为计算机数控系统，由于利用存储

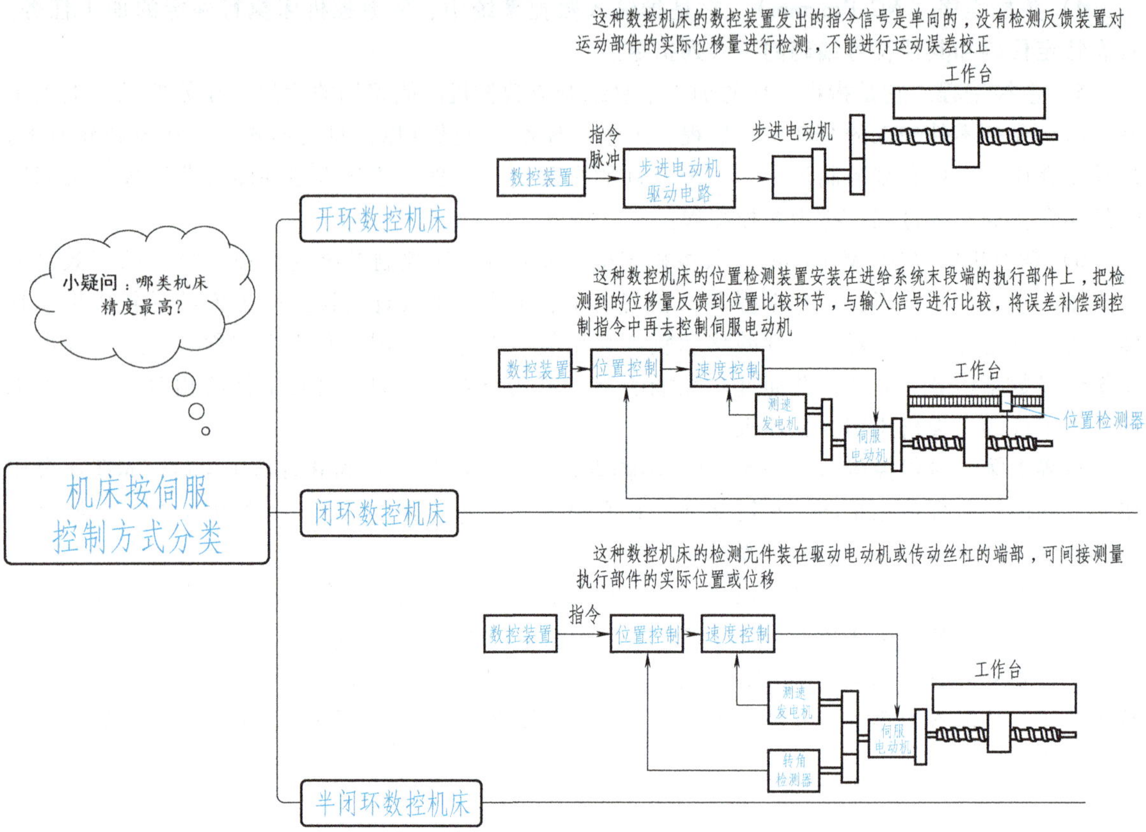

图 1.1.2 机床按伺服控制方式分类

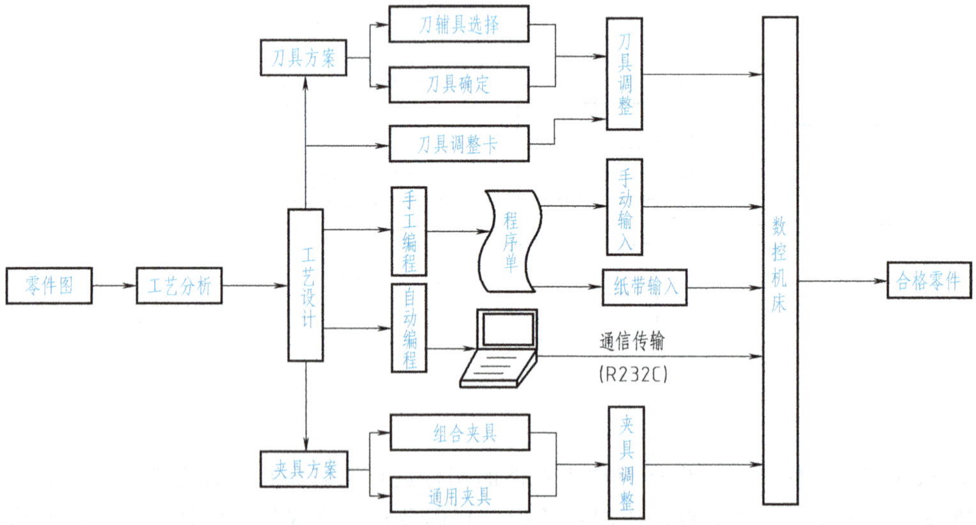

图 1.1.3 数控加工工作过程

在存储器里的软件控制系统工作,因此也称为软线数控系统。这种系统容易扩展,柔性好、可靠性高。

(3) 常用数控系统　数控系统是数控机床的核心,数控机床根据功能和性能要求配置不同的数控系统。系统不同,其指令代码也有差别。因此,编程时应按所使用数控系统代码的编程规则进行编程。FANUC(日本)、SIEMENS(德国)、FAGOR(西班牙)、HEIDENHAIN(德国)、MIT-SUBISHI(日本)等公司的数控系统及相关产品在数控机床行业占据主导地位;我国数控系统及相关产品以华中数控、航天数控、广州数控为代表,也已将高性能数控系统产业化。

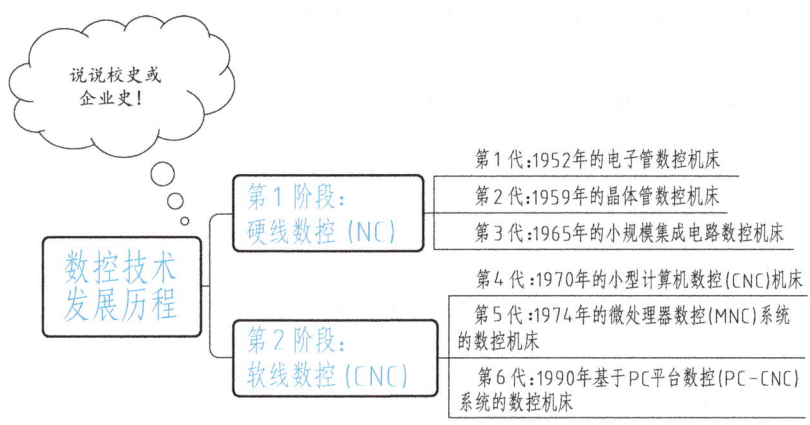

图 1.1.4　数控技术的发展历程

(4) 数控加工特点　与普通机床相比,数控机床加工具有如下特点:

1) 加工精度高,质量稳定。数控机床由精密机床和计算机控制系统组成,其传动系统与机床结构都具有较高的刚性和热稳定性,具有很高的控制精度和制造精度,易保证零件尺寸的一致性,大大减少了通用机床加工中因人为造成的失误,所以数控加工不但可以保证零件获得较高的加工精度,而且加工质量稳定。

2) 生产率高。数控机床自动化程度高,具有良好的刚性,允许采用大切削用量的强力切削,提高了数控机床的生产率。数控机床的空行程速度快,工件装夹时间短,且采用自动换刀,节省了辅助时间。数控机床能在一次装夹中实现多工序的连续加工,大大缩短了生产准备时间。

3) 生产柔性大。数控加工一般不需要复杂的工艺装备,就可以通过编程把形状复杂和精度要求较高的零件加工出来。在更改设计时,一般不需要重新设计制造工装,只需改变加工程序,就可满足当前产品更新快的市场竞争需要,特别适合工件频繁更换或单件、中小批量的生产。

4) 能实现复杂的运动。数控机床可以完成复杂曲线和曲面的自动加工,如螺旋桨、汽轮机叶片等空间曲面,也可以完成普通机床上很难甚至无法完成的加工。

5) 自动化程度高,可减轻劳动负担,改善劳动条件。数控加工是按照事先编制好的程序自动完成的,操作者一般不需要进行繁重的手工操作,只需要操作键盘、装卸工件、进行关键工序的中间检测及观察,使劳动强度大大减小,趋于智力型工作。

6) 便于实现计算机辅助制造。将用计算机辅助设计出来的产品图样及数据变为实际产品的最有效途径,就是采用计算机辅助制造技术直接制造出零部件。数控机床及其加工技术正是计算机辅助制造系统的基础。

(5) 数控加工的适用范围　从数控机床的加工特点可以看出,数控机床加工的主要对象有:

1) 多品种、单件小批量生产的零件或新产品试制中的零件。

2) 几何形状复杂的零件。

3) 对精度及表面粗糙度要求高的零件。

4) 加工过程中需要进行多工序加工的零件。

5) 需要昂贵工装设备(刀具、夹具和模具)的零件。

6) 工艺设计可能经常变化的零件。

(6) 数控加工的发展趋势　现代数控加工正在向高速化、高精度化、柔性化、功能集成化、智能化和高可靠性等方向发展。

1) 向高速化、高精度化方向发展。速度和精度是数控机床的两个重要指标,直接关系到产品的质量和档次、产品的生产周期和在市场上的竞争能力。

2) 向柔性化、功能集成化方向发展。数控机床在提高单机柔性化的同时,朝单元柔性化和系统化方向发展，如出现了数控多轴加工中心、换刀换箱式加工中心等具有柔性的高效加工设备。

3）向智能化方向发展。随着人工智能在计算机领域不断渗透和发展，数控系统也在向智能化方向发展。在新一代的数控系统中，由于采用了"进化计算""模糊系统"和"神经网络"等控制机理，使数控机床的性能大大提高。

4）向高可靠性方向发展。为提高可靠性，数控系统采用更高集成度的电路芯片、大规模或超大规模的专用及混合式集成电路，以减少元器件的数量，提高可靠性。

此外，中国数控机床还向网络化、驱动并联化和标准化方向发展。希望中国的数控机床行业能不断进步、不断发展。

3. 数控机床的加工原理

由 CNC 控制过程可知，零件加工程序经过译码、刀补运算后，紧接着就是插补计算，CNC 系统的数据转换过程如图 1.1.5 所示。

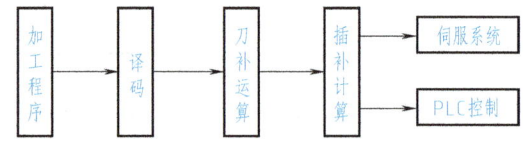

图 1.1.5　CNC 系统的数据转换过程

1）译码。译码程序的主要功能是将用文本格式编写的零件加工程序，以程序段为单位转换成机器运算所要求的数据结构，该数据结构用来描述一个程序段解释后的数据信息。它主要包括 X、Y、Z 等坐标值，进给速度，主轴转速，G 指令、M 指令，刀具号，子程序处理和循环调用处理等数据或标志的存放顺序和格式等。

2）刀补运算。零件的加工程序一般是按零件工艺要求的进给路线编制的，而数控机床在加工过程中所控制的是刀具中心的运动轨迹。不同的刀具，其几何参数也不同。因此，在加工前必须将编程轨迹转换成刀具中心的轨迹，这样才能加工出符合要求的零件。刀补运算就是完成这种转换的处理程序。

3）插补计算。数控程序提供了刀具运动的起点、终点和运动轨迹，而刀具如何从起点沿运动轨迹走向终点，则由数控系统的插补计算装置或插补计算程序来控制。插补计算的任务就是要根据进给的要求，在轮廓的起点和终点之间计算出中间点的坐标值，把这种实时计算出的各个进给轴的位移指令输入伺服系统，实现成形运动。

逐点比较法的插补原理：逐点比较法是指刀具每走一步计算一次，并比较刀具与工件轮廓的相对位置，使刀具向减小误差的方向进给。逐点比较法的工作节拍如图 1.1.6 所示。

① 偏差判别：判别加工点对规定图形的偏离位置，决定进给方向。

② 坐标进给：控制工作台沿某个坐标进给一步，向规定的图形靠拢，缩小偏差。

③ 偏差计算：计算新的加工点对规定图形的偏差，作为下一步判别偏差的依据。

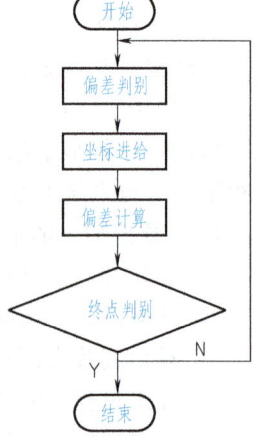

图 1.1.6　逐点比较法的工作节拍

④ 终点判别：判别是否到达终点，若到达终点，发出插补完成信号；若未到达终点，返回到第 1 拍，继续循环过程。

直线和圆弧插补运动轨迹图 1.1.7 和 1.1.8 所示。

4）PLC 控制：CNC 系统对机床的控制分为"轨迹控制"和"逻辑控制"。前者是对各坐标轴的位置和速度的控制，后者是对主轴的起停、换向，刀具的更换，工件的夹紧与松开，冷却、润滑系统的运行等的控制。这种逻辑控制通常以 CNC 系统内部和机床各行程开关、传感器、继电器、按钮等开关信号为条件，由可编程逻辑控制器（PLC）来实现。

由此可见，数控加工的原理就是将数控加工程序以数据的形式输入数控系统，通过译码、刀补运算、插补计算来控制各坐标轴的运动，通过 PLC 的协调控制，实现零件的自动加工。

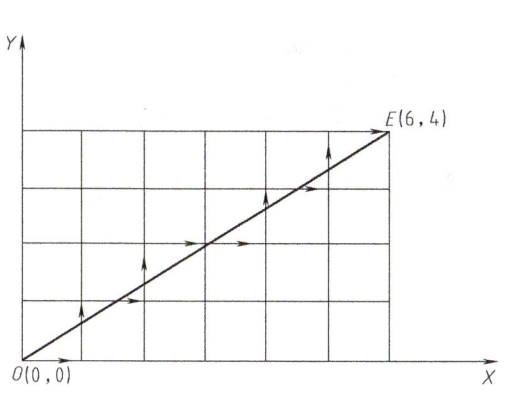

图 1.1.7　直线插补运动轨迹

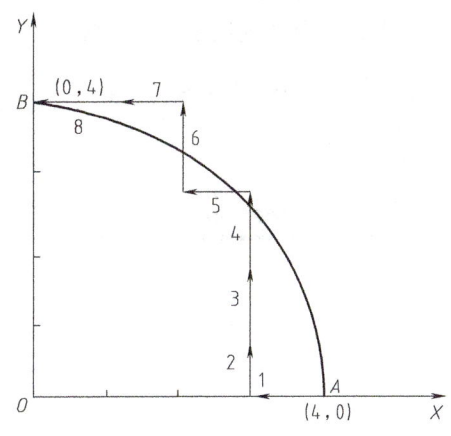

图 1.1.8　圆弧插补运动轨迹

任务实施

任务1：通过互联网查询《大国重器》（第二季）第七集 智造先锋，观看并完成任务要求。

任务2：到数控加工中心参观各类数控设备及观看零件加工过程，结合本课程内容完成任务要求。

学习结果评价

学完数控加工基础，请将本任务的表现填入表1.1.2中。

表 1.1.2　自评表

序号	评价指标	评价内容	分数	分数评定
1	信息检索	能用自己的语言有条理地去解释、表述所学知识； 能将查到的信息有效地传递到学习中	10分	
2	参与态度	积极主动参与任务，与教师、同学之间能够保持多向、丰富、适宜的信息交流； 积极参与课堂学习,能跟上教师上课步伐	20分	
3	学习方法	做到课前预习和课后复习,做好上课要点笔记	20分	
4	学习习惯	按时上课,不迟到、不早退	10分	
5	工作过程	按时保质完成工作任务,书写端正、认真	15分	
6	思维态度	善于多角度分析问题,能主动发现并提出有价值的问题,有分析问题和解决问题的能力	10分	
7	能力反馈	能较好地掌握专业知识点； 具有较强的信息分析能力和理解能力； 具有较为全面、严谨的思维能力并能条理清晰地表达	15分	
		合计	100分	

知识巩固与拓展

【巩固题1】查阅"智能制造2025"和"工业4.0"相关资料，了解智能制造战略要点。

【巩固题 2】 在互联网上查询资料，列举国内外几种著名的数控系统，并指出图 1.1.9 机床操作面板中，哪个系统属于国产系统？

a) 华中数控　　　　　　　　b) FANUC　　　　　　　　c) SIEMENS

图 1.1.9　数控系统

任务 1.2　数控编程基础

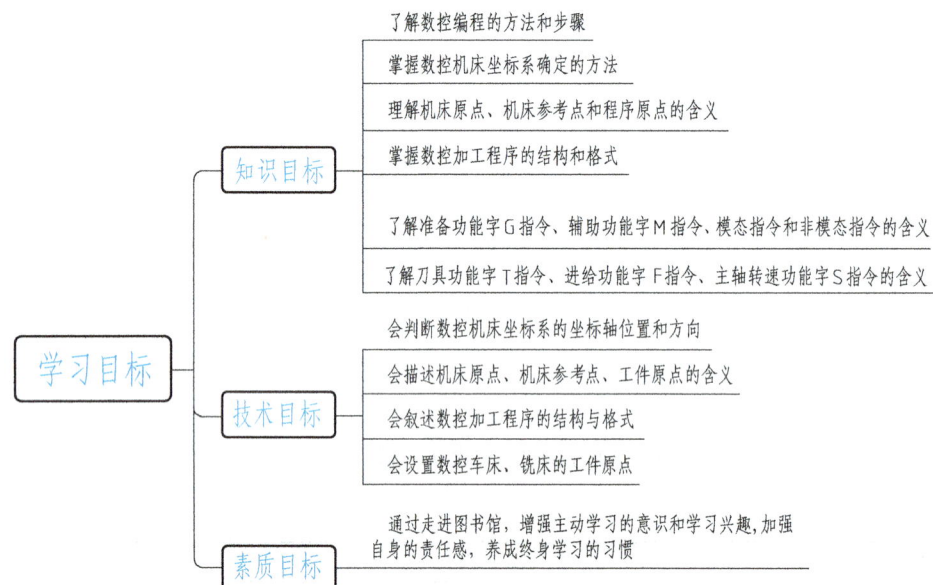

任务导入

任务 1：标注图 1.2.1 所示机床坐标系中的各轴。

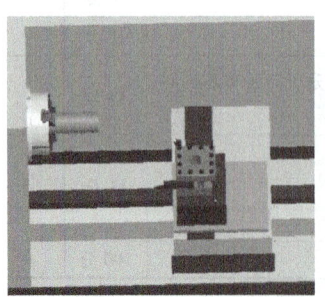 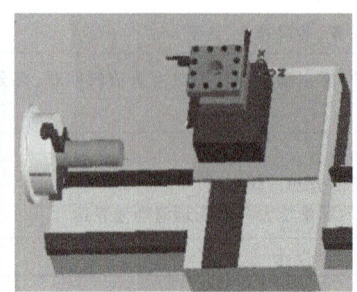 

a) 前置刀架车床(刀架在工件前面)　　　　b) 后置刀架车床　　　　c) 立式铣床

图 1.2.1　机床坐标系

任务 2：标注图 1.2.2 所示机床的工件原点。

项目1 数控编程与加工基础

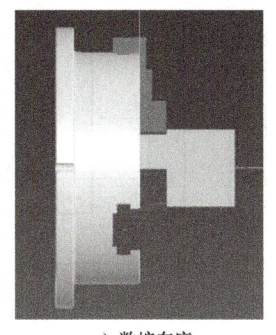
a) 数控车床

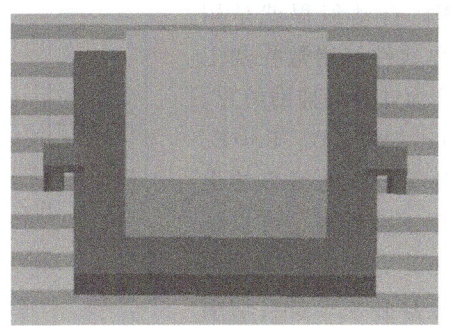
b) 数控铣床

图1.2.2 机床工作台

知识链接

1. 数控编程步骤及方法

（1）数控编程内容与步骤　现代数控机床都是按照事先编制好的零件数控加工程序自动地对工件进行加工的。数控编程是指从零件图到获得数控加工程序的全部工作过程。数控编程的步骤如图1.2.3所示，其内容和说明见表1.2.1。

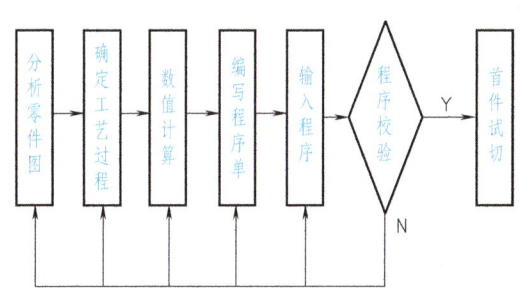

图1.2.3 数控编程的步骤

表1.2.1 数控编程内容和说明

内容	说明
分析零件图	分析零件的材料、形状、尺寸、精度及毛坯形状和热处理要求等，以便确定该零件是否适宜在数控机床上加工，适宜在哪类数控机床上加工。有时还要确定在某一台数控机床上加工该零件的哪些工序或哪几个表面
确定工艺过程	在详细分析零件图的基础上，合理地选择加工方案，确定加工顺序、走刀路线、装夹定位方式、刀具以及切削用量（如切削进给速度、主轴转速、切削宽度和深度等）等工艺参数。同时，还要考虑所用数控机床的指令功能，充分发挥机床的效能；加工路线要短，应正确选择对刀点、换刀点，减少换刀次数。此外，还应填写有关的工艺文件，如数控加工工艺卡、数控加工刀具卡、工件安装及零点设定卡片等
数值计算	根据零件图的几何尺寸，确定工艺路线及设定坐标系，计算零件粗、精加工运动的轨迹，得到刀位数据。对于形状比较简单的零件（直线和圆弧组成的零件）的轮廓加工，需要计算出几何元素的起点、终点、圆弧的圆心、两几何元素的交点或切点的坐标值，有的还要计算刀具中心的运动轨迹坐标值。对于形状比较复杂的零件，如非圆曲线、曲面组成的零件，需要用直线段或圆弧段逼近，根据加工精度的要求计算出节点坐标值。这种数值计算一般要用计算机来完成
编写程序单	根据加工路线计算出的数据和已确定的加工用量，结合数控系统的程序段格式编写零件加工程序单。此外，还应填写数控加工程序单
输入程序	程序通过手工输入或通信传输送入数控系统
程序校验和首件试切	程序校验是指好的程序在数控仿真系统上仿真加工的过程。将加工程序输入到数控装置中，让机床空运行，以检查机床的运动轨迹是否正确。在有CRT图形显示的数控机床上，用模拟刀具与工件切削过程的方法进行检验更为方便，但这些方法只能检验运动是否正确，不能检验被加工零件的加工精度。因此，要进行零件的首件试切。当发现有加工误差时，分析误差产生的原因，找出问题所在，加以修正

（2）数控编程方法　数控编程分为手工编程和自动编程两种。

1）手工编程。手工编程是指主要由人工来完成数控编程中各个阶段的工作，包括分析零件图、确定工艺过程、数值计算、编写程序单、输入程序、程序校验等。对于加工形状简单的零件，手工编程比较简单，程序不复杂，而且经济又便捷。因此，在点定位加工及由直线与圆弧组成的轮廓加工中，手工编程仍得到广泛应用。手工编程的方法与步骤如图1.2.4所示。

2）自动编程。自动编程就是用计算机及相应编程软件编制数控加工程序的过程，也称为计算机辅助编程。常见软件有 MasterCAM、UG、Pro/E、CAXA 制造工程师等。自动编程的优点是效率高，程序正确性高，可以解决许多手工编程无法完成的复杂零件的编程难题；缺点是必须具备自动编程系统或编程软件。自动编程较适合编制形状复杂零件的加工程序，如模具加工、多轴联动加工等。

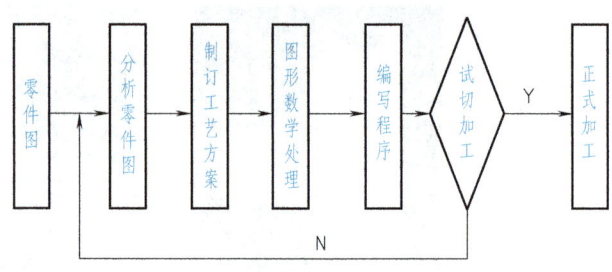

图 1.2.4　手工编程的方法与步骤

图形数控自动编程是指将零件的图形信息直接输入计算机，通过自动编程软件的处理，得到数控加工程序，其方法与步骤如图 1.2.5 所示。目前，图形数控自动编程是使用最为广泛的自动编程方式。

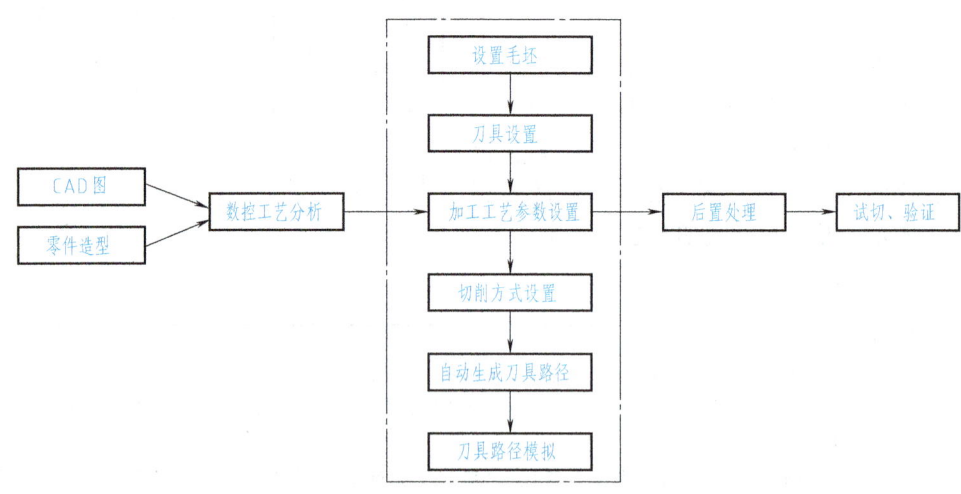

图 1.2.5　自动编程的方法与步骤

2. 数控机床的坐标系

（1）坐标系及运动方向的规定　数控机床的标准坐标系及其运动方向在国际标准中有统一规定。为了确定机床的运动方向和移动距离，需要在机床上建立一个坐标系，这就是机床坐标系。

1）右手笛卡儿直角坐标系　标准机床坐标系中 X、Y、Z 坐标轴的相互关系由右手笛卡儿直角坐标系决定，如图 1.2.6 所示。右手的大拇指、食指和中指互相垂直时，拇指代表 X 轴，食指代表 Y 轴，中指代表 Z 轴。大拇指指向为 X 坐标轴的正方向，食指指向为 Y 坐标轴的正方向，中指指向为 Z 坐标轴的正方向。平行于移动轴 X、Y、Z 轴的第一组的附加轴称为 U、V、W，第二组为 P、Q、R。

以 X、Y、Z 轴为中心旋转的运动称为回转，分别用回转轴 A、B、C 表示，回转轴 A、B、C 的正方向按右手螺旋定律确定，如图 1.2.6 所示，即当右手紧握，拇指指向 X、Y、Z 轴的正向时，其余四指方向分别为 +A、+B、+C 轴的旋转方向。

2）刀具运动坐标与工件运动坐标。数控机床的坐标系是机床运动部件进给运动的坐标系。由于进给运动可以是刀具相对工件的运动（如数控车床），也可以是工件相对刀具的运动（如数控铣床），因而统一规定为：工件固定、刀具运动的刀具运动坐标，即刀具相对工件运动的刀具运动坐标；用"字母+'"的坐标表示工件相对"静止"刀具而运动的工件运动坐标。

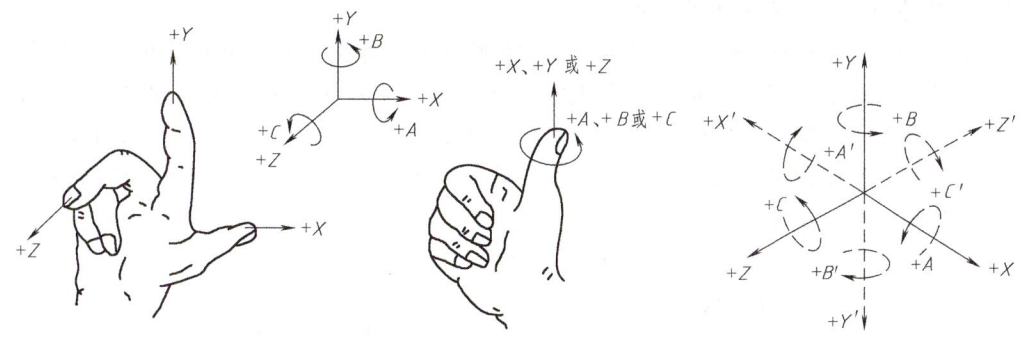

图 1.2.6 右手笛卡儿直角坐标系

3)运动的方向。国家标准规定使刀具与工件距离增大的方向为运动的正方向,即刀具远离工件的方向为正方向;反之,则为负方向。

(2)机床坐标轴的确定 机床坐标轴的确定方法见表 1.2.2。

表 1.2.2 机床坐标轴的确定方法

确定轴	定义	情况分类	设备	方向	示例	说明
先确定 Z 轴	Z 轴为传递切削力的主轴轴线,即平行于主轴轴线的坐标轴	转动工件的轴为主轴	车床、磨床等	刀具远离工件的方向为正方向	如图 1.2.7a 所示	当机床有几个主轴时,选一个与工件装夹面垂直的主轴为 Z 轴;当机床无主轴时,选一个与工件装夹面垂直的方向为 Z 轴方向
		转动刀具的轴为主轴	铣床、镗床和攻丝机床等		如图 1.2.7b、c 所示	
再确定 X 轴	X 轴为水平方向且平行于工件的装夹面	工件旋转类机床	车床、磨床等	刀具远离工件的方向为正方向	如图 1.2.7a 所示	对刀具或工件均不旋转的机床(如刨床),X 坐标轴平行于主要切削方向,并以该方向为正方向
		刀具旋转类机床	若 Z 轴垂直(如立式铣床)	观察者面对刀具主轴向床身立柱看,向右为正方向	如图 1.2.7b 所示	
			若 Z 轴水平(如卧式铣床)	观察者沿刀具主轴后端向工件看,向右为正方向	如图 1.2.7c 所示	
最后确定 Y 轴	在确定了 X、Z 轴的正方向后,即可按右手螺旋定律定出 Y 轴正方向					

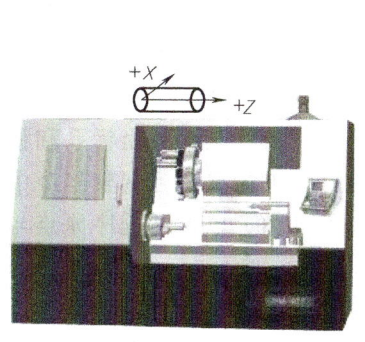
a)数控车床

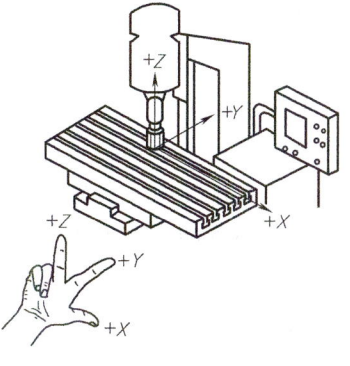
b)立式铣床

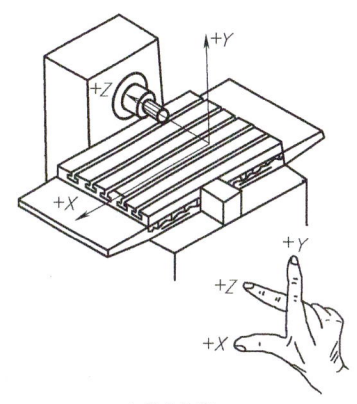
c)卧式铣床

图 1.2.7 数控机床坐标系

(3) 机床原点、参考点和工件原点

1) 机床原点（machine origin）。机床原点就是机床坐标系的原点，是机床的一个基准位置。它是机床上的一个固定的点，由制造厂家确定，其作用是使机床与控制系统同步，建立测量机床运动坐标的起始点。数控车床的机床原点多定在主轴前端面的中心，即卡盘端面与主轴中心线的交点处。数控铣床的机床原点多定在进给行程范围的正极限点处，也有的设置在机床工作台中心，使用前可查阅机床用户手册。

2) 机床参考点（reference point）。机床参考点是用于对机床工作台（或滑板）与刀具相对运动的测量系统进行定标与控制的点，一般设定在各坐标轴正向行程极限点的位置上。该位置是在每个轴上用挡块和限位开关精确地预先调整好的，它相对于机床原点的坐标是一个已知数，且为一个固定值。每次开机起动后，或当机床因意外断电、紧急制动等原因停机而重新起动时，都应该先让各轴回机床参考点，进行一次位置校准，以消除上次运动所带来的位置误差。图1.2.8所示为数控车床原点、参考点和工件原点的关系。

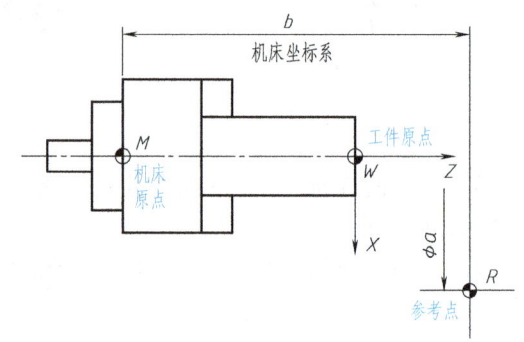

图1.2.8　数控车床原点、参考点和工件原点的关系

3) 工件原点（program origin）。在对零件图进行编程计算时，为了编程方便，需要在零件图上的适当位置建立编程坐标系，其坐标原点即为程序原点。而要把程序应用到机床上，程序原点应该对应工件毛坯的特定位置，其在机床坐标系中的坐标是多少，必须让机床的数控系统知道，而这一操作是通过对刀来实现的。编程坐标系在机床上就表现为工件坐标系，坐标原点称为工件原点。对刀操作的目的是为了建立工件坐标系与机床坐标系的关系。

工件原点一般按如下原则选取：

① 工件原点应选在工件图样的尺寸基准上。这样可以直接用图样标注的尺寸作为编程点的坐标值，减少数据换算的工作量。

② 应便于工件的装夹、测量和检验。

③ 尽量选在尺寸精度高、表面质量比较好的工件表面上，这样可以提高工件的加工精度和同一批零件的一致性。

④ 对于有对称几何形状的零件，工件原点最好选在对称中心点上。

车床的工件原点一般设在主轴中心线上，多定在工件的左端面或右端面。铣床的工件原点一般设在工件外轮廓的某一个角上或工件对称中心处；进刀深度方向上的零点大多取在工件表面。对于形状较复杂的工件，有时为编程方便，可根据需要通过相应的程序指令随时改变新的工件坐标原点；对于在一个工作台上装夹加工多个工件的情况，在机床功能允许的条件下，可分别设定编程原点独立编程，再通过工件原点预置的方法在机床上分别设定各自的工件坐标系。

对于编程和操作加工采取分开管理机制的生产单位，编程人员只需要将其编程坐标系和程序原点填写在相应的工艺卡片上即可。而操作加工人员则应根据工件装夹情况适当调整程序中建立工件坐标系的程序指令，或采用原点预置的方法调整修改原点预置值，以保证程序原点与工件原点的一致性。

(4) 绝对坐标与增量（相对）坐标编程

1) 绝对坐标。刀具运动轨迹的坐标点以固定的坐标原点计算。即刀具运动的位置坐标是指刀具相对于程序原点的坐标，在数控铣程序中用G90指定。如图1.2.9a中，表示A到B运动方向的坐标，以绝对坐标标记，O为工件坐标系原点，A点的坐标为$X_A=30$，$Y_A=40$，B点的坐标

为 $X_B = 90$,$Y_B = 95$。

2)增量坐标。刀具运动轨迹的终点坐标值以其起点计算。即刀具运动的位置坐标是指刀具从当前位置到下一个位置之间的增量,在数控铣程序中用 G91 指定。在数控车削中用 U 和 W 分别指定 X 和 Z 的相对坐标。如图 1.2.9b 中,以增量坐标标记,A 为刀具当前点,终点 B 点的坐标值应为 $U_B = 60$,$V_B = 55$。

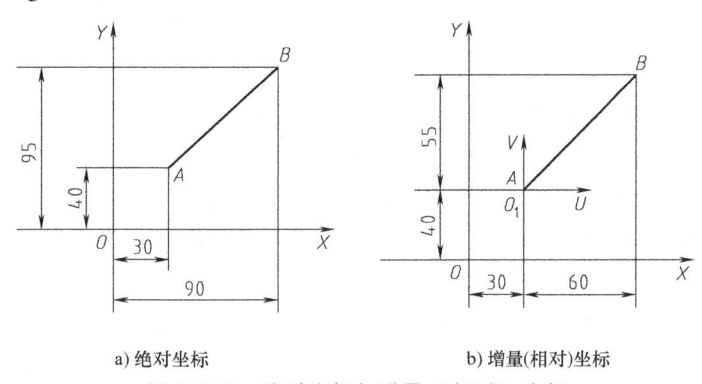

a)绝对坐标　　　　　　　b)增量(相对)坐标

图 1.2.9　绝对坐标与增量(相对)坐标

3. 数控加工程序结构与程序段格式

(1)数控加工程序的结构　数控加工中,为使机床运行而送到 CNC 的一组指令称为程序。每个程序都是由程序名(程序号)、程序主体(程序内容)和程序结束三部分组成。

下面是一个完整的数控加工程序,该程序程序名为 O2010,以程序结束指令 M30 结束。

```
O2101;                          "程序名"
    N10 M03S500;
    N20 T0101;
    N30 G00X45;
    N40 Z0;
    N50 G01X0F0.1;
    N60 G00Z2;                  "程序主体"
    N70 X35;
    N80 G01Z-20;
    N90 G00X100;
    N100 Z100;
    N110 M05;
    N120 M30;                   "程序结束"
```

程序名:每个独立的程序都有一个自己的程序名。FANUC 系统的程序名由 O 和 1~4 位数字表示;SIEMENS 系统的程序名由%和字母或数字混合组成。

程序主体:由若干程序段组成,每个程序段由若干个代码组成,每个代码则由字母(地址符)和数字(有些数字还带有符号)组成。程序主体最后程序段一般用 M05 停主轴。

程序结束:程序结束指令编在程序最后一行,一般用 M02、M30 表示。

程序段末尾的";"为程序段结束符号。一个程序段代表一个完整的加工工步或动作。

(2)程序段格式　程序段是可作为一个单位来处理的连续字组,是数控加工程序中的一条语句。一个数控加工程序是由若干程序段组成的。

程序段格式是指程序段中的字、字符和数据的安排形式。现代数控机床广泛采用字地址可变程序段格式,即程序段的长短是可变的,其格式如下所示:

```
N__  G__  X__ Y__ Z__  F__  S__  T__  M__  LF(CR)
 │    │    └──┬──┘     │    │    │    │     │
 顺   准      坐标尺寸   进   主   刀   辅    程
 序   备      或规格字   给   轴   具   助    序
 号   功               功   转   功   功    段
      能               能   速   能   能    结
                           功              束
                           能              符
```

(3) 字与字的功能

1) 字符与代码。字符是用来组织、控制或表示数据的一些符号，如数字、字母、标点符号、数字运算符等。数控系统只能接受二进制信息，即用"0"和"1"组合的代码来表达。国际上广泛采用两种标准代码：ISO（国际标准化组织）标准代码和EIA（美国电子工业协会）标准代码。这两种标准代码的编码方法不同，但在大多数现代数控机床上都可以使用，只需用系统控制面板上的开关或G功能指令来选择。

2) 程序字。数控程序中字符的集合称为程序字，简称字。字是由一个英文字母与随后的若干位十进制数字组成，这个英文字母称为地址符。如："X50"是一个字，字母"X"为地址符，数字"50"为地址中的内容。

3) 程序字的功能。组成程序段的每个字都有其特定的功能含义，本书是以FANUC数控系统的规范为主来介绍的，在实际工作中，请遵照数控机床数控系统说明书来使用各个程序字的功能。

数控程序中所用的程序字主要有准备功能字G指令、刀具功能字T指令、进给功能字F指令、主轴转速功能字S指令、辅助功能字M指令等。在数控编程中，用各种G指令和M指令来描述工艺过程的各种操作和运动特征。

① 顺序号。顺序号又称程序段号或程序段序号，位于程序段之首，由地址符N和1~4位正整数后续数字组成。数控程序中的顺序号实际上是程序段的名称，与程序执行的先后次序无关。数控系统不是按顺序号的次序来执行程序，而是按程序段编写时的排列顺序逐段执行。

顺序号的作用主要是针对程序的校对和检索修改。有顺序号的程序段可以进行复归操作，这是指加工可以从程序的中间开始或回到程序中断处开始。

一般使用方法：编程时将第一程序段冠以N10，以后以间隔10递增的方法设置顺序号，这样在调试程序时，如果需要在N10和N20之间插入程序段，就可以使用N11、N12等。

② 准备功能字G指令。准备功能字的地址符是G，所以又称G指令，用来规定刀具和工件相对运动的插补方式、刀具补偿、坐标偏移等。G指令由字母"G"和其后两位数字组成，G00~G99有100种，表1.2.3所列为FANUC数控系统G指令的功能，具体功能以参考手册为准。G指令是程序的主要内容，一般位于程序段中坐标数字的指令前。

表1.2.3 G指令的功能

G指令	模态	功能	G指令	模态	功能
G00	a	点定位(快速移动)	G17	c	XY平面选择
G01	a	直线插补	G18	c	ZX平面选择
G02	a	顺圆弧插补	G19	c	YZ平面选择
G03	a	逆圆弧插补	G20~G32	#	不指定
G04	-	暂停	G33	a	螺纹切削,等螺距
G05	#	不指定	G34	a	螺纹切削,增螺距
G06	a	抛物线插补	G35	a	螺纹切削,减螺距
G07	#	不指定	G36~G39	#	永不指定
G08		加速	G40	d	刀尖半径补偿取消
G09	-	减速	G41	d	刀尖半径左补偿
G10~G16	#	不指定	G42	d	刀尖半径右补偿

(续)

G 指令	模态	功能	G 指令	模态	功能
G43	#(d)	刀具正偏置	G61	h	准确定位 2(中)
G44	#(d)	刀具负偏置	G62	h	快速定位(粗)
G45	#(d)	刀具偏置+/+	G63	-	攻螺纹
G46	#(d)	刀具偏置+/-	G64~G67	#	不指定
G47	#(d)	刀具偏置-/-	G68	#(d)	刀具偏置,内角
G48	#(d)	刀具偏置-/+	G69	#(d)	刀具偏置,外角
G49	#(d)	刀具偏置0/+	G70~G79	#	不指定
G50	#(d)	刀具偏置0/-	G80	c	固定循环注销
G51	#(d)	刀具偏置+/0	G81~G89	c	固定循环
G52	#(d)	刀具偏置-/0	G90	j	绝对尺寸
G53	f	直线偏移注销	G91	j	增量尺寸
G54	f	直线偏移 X	G92	-	预置寄存
G55	f	直线偏移 Y	G93	k	时间倒数,进给率
G56	f	直线偏移 Z	G94	k	每分钟进给量
G57	f	直线偏移 XY	G95	k	主轴每转进给量
G58	f	直线偏移 XZ	G96	i	恒线速度
G59	f	直线偏移 YZ	G97	i	每分钟转速(主轴)
G60	h	准确定位 1(精)	G98~G99	#	不指定

注：1. "#"表示若选作特殊用途，必须在程序格式中说明。

2. 在直线切削控制中没有刀具补偿，则 G43~G52 可指定其他用途。

3. 表中括号内的字母（d）表示：可以被同栏中没有括号的字母 d 所注销或代替，也可被有括号的字母（d）所注销或代替。

4. G45~G52 的功能可用于机床上任意两个预定的坐标。

5. 控制机上没有 G53~G59、G63 功能时，可以指定其他用途。

在表 1.2.3 中，序号有 a、c、d、f、h、i、j、k 的均为模态指令，字母相同的为一组，同组的指令不能同时出现在一个程序段中。模态指令又称续效指令，在一个程序段出现后，其功能可保持到被相应的指令取消或被同组指令所代替。编写程序时，与上段相同的模态指令可省略。不同组模态指令编在同一程序段内，不影响其续效。例如：

N10 M03S500；

N20 T0101；

N30 G00X45；

N40 Z0；

N50 G01X0F0.1；

N60 G00Z2；

……

上例中，出现 G00 和 G01 模态指令，G00 功能在 N30 出现，N40 中继续有效，至 N50 出现 G01 时才失效。

表 1.2.3 模态栏标有"-"的指令为非模态指令，又称非续效指令，其功能仅在出现的程序段中有效，如 G04。

③ 刀具功能字 T 指令。T 指令为刀具指令，在加工中心机床中，该指令用于自动换刀时选择所需的刀具。在车床中，常为 T 后跟 4 位数字，数字的前两位为刀具号，后两位为刀具补偿号，如 T0101 表示调用 01 号刀具，刀具的偏置量存放在 01 号寄存器中。每把刀加工结束后要取消补偿，如 T0200 后两位 00 表示取消 2 号刀具的补偿。

在铣、镗床中 T 后常跟两位数，用于表示刀具号，刀补号则用 D 代码表示。如 T10D12 表示调用 10 号刀具，刀具的偏置量存放在 12 号寄存器中。T、D 控制字可写在同一行，也可分开写。

④ 进给功能字 F 指令。F 指令为进给指令,用于指定刀具中心运动时的进给量,由地址符 F 和后面若干位数字构成。进给功能通常有三种形式:

第一种是刀具每分钟的进给速度,单位是 mm/min,用 G98 指令指定,该指令在 F 后面直接指定刀具每分钟的进给速度。

第二种是主轴每转一转刀具的进给量,单位是 mm/r,用 G99 指令指定,该指令在 F 后面直接指定主轴转一转时刀具的进给量。

第三种是螺纹导程,单位是 mm,用 G32、G92 或 G76 指令指定。

G98 为模态指令,在程序中指定后,直到 G99 被指定前一直有效。G99 为模态指令,在程序中指定后,直到 G98 被指定前一直有效。在编程中一个程序段只可使用一个 F 代码,不同程序段可根据需要改变进给量。例如:

G98F30;(指定进给速度为 30mm/min,如图 1.2.10a 所示)
G99F0.2;(指定进给量为 0.2mm/r,如图 1.2.10b 所示)
G32(G92、G76)F2.0;(指定螺距为 2.0mm,如图 1.2.10c 所示)

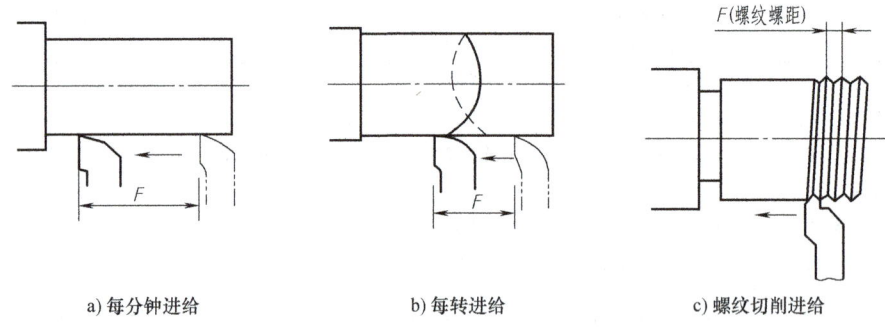

a) 每分钟进给　　　　b) 每转进给　　　　c) 螺纹切削进给

图 1.2.10　切削进给功能

⑤ 主轴转速功能字 S 指令。S 指令为主轴转速指令,用来指定主轴的转速,常为 S 后跟一串数字。有恒线速(单位为 m/min)和恒转速(单位为 r/min)两种指令方式,分别由指令 G96、G97 指定。用 G96 指令指定转速时,主轴的转速会随工件直径的变小而增大,为防止飞车,可利用 G50 指令来限制主轴的最高转速。具体方式由 G 功能字指定。

G96 指定 S 的单位为 m/min。如"G96S200;"表示恒切削速度为 200m/min。

G97 表示取消恒线速控制,单位为 r/min。如"G97S800;"表示切削速度为 800r/min。

G50S2000 表示指定主轴最高转速为 2000r/min。

⑥ 辅助功能字 M 指令。M 指令用于控制机床开关,如控制主轴的起停、正反转、冷却液的开关、工件或刀具的夹紧与松开、刀具的更换等。辅助功能由指令地址符 M 和后面的两位数字组成,从 M00~M99 共 100 种。M 指令也分续效指令与非续效指令。表 1.2.4 所列为 FANUC 数控系统 M 指令的功能,指令的具体功能以产品说明书为准。

表 1.2.4　M 指令的功能

M 指令	功能	指令格式	M 指令	功能	指令格式
M00	程序暂停		M08	切削液开	
M02	程序结束		M09	切削液关	
M03	主轴正转	M03S_____	M30	程序结束并返回程序起点	
M04	主轴反转	M04S_____	M98	子程序调用	M98 P_____
M05	主轴停止		M99	子程序结束	
M06	换刀				

一般 M03、M04、M06、M08 为段前执行，即在一个程序段中，同时有 G 指令和 M 指令时，先执行 M 指令，后执行 G 指令。M05、M09 为段后执行指令，即在一个程序段中，同时有 G 指令和 M 指令时，先执行 G 指令，后执行 M 指令。M00、M01、M02、M30 一般要求独立编写一个程序段。常用地址符含义见表 1.2.5。

表 1.2.5　常用地址符含义

机能	地址符	说明(意义)
程序号	O 或 P 或 %	程序编号地址
程序段号	N	程序段顺序编号地址
坐标值	X,Y,Z	坐标轴的移动指令
	I,J,K	圆弧中心坐标
	R	圆弧半径
	U,V,W	平行于 X,Y,Z 坐标轴的第二坐标系
	A,B,C	绕 X,Y,Z 坐标轴的转动
进给速度	F	进给速度指令
主轴机能	S	主轴转速或切削速度
刀具号	T	刀具编号指令
辅助功能	M 或 B	机床开关指令,指定工作台分度等
补偿值	H 或 D	补偿值的地址
暂停	P 或 X	暂停时间指令
重复次数	L	子程序或循环程序等的循环次数

任务实施

任务 1：根据数控机床坐标轴的确定方法和刀具相对工件运动的原则确定图 1.2.1 所示坐标轴。

任务 2：根据数控车床、铣床的工件原点设置的一般原则确定图 1.2.2 工件原点。

学习结果评价

学完数控编程基础，请将本任务的表现填入表 1.2.6 中。

表 1.2.6　自评表

序号	评价指标	评价内容	分数	分数评定
1	信息检索	能用自己的语言有条理地去解释、表述所学知识；能将查到的信息有效地传递到学习中	10 分	
2	参与态度	积极主动参与任务，与教师、同学之间能够保持多向、丰富、适宜的信息交流；积极参与课堂学习，能跟上教师上课步伐	20 分	
3	学习方法	做到课前预习和课后复习,做好上课要点笔记	20 分	
4	学习习惯	按时上课、不迟到、不早退	10 分	
5	工作过程	按时保质完成工作任务,书写端正、认真	15 分	
6	思维态度	善于多角度分析问题，能主动发现并提出有价值的问题,有分析问题、解决问题的能力	10 分	
7	能力反馈	能较好地掌握专业知识点；具有较强的信息分析能力和理解能力；具有较为全面、严谨的思维能力并能条理清晰地表达	15 分	
		合计	100 分	

知识巩固与拓展

【巩固题 1】请简述数控车床坐标系的确定方法。请简述立式铣床坐标系的确定方法。

【巩固题2】观察数控加工中心实训室内的各种机床，并根据所学知识确定不同机床的坐标。

【知识拓展】

让我们走进图书馆

多读书、多学习、多求经验，就是前途的保障。——罗曼·罗兰

不读书的人，思想就会停止。——狄德罗

读书是在别人思想的帮助下，建立起自己的思想。——鲁巴金

本项目内容涉及较多有关数控编程的专业知识，为了更好地加深对课程的理解，可到图书馆借阅相关参考书，翻阅书籍中有关数控加工的内容，并尝试理解其含义。开卷有益，养成终身学习的习惯！

项目2　　数控车削编程与加工

任务2.1　　数控车认知及基本操作

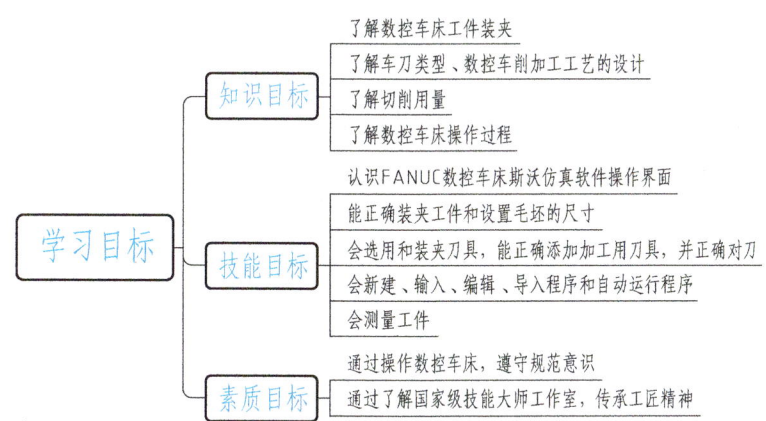

任务导入

任务1：根据表2.1.1中加工示意图，填写车削加工的名称。

表2.1.1　车削加工

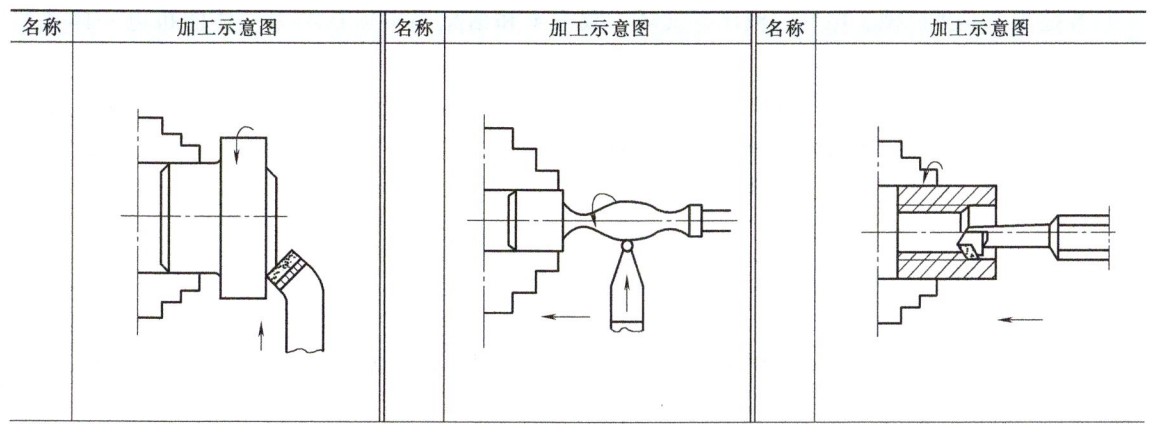

名称	加工示意图	名称	加工示意图	名称	加工示意图

(续)

名称	加工示意图	名称	加工示意图	名称	加工示意图
	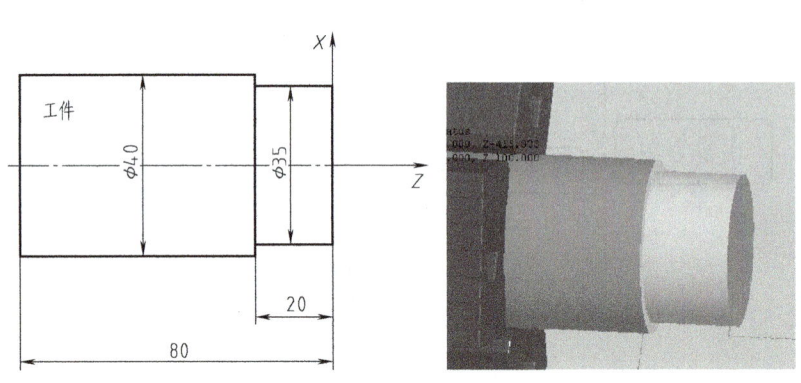				

任务 2：如图 2.1.1 所示，用长 80mm、直径 φ40mm 的棒料加工一台阶轴，其直径为 φ35mm，长度为 20mm，根据提供的程序（在本任务的任务实施中），利用仿真软件完成端面车削和 φ35mm 外圆柱面的粗加工。

图 2.1.1 台阶轴

知识链接

数控车床是集机械、电气、液压、气动、微电子和信息等多项技术为一体的机电一体化产品，是机械制造设备中具有高精度、高效率、高自动化和高柔性化等优点的工作母机。数控车床主要用于加工轴类、盘类等回转体零件。一般是将事先编好的数控加工程序输入到数控系统中，通过程序的运行，可自动完成内外圆柱面、圆锥面、成形表面、螺纹和端面等的切削加工，并能进行车槽、钻孔、扩孔、铰孔等工作。

2.1.1 数控车基本认知

1. 数控车床简介

（1）数控车床的组成 数控车床由数控装置、床身、主轴箱、刀架、尾座等部分组成。CK6136 数控车床如图 2.1.2 所示。

（2）数控车床的布局 数控车床有平床身机床（图2.1.2）和斜床身机床（图2.1.3）。

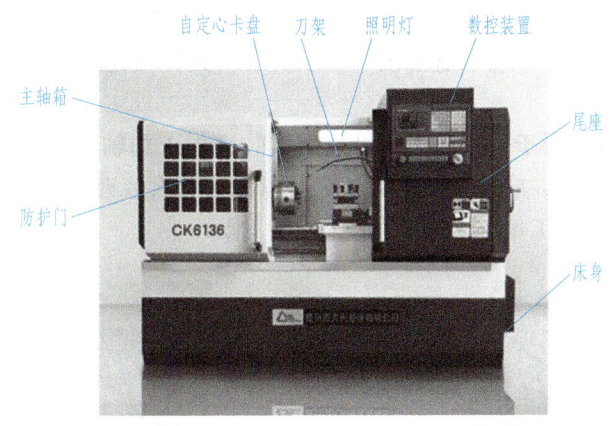

图 2.1.2 CK6136 数控车床

平床身机床排屑困难、体积大，相同的面积下摆放的机床少；斜床身机床体积小，但倾角过大则导轨的导向性和受力情况差。

2. 毛坯类型及选择

零件的毛坯有铸件、锻件和型材（如圆钢、方钢）等，如图 2.1.4 所示，应根据生产纲领和批量、零件的结构形状和尺寸大小、零件的力学性能、工厂现有设备和技术水平以及技术经济性综合考虑选择毛坯类型、材料、尺寸规格、表面质量及力学性能。

图 2.1.3 斜床身机床

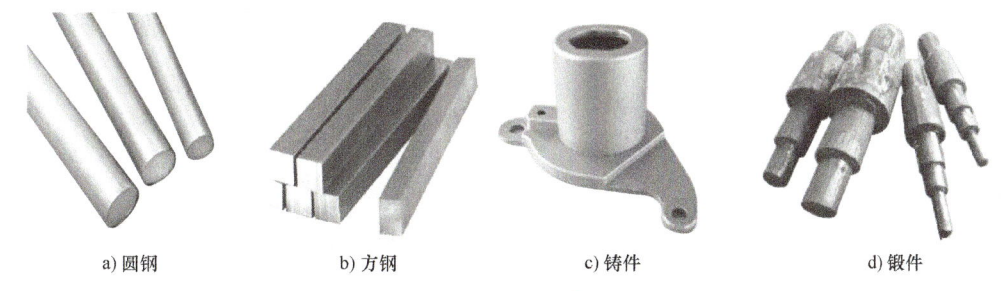

a) 圆钢　　　b) 方钢　　　c) 铸件　　　d) 锻件

图 2.1.4 毛坯类型

3. 工件装夹

在数控车床上加工零件，应按工序集中的原则划分工序，在一次装夹下尽可能完成大部分甚至全部表面的加工。数控车削加工时，零件常用装夹方式有：

1）自定心卡盘装夹工件。自定心卡盘如图2.1.5所示，其特点是装夹简单、夹持范围大和

小提示：应用自定心卡盘装夹已精加工过的表面时，被夹住的工件表面应包一层铜皮，以免夹伤工件表面。

图 2.1.5 自定心卡盘

自动定心，主要用于在数控车床装夹加工圆柱形轴类零件和套类零件，适用于装夹外形规则的中、小型工件。

2）单动卡盘装夹工件。单动卡盘如图2.1.6所示，其特点是夹紧力较大，适用于装夹大型或形状不规则的工件。

3）两顶尖装夹工件。对于较长或必须经过多次装夹加工的轴类零件，或工序较多、车削后还要铣削和磨削的轴类零件，应采用两顶尖装夹，以保证每次装夹时的装夹精度，如图2.1.7所示。利用两顶尖定位还可加工偏心工件，如图2.1.8所示。

图 2.1.6　单动卡盘

图 2.1.7　两顶尖装夹工件

4）一夹一顶装夹工件。在车削较重的长轴时，常采用一夹一顶的装夹方法，即卡盘夹持一端，另一端用尾座上顶尖定位，如图2.1.9所示。

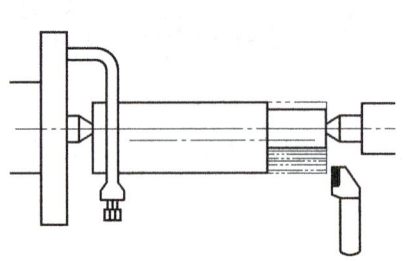
图 2.1.8　两顶尖定位车削偏心工件

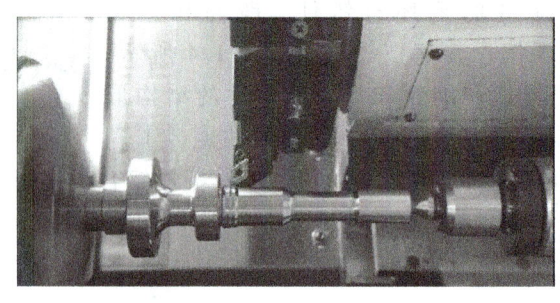
图 2.1.9　一夹一顶装夹工件

4. 车刀类型及安装

（1）数控车刀类型

1）按车刀结构，数控车刀可分为整体式、焊接式及机械夹紧（机夹）式三大类。

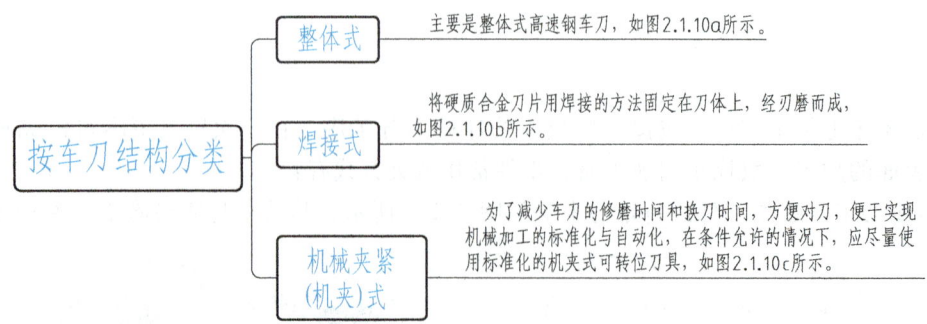

2）按用途，数控车刀分可分为外圆车刀、内孔车刀、螺纹车刀、切断（槽）车刀等，常用车刀种类如图2.1.11所示。

图 2.1.12a 和 b 分别为90°右偏刀和左偏刀，因主偏角较大，工件径向受力较小，不易被顶弯。图 2.1.12c 为75°车刀，因刀尖角较大，刀头强度好，可粗车外圆及强力切削。

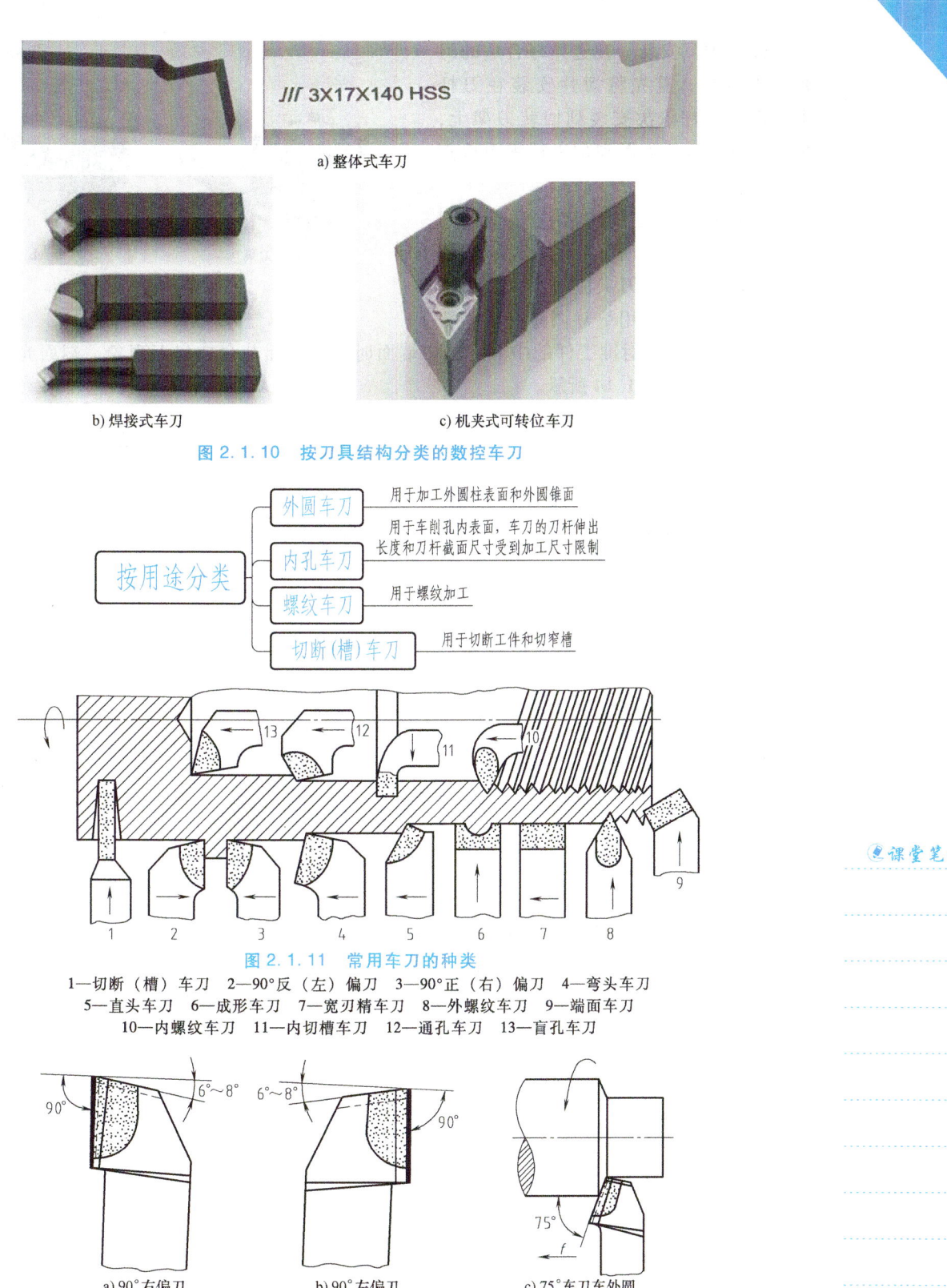

a) 整体式车刀

b) 焊接式车刀　　　　c) 机夹式可转位车刀

图 2.1.10　按刀具结构分类的数控车刀

图 2.1.11　常用车刀的种类

1—切断（槽）车刀　2—90°反（左）偏刀　3—90°正（右）偏刀　4—弯头车刀
5—直头车刀　6—成形车刀　7—宽刃精车刀　8—外螺纹车刀　9—端面车刀
10—内螺纹车刀　11—内切槽车刀　12—通孔车刀　13—盲孔车刀

a) 90°右偏刀　　　b) 90°左偏刀　　　c) 75°车刀车外圆

图 2.1.12　外圆车刀

注：对于前置刀架来说，右偏刀是车刀从车床尾架向主轴箱方向进给的车刀，左偏车刀是从车床主轴向尾座方向进给的车刀。

（2）数控车床刀架　图 2.1.13 所示为车床刀架，数控车床刀架有四方刀架和转塔刀架等，刀具数量由厂家来定。刀架上刻有刀具序号，如 1、2、3、4 等，以便数控系统识别。

（3）刀具安装 在选择好合适的刀片和刀杆后，首先将刀片安装在刀杆上，再将刀杆依次安装到回转刀架上，之后通过刀具干涉图和加工行程图检查刀具安装尺寸。

a) 四方刀架　　　　b) 转塔刀架

图 2.1.13　车床刀架

在刀具安装过程中应注意以下问题：安装前保证刀杆及刀片定位面清洁，无损伤。车刀刀尖应与车床主轴轴线等高。装刀时，用垫片调整高度，装刀后车刀的刀尖要对准工件的中心。试切端面时，端面无凸台或崩刀现象，端面光滑，即表示装刀完成，如图 2.1.14 所示。

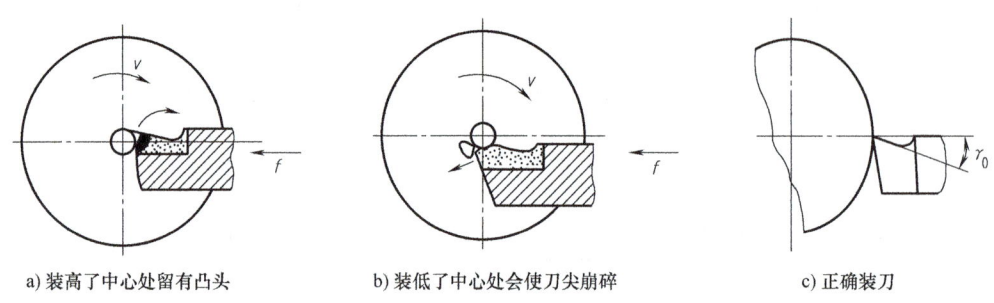

a) 装高了中心处留有凸头　　b) 装低了中心处会使刀尖崩碎　　c) 正确装刀

图 2.1.14　车刀装刀

（4）对刀点、换刀点和刀位点

1）对刀点是指在数控车床上加工零件时，刀具相对于零件运动的起点。由于程序从该点开始执行，所以对刀点又称为"程序起点"或"起刀点"。对刀点可选在零件上，也可选在零件外面（如选在夹具上或机床上），但必须与零件的定位基准有一定的尺寸关系，图 2.1.15 所示为轴类零件对刀点。

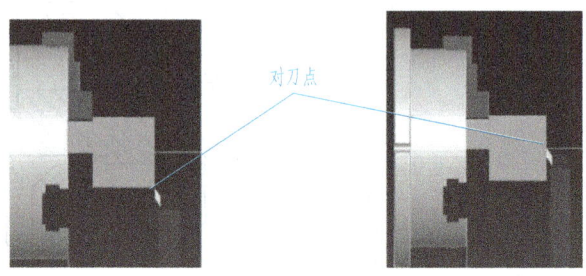

图 2.1.15　轴类零件对刀点

确定对刀点时应注意的原则：①尽量与零件的设计基准或工艺基准一致；②便于用常规量具在车床上进行找正；③该点的对刀误差应较小，或可能引起的加工误差为最小。

2）换刀点是零件程序开始加工或是加工过程中更换刀具的相关点。换刀点往往设在工件的外部，以刀架转位时能顺利换刀，不碰撞工件及其他部件为准，如图 2.1.16 所示。

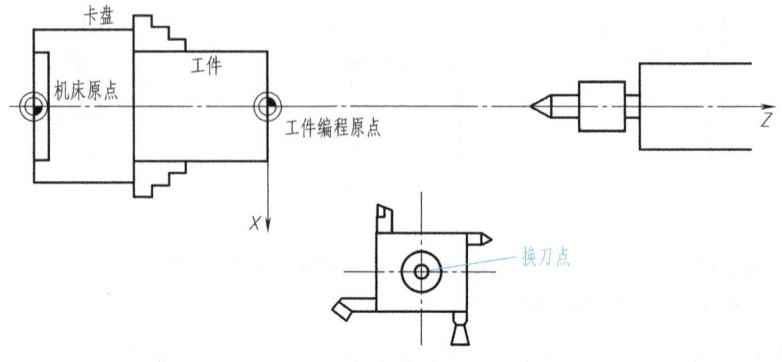

图 2.1.16　换刀点

3）刀位点是指在加工程序编制中，用以表示刀具位置的点，各类车刀的刀位点如图 2.1.17 所示。每把刀的刀位点在整个加工中只能有一个位置。

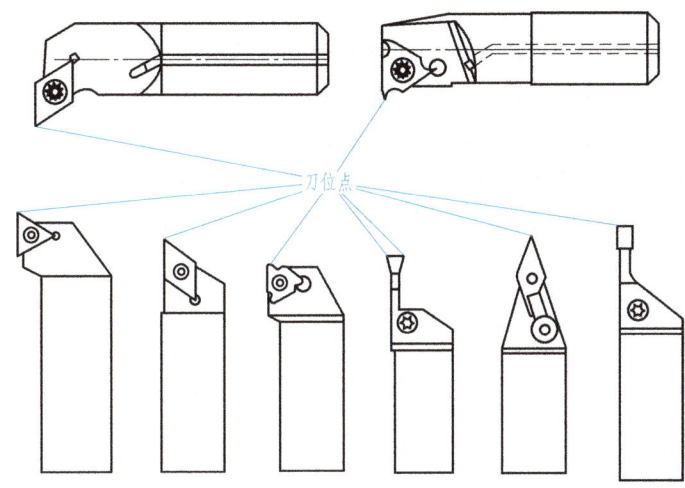

图 2.1.17　刀位点

5. 数控车削加工工艺的设计

（1）加工阶段的划分　加工顺序一般按基准面先行、先粗后精、先主后次、先近后远、内外交叉的原则确定。基准面先行就是用作精基准的表面应优先加工出来，因为定位基准的表面越精确，装夹误差就越小。当零件加工质量要求较高时，对于选定的零件毛坯，为了保证加工质量和合理使用设备，加工过程通常划分为粗加工、半精加工、精加工及光整加工几个阶段。

1）粗加工。该阶段的主要任务是切除毛坯的大部分加工余量，使毛坯在形状和尺上接近零件成品。粗加工应注意两方面问题：①在满足设备承受力的情况下提高生产率；②粗加工后应给半精加工或精加工留有均匀的加工余量。

2）半精加工。该阶段的主要任务是使主要表面达到一定的精度，留有较少的精加工余量，为主要表面的精加工做好准备。

3）精加工。该阶段的主要任务是保证各个主要表面达到图样的尺寸精度要求和表面粗糙度要求，全面保证零件的加工质量。

4）光整加工。对尺寸精度和表面粗糙度要求较高的零件（标准公差等级 IT6 以上，表面粗糙度值 $Ra0.1$mm 以下），需要进行光整加工。光整加工一般不能用于提高位置精度。

（2）加工方法的选择

1）外圆表面加工方法的选择。外圆表面的主要加工方法是车削和磨削。当表面粗糙度要求较高时，还要进行光整加工。选择加工方法时应注意以下几点：

① 最终工序为车削的加工方案，适用于除淬火钢以外的各种金属材料。

② 最终工序为磨削的加工方案，适用于淬火钢、未淬火钢和铸铁，不适用于有色金属精加工，因为有色金属韧性大，磨削时易堵塞砂轮。

③ 最终工序为精细车或金刚车的加工方案，适用于要求较高的有色金属的精加工。

④ 最终工序为光整加工的加工方案，如研磨、超精磨及超精加工等，为提高生产率和加工质量，一般在光整加工前进行精磨。

⑤ 对于表面粗糙度要求高而尺寸精度要求不高的外圆，可采用滚压或抛光。

2）内孔表面加工方法的选择。内孔表面加工方法有钻孔、扩孔、铰孔、镗孔、拉孔、磨孔和光整加工。

（3）工序划分　安排零件的加工顺序时，除合理划分加工阶段外，还应确定工序的数目和工序内容。所谓工序是指一个或一组工人，在同一个工作地点对同一个或同时对多个工件连续完成一部分工艺的过程。工序的划分可以采用两种不同的原则，即工序集中原则与工序分散原则。

1）工序集中原则是指每道工序包含尽可能多的加工内容，从而减少工序总数。数控车床加工特别适合采用工序集中原则，能够减少工件的装夹次数，提高表面之间的相对位置精度，减少夹具数量和装夹工件时间，从而大幅提高生产效率。

2）工序分散原则是使每道工序所包含的工作量尽量少。采用工序分散的优点是能够简化加工设备和工艺装配结构，使设备调整、维修方便，有利于选择合理的切削用量，减少机动时间。其缺点是工艺路线较长，所需设备较多，占地面积大。

3）根据以上原则，工序划分的方法有以下几种：

① 按照所用刀具划分，将使用同一把刀具完成的部分工艺过程划分为一个工序。

② 按照装夹次数划分，将每次装夹完成的部分工艺过程划分为一个工序。

③ 按照粗、精加工划分。

④ 按照加工部位划分，将完成相同型面加工的那一部分工艺过程作为一道工序。

6. 切削用量的选用

切削用量表示主运动及进给运动参数大小的数量，是背吃刀量 a_p（切削深度）、进给量 f（或进给速度 v_f）和切削速度 v_c 三要素的总称，用来描述切削加工运动量，如图 2.1.18 所示。

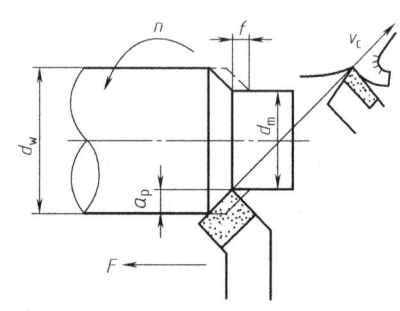

图 2.1.18 切削用量示意图

（1）背吃刀量 a_p（切削深度） 背吃刀量是指在与主运动和进给运动方向相垂直的方向上测量的已加工表面与待加工表面之间的距离，单位为 mm。如图 2.1.18 所示，外圆车削时，其背吃刀量 a_p 的计算公式为

$$a_p = \frac{d_w - d_m}{2}$$

式中　d_w——工件待加工表面直径，单位为 mm；

　　　d_m——工件已加工表面直径，单位为 mm。

背吃刀量的选取：主要由加工余量和对表面质量的要求决定。粗加工时，除精加工余量外，一次进给尽可能切除全部余量，a_p 可达 1~2mm；半精加工时，a_p 可取 0.5~1mm；精加工时，a_p 取为 0.1~0.5mm。

（2）进给量 f（或进给速度 v_f）　进给量是指车削刀具在进给运动方向上相对于工件的位移量，可用刀具或工件每转（主运动为旋转运动进给量时）的位移量来表达和测量，单位为 mm/r，如图 2.1.18 所示。

进给量的选取：粗加工中当工件的质量要求能够得到保证时，进给速度可取 100~200mm/min；在切断、加工深孔或用高速钢刀具加工时，进给速度一般为 20~50mm/min；精加工时，进给速度可以按粗加工速度的一半原则进行选择。

（3）切削速度 v_c　切削速度是指切削刃上选定点相对于工件的主运动的瞬时速度，单位为 m/min。当主运动为旋转运动时，其计算公式为

$$v_c = \frac{\pi d n}{1000}$$

式中　d——切削刃上选定点所对应的工件的直径，单位为 mm；

　　　n——主运动的转速，单位为 r/min。

切削速度的选取：在切削深度和进给量选定以后，可在保证刀具合理使用寿命的条件下，

用计算的方法或用查表法确定切削速度 v_c，常用牌号金属切削用刀具材料、刀片的切削参数见附录 A。

反映加工的工艺内容、使用的机床、刀具和夹具、切削用量等的数控加工工艺卡见表 2.1.2，加工程序卡见表 2.1.3。

表 2.1.2 数控加工工艺卡片

单位		数控加工工艺卡片	产品名称或代号		零件名称	零件图号
					轴	C002
程序编号		O2002	夹具名称		自定心卡盘	
使用设备		FANUC 0i	夹具编号			

工序简图

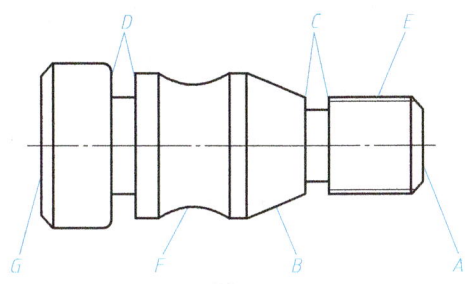

工步号	工步作业内容	刀具号	刀具规格	主轴转速 /(r/min)	进给速度 /(mm/r)	背吃刀量 /mm	备注
1	车端面 A	T1	25×25	500	0.1	≤1	
2	粗加工外轮廓面（除 C、D、E、F、G），留余量 0.2mm	T1	25×25	500	0.1	1	
3	精加工外轮廓面（除 C、D、E、F、G）	T1	25×25	800	0.05	0.2	
4	加工 R20mm 圆弧 F	T1	25×25	800	0.05	—	
5	割槽 C、D	T2	4×25	350	0.1		
6	加工 M16 螺纹 E	T3	25×25	350	2	<0.2	
7	割断 G	T2	4×25	350	0.05	—	
编制		审核		年　月　日		共　页	第　页

表 2.1.3 数控加工程序卡

数控加工程序卡		零件图号	C002	共 2 页	第 1 页
机床型号		系统型号	FANUC 0i	程序号	O2002
程序段号	程序段:主程序名 O2002		注释		
N0010	T1M03S500				
N0020	G00X31Z0		车端面		
N0030	G01X0F0.1				
N0040	Z2				
N0050	G00X31				
……	……		……		
N0230	G00X33		退刀		
N0240	G00Z50				
N0250	M05				
N0260	M30				

7. 数控车削加工路线的确定

（1）数控车削加工路线确定原则　加工路线是刀具在整个加工工序中相对于零件的运动轨迹，它是编写程序的主要依据。数控车削加工路线的确定应符合以下原则：

① 加工路线应能保证零件的加工精度和表面粗糙度要求，效率较高。

② 缩短走刀路线，减少进退刀时间和其他辅助时间。

③ 方便数值计算，减少编程工作量。

④ 尽量减少程序段数。

⑤ 加工路线还应根据工件的加工余量和机床、刀具的刚度等具体情况确定。

(2) 走刀路线的确定

1) 循环切除余量。数控车削加工过程一般要经过循环切除余量、粗加工和精加工三道工序。

① 轴套类零件安排走刀路线的原则是轴向走刀、径向进刀，循环切除余量的循环终点在粗加工起点附近。

② 轮盘类零件安排走刀路线的原则是径向走刀、轴向进刀，循环切除余量的循环终点在粗加工起点附近。

③ 铸锻件毛坯形状与加工后零件形状相似，为加工留有一定的余量。

2) 确定退刀路线。考虑退刀路线的原则：一是确保安全性，即在退刀过程中不与工件发生碰撞；二是考虑走刀路线最短，缩短空行程，提高生产效率。数控车床常用的退刀路线：斜向退刀路线，径、轴向退刀路线和轴、径向退刀路线，如图2.1.19所示。

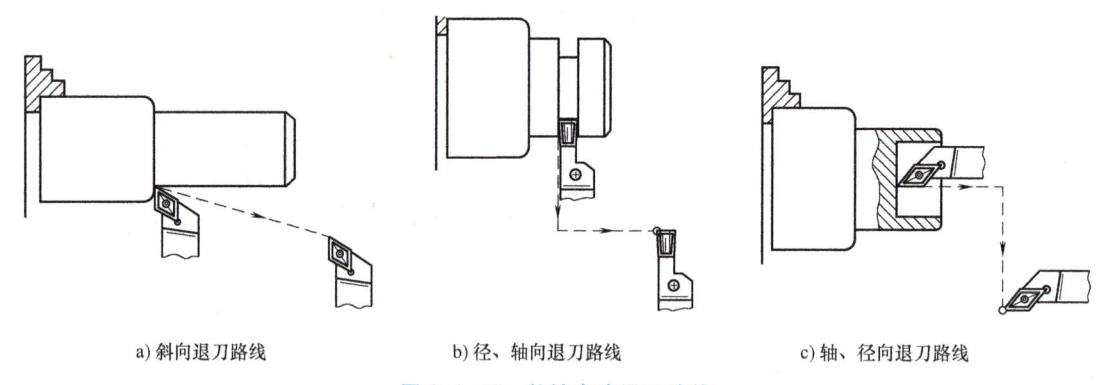

a) 斜向退刀路线　　b) 径、轴向退刀路线　　c) 轴、径向退刀路线

图2.1.19　数控车床退刀路线

8. 数控车削编程要点

(1) 工件坐标系的确定及程序原点的设置　数控车床只有 X 和 Z 两个坐标轴，X 轴对应径向，Z 轴对应轴向。加工坐标的原点选在便于测量和对刀的基准位置，一般在工件的右端面或左端面上。

(2) 直径编程和半径编程　在程序中对尺寸的描述可采用绝对值编程（G90）、增量值编程（G91）或两者的混合。

1) 直径编程。直径编程中 X 轴的坐标值即为零件图上的直径值。默认方式为直径编程，因为与图样中的尺寸标注一致，如图2.1.20a所示，A 点和 B 点的坐标分别为 A（30，0）和 B（40，-20）。

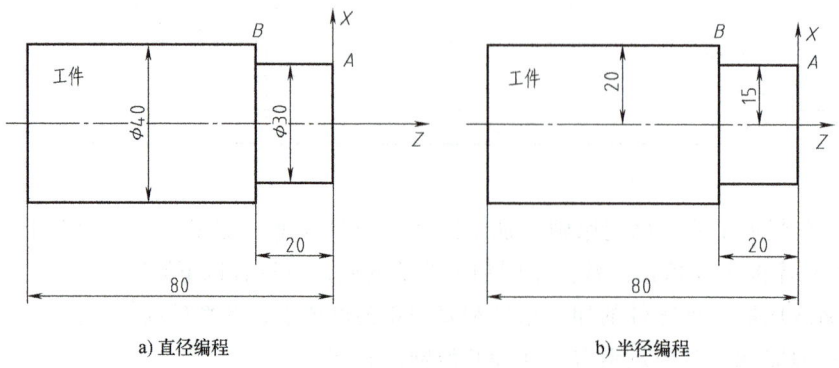

a) 直径编程　　　　　　　　　b) 半径编程

图2.1.20　数控车削编程分类

2）半径编程。半径编程中 X 轴的坐标值即为零件图上的半径值。如图 2.1.20b 所示，A 点和 B 点的坐标分别为 A（15，0）和 B（20，-20）。

2.1.2 数控系统仿真软件操作

数控系统仿真软件能够模拟数控机床加工情景。下面介绍斯沃数控仿真软件对 FANUC 数控车系统的模拟操作。

1. 数控车系统操作界面

数控车系统操作界面如图 2.1.21 所示。

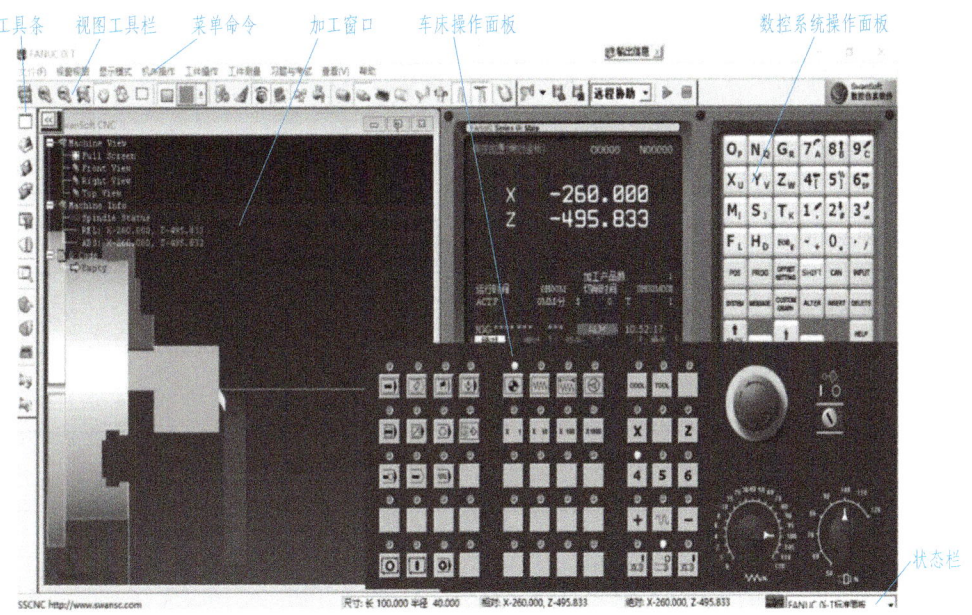

图 2.1.21　数控车系统操作界面

2. 工具条及视图工具栏

系统的全部命令可以通过操作界面左侧工具条及上方视图工具栏中的按钮来执行。当光标指向各按钮时，系统会立即提示其名称，同时在屏幕底部的状态栏里显示该按钮的功能的详细说明。表 2.1.4 所列为工具条各按钮的功能。表 2.1.5 所列为视图工具栏各按钮的功能。

表 2.1.4　工具条各按钮的功能

按钮	功能	按钮	功能
	创建新文件（如 NC 文件）		显示模式切换
	打开保存的文件（如 NC 文件）		工件参数设定（如选择毛坯大小、工件坐标、工件掉头、切削液调整）
	保存工程文件（如程序、刀具、毛坯文件）		快速模拟加工
	另存文件		加工中关机床门
	设置车床参数		毛坯夹紧位置正向微调（FANUC 车床专用）
	设置刀具		毛坯夹紧位置负向微调（FANUC 车床专用）

表 2.1.5 视图工具栏各按钮的功能

按钮	功能	按钮	功能
	窗口切换（变换显示界面）		屏幕放大、缩小
	屏幕缩小		屏幕旋转
	屏幕平移		局部放大
	二维显示（FANUC车床专用）		XZ平面选择
	YZ平面选择		YX平面选择
	床身显示模式		工件测量
	加工声效		坐标显示
	铁屑显示		切削液显示
	毛坯显示		零件显示
	零件截面显示		透明显示
	刀架显示		显示刀位号
	刀具显示		刀具轨迹
	考试与帮助		录制参数设置
	录制开始		录制结束
	屏幕放大		

3. 车床操作面板

车床操作面板位于操作界面的右下侧，如图 2.1.22 所示，主要用于控制车床运行状态，由模式选择按钮、运行控制开关等部分组成，各部分的功能见表 2.1.6。

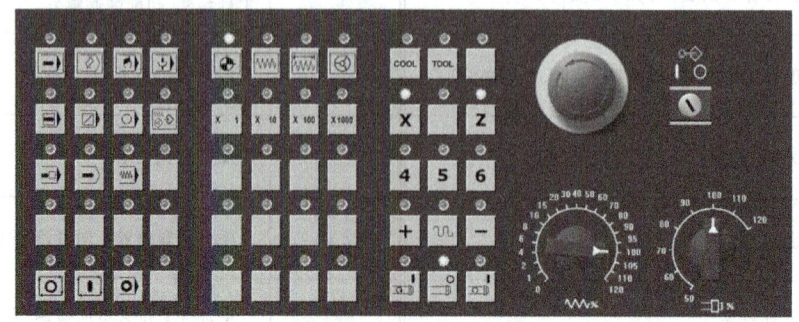

图 2.1.22 车床操作面板

表 2.1.6 车床操作面板部分按钮/开关功能

按钮/开关	功能
	AUTO(自动加工)模式,可执行程序的自动加工
	EDIT(编辑)模式,可以进行程序的编辑、修改、插入及删除等功能
	MDI(手动数据输入)模式,可以编制单段程序加以执行
	DNC 模式,用 RS232 电缆线连接计算机和数控机床,选择、传输加工程序
	REF(回参考点)模式,在此模式下,机床可进行回零操作
	JOG(手动)模式,可以控制机床连续进给
	INC(手动脉冲)模式,用于精确控制机床运动,通常要选择步进量
	HND(手轮进给)模式,对刀及调整机床位置时使用
	单步执行开关,分程序段执行加工程序
	程序段跳读,在自动方式下按此键,跳过程序段开头带有"/"的程序
	程序停,在自动方式下,遇有 M00 程序自动停止
	程序重启键,程序可以从指定的程序段重新启动
	机床锁定开关,数控机床仿真待加工程序时,为安全起见,将机械部分锁住
	机床空运行,加快数控加工程序仿真速度
	程序启动按钮,在"AUTO"和"MDI"模式时按下有效,其余模式时按下无效
	程序运行停止,在程序运行中,按下此按钮停止程序运行
	手动主轴正转
	手动主轴反转
	手动停止主轴
	增量运行步进量选择,每一步的距离:×1 为 0.001mm,×10 为 0.01mm,×100 为 0.1mm,×1000 为 1mm。使用时注意选择的轴、倍率及方向
	该方式可以选择要移动的轴及方向,可连续进给,也可选用增量方式。选择手动增量方式可以精确控制位移量(功效同手轮),同时按下 可以加快移动速度

（续）

按钮/开关	功能
	进给倍率，可以调节数控程序运行时的进给速度
	主轴倍率，可以调节车床主轴运行时的转速
	急停按钮，车床遇到紧急情况时使用
	程序保护，开关置于"◯"位置，可编辑或修改程序
	手轮，可以精确控制机床某轴精确运动

4. 数控系统操作面板

数控系统操作面板在操作界面的右上侧，由坐标和程序显示屏、编程面板组成，如图 2.1.23 所示。

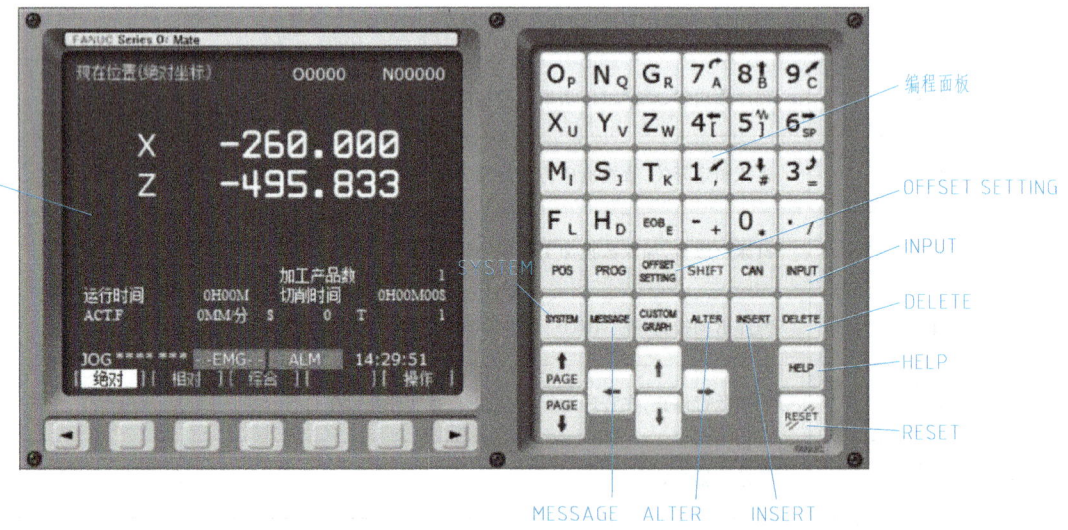

图 2.1.23　数控系统操作面板

数控系统操作面板上各种按键及其功能见表 2.1.7。

表 2.1.7　数控系统操作面板常用按键功能

按键	功能说明
	数字/字母键，用于输入数据到输入区域，系统自动判别取字母还是取数字。字母和数字键通过 SHIFT 键切换输入，如：N→Q

(续)

按键	功能说明
POS	坐标显示页面功能键,按该键并结合扩展功能键,可显示各坐标位置的机床坐标、绝对坐标和增量坐标值,以及程序执行过程中坐标轴距指定位置的剩余移动量
PROG	程序显示页面功能键,在编辑模式下,可进行程序的编辑、修改、查找,结合扩展功能键可使 CNC 系统与外部计算机进行程序传输;在 MDI 模式下,可显示程序内容和指令值
OFFSET SETTING	加工参数设定页面功能键,结合扩展功能键可进行刀具半径补偿值设定、刀具磨损补偿值设定及工件坐标系设定
SHIFT	切换键,在键盘上的某些键具有两个功能,按下"SHIFT"键可以在这两个功能之间进行切换
CAN	数据取消键,删除写入续存区的字符
INPUT	数据输入键,输入刀具补偿参数值、工件坐标、MDI 指令值、CNC 参数设置值等
SYSTEM	系统参数页面
MESSAGE	显示报警信息等
CUSTOM GRAPH	刀具路径图形模拟页面功能键,结合扩展功能键可进入动态刀具路径显示、坐标值显示以及刀具路径模拟有关参数设定页面
ALTER	替换键,用输入的数据替换光标所在的数据
INSERT	插入键,在程序光标指定位置插入字符或数字
DELETE	删除键,删除光标所在位置的数据,也可删除一个或全部程序
PAGE ↑	往前翻页键,可翻阅当前 CRT 显示资料的上续页
PAGE ↓	往后翻页键,可翻阅当前 CRT 显示资料的下续页
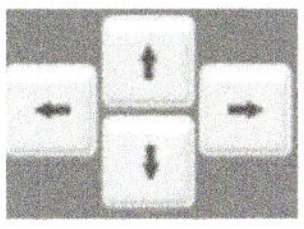 ←↑→↓	光标移动功能键,在执行数据修改、删除、输入操作时用来指定编辑数据的位置
HELP	帮助键
RESET	复位键,终止 CNC 的一切输出指令,CNC 恢复到初始状态
EOB E	换行键,结束一行程序的输入并且换行

5. 数控车床操作过程

1) 按下急停按钮 ⬤ ,起动主轴。

2) 回参考点。

① 置模式选择按钮在 REF 模式 位置。

② 选择各轴 ，按住按钮，即回参考点。

3) 移动。回参考点后，在手动（JOG）模式下按 ，向各轴负方向移动一定距离，以防车床超程。

① 置模式选择按钮在 JOG 模式 位置。

② 选择各轴，按下方向键 ＋ － ，车床各轴移动，松开后停止移动。

③ 按下 ，各轴快速移动。这种方法用于较长距离的工作台移动。

4) 开、关主轴。

① 置模式选择按钮在 JOG 模式 位置。

② 按 或 操控车床主轴正转或反转，按 使主轴停转。

注意：仿真软件如果首次开启主轴，按 无效，需要在 MDI 模式 下输入 M03S1000 程序启动主轴一次。

5) 设置车床参数。

① 按 ，选择车床前置刀架或后置刀架，如图 2.1.24 所示。

② 不选择"非单步加工，关闭机床门"。

6) 设置刀具。按 ，如图 2.1.25 所示，进行车床刀具库管理设置。

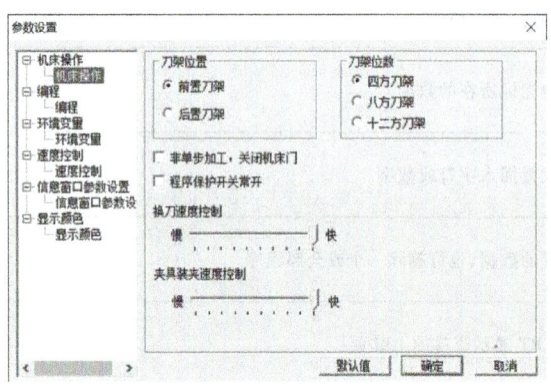

图 2.1.24 车床参数设置

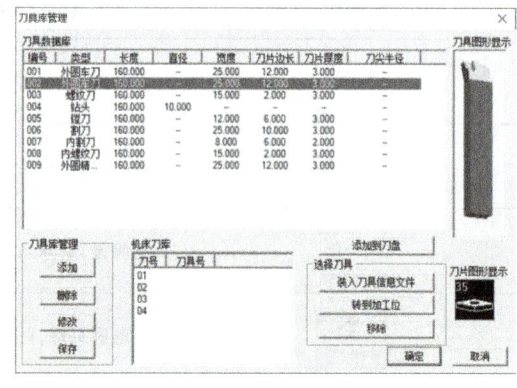

图 2.1.25 车床刀具库管理设置

① 添加刀具，如图 2.1.26 所示。

a. 输入刀具号。

b. 输入刀具名称。

c. 可选择车刀、螺纹刀、割刀、钻头、镗刀。

d. 可定义直径、刀杆长度、转速、进给率。

e. 单击"确定"，即可添加到刀具管理库。

② 刀具添加到主轴。

a. 在刀具数据库里选择所需刀具，如 002 刀。

b. 按住鼠标左键拉到机床刀库 01 上。

c. 添加到刀盘 1 上，单击"确定"。

7) 工件参数设定。按 ，如图 2.1.27 所示，进行毛坯设置。

① 定义毛坯尺寸，输入工件长度和工件直径。

② 选择更换工件，单击"确定"。

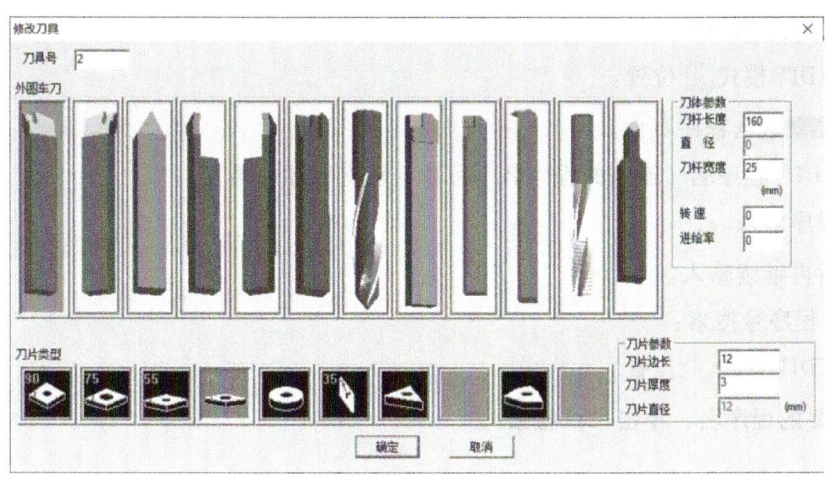
图 2.1.26 添加刀具设置

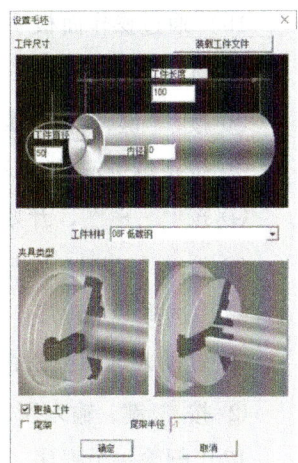
图 2.1.27 毛坯设置

8) 工件的测量。测量工件有四种方式:特征点、特征线、距离测量和表面粗糙度测量。

测量特征点可通过坐标定位对话框进行设置,如图 2.1.28 所示。测量尺寸如图 2.1.29 所示,结合计算机键盘上的光标移动功能键使用,能够测量不同部位的尺寸,白线光标代表当前测量部位。按键,测量退出。

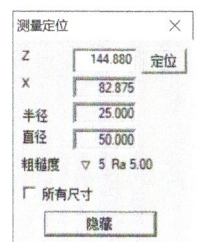
图 2.1.28 测量定位设置

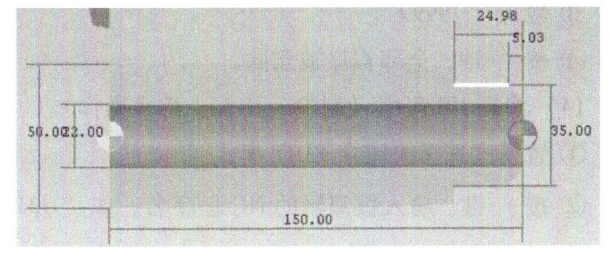
图 2.1.29 测量尺寸

9) 对刀。假设工件原点在右端面:单击工件参数设定按钮,选择快速定位按钮,如图 2.1.30a 所示,刀具定位到工件中心,如图 2.1.30b 所示。按 → 补正 → 形状,输入 "X0",按 测量,输入 "Z0",按 测量,刀具 "X" "Z" 补偿值即自动输入到几何形状里,如图 2.1.30c 所示。

a) 快速定位

b) 刀具定位到工件中心

c) 刀具补正界面

图 2.1.30 FANUC 0i-T(车床)刀具对刀

工件原点在左端面的操作与上面的不同之处是 Z 之后的数值输入为刀具从右端面到工件原点的距离。

10）通过操作面板手工输入 NC 程序。

① 置模式选择按钮在 EDIT 模式 位置。

② 按 PROG 键，再按 DIR 进入程序页面。

③ 按字母键输入"O2101"程序名（输入的程序名不可以与已有程序名重复）。

④ 按 EOB→INSERT，开始程序输入。

⑤ 按 EOB→INSERT，换行后再继续输入。

11）选择一个程序。按程序号搜索：

① 置模式选择按钮在 EDIT 模式 位置。

② 按 PROG 键，输入所需要的程序名，单击"O 检索"。

12）删除一个程序。

① 置模式选择按钮在 EDIT 模式 位置。

② 按 PROG 键，输入所要删除的程序的号码。

③ 按 DELETE 键，NC 程序被删除。

13）删除全部程序。

① 置模式选择按钮在 EDIT 模式 位置。

② 按 PROG 键，输入字母"o"。

③ 输入"-9999"。

④ 按 DELETE 键，全部程序被删除。

14）编辑 NC 程序（删除、插入、替换操作）。

① 置模式选择按钮在 EDIT 模式 位置。

② 按 PROG 键，输入被编辑的 NC 程序名，如"O2102"。

③ 按 INSERT 键即可编辑。

④ 移动光标。

方法一：按 ↑PAGE 或 ↓PAGE 键翻页，按 ↓ 或 ↑ 键移动光标。

方法二：用搜索一个指定的代码的方法移动光标。

⑤ 输入数据：用鼠标单击数字/字母键，数据被输入到输入域。CAN 键用于删除输入域内的数据。

⑥ 删除：按 DELETE 键，删除光标所在位置的代码。

⑦ 插入：按 INSERT 键，把输入区的内容插入到光标所在代码的后面。

⑧ 替代：按 ALTER 键，用输入区的内容替代光标所在位置的代码。

15）启动程序加工零件。

① 置模式选择按钮在 AUTO 模式 位置。

② 选择要加工的程序。

③ 按程序启动按钮。

16）单步运行。

① 置单步执行开关于"ON"位置。

② 程序运行过程中，每按一次执行一条指令。

17）程序打开和保存。程序文件（*.CNC）、刀具文件（*.ct）和毛坯文件（*.wp）可进行调入和保存，例如用于打开或保存对 NC 代码编辑过程的数据文件。

① 打开：单击，相应的对话框被打开，可选取所需要代码的文件，完成选取后相应的 NC 代码会显示在 NC 窗口里，如图 2.1.31 所示。

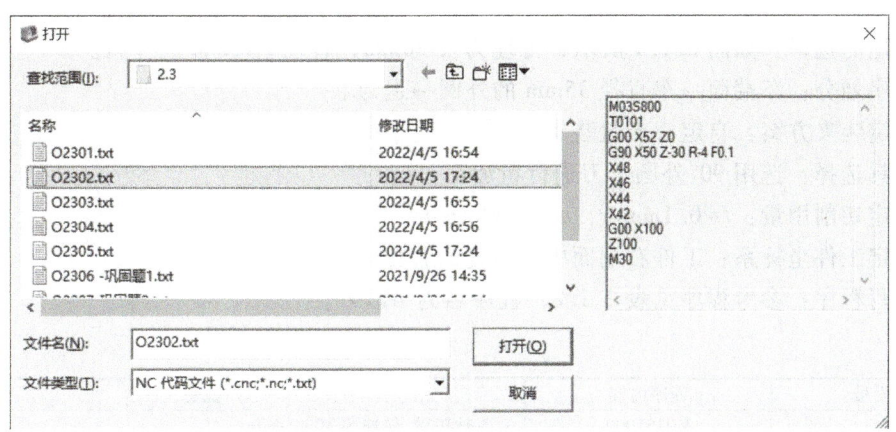

图 2.1.31　NC 代码选择

② 新建：单击此图标，删除编辑窗口里正在被编写的 NC 代码，重新开始新程序。

③ 保存：可保存工程文件（程序文件、刀具文件、和毛坯文件），如图 2.1.32 所示。

④ 另存为：以新文件名称保存，如图 2.1.33 所示。

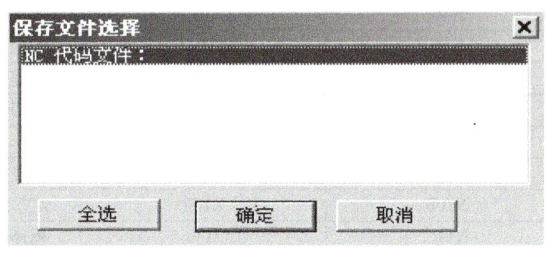

图 2.1.32　保存文件

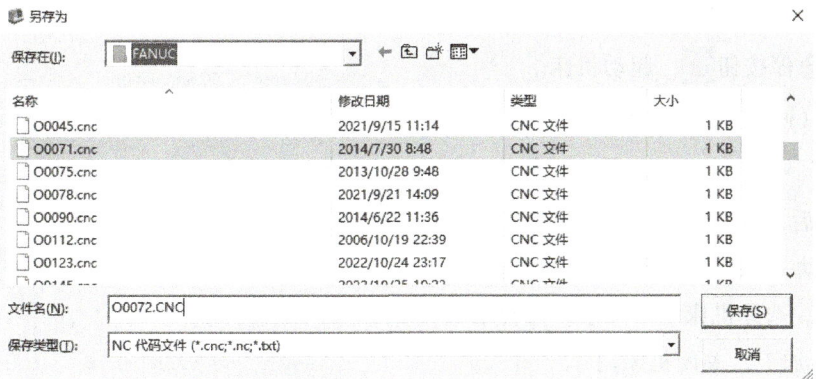

图 2.1.33　新文件名称保存

18）从计算机输入一个程序直接调用加工零件。NC 程序可在计算机上新建文本文件编写，然后将文本文件（*.txt）的文件扩展名改为*.nc 或*.cnc。

① 选择 EDIT 模式，按键切换到程序页面。

② 新建程序名"Oxxxx"，按键进入编程页面。

③ 按键打开计算机目录下的文本文件，程序显示在当前屏幕上。

注意：计算机上建立*.cnc 文件的方法为新建一个文本文档，打开此文档，复制所编的程序；把此文档另存为*.cnc 文件，在选择类型中应选"所有文档"。

任务实施

完成本任务中图 2.1.1 所示台阶轴的数控车削程序编制。

1. 程序编制

1）毛坯的选择：如图 2.1.1 所示，毛坯为长 80mm，直径 ϕ40mm 的棒料。

2）工序划分：车端面→车直径 35mm 的外圆→退刀。

3）确定装夹方案：自定心卡盘装夹。

4）刀具选择：选用 90°外圆车刀进行粗加工。

5）确定切削用量：$f=0.1$mm/r，$n=1000$r/min。

6）确定工件坐标系：工件右端面中心作为编程原点。

7）编写程序：参考程序见表 2.1.8，程序名为 O2101。

表 2.1.8 参考程序

程序段号	程序内容	说明
N10	M03S1000	主轴正转，转速为 1000r/min
N20	T0101	换 01 号刀，导入 01 号的刀补数据
N30	G00X45	刀具快速移动到接近工件起始点的 X45
N40	Z0	刀具快速移动到起始点的 Z0
N50	G01X0F0.1	车端面到 X0
N60	G00Z2	快速离开工件
N70	X35	退刀至 X35
N80	G01Z-20	粗车 ϕ35mm 外圆柱面，长度为 20mm
N90	G00X100	X 方向快速退刀
N100	Z100	Z 方向快速退刀
N110	M30	程序结束

2. 机床仿真加工操作步骤

1）单击 ![] 打开服务器，打开斯沃软件 ![]，选择 FANUC 0i 车床系统，如图 2.1.34 所示。

2）单击急停按钮 ![]，起动机床。

3）回零（回参考点）。单击 ![]，回参考点→按 ![X]，X 轴回零→按 ![Z]，Z 轴回零→回参考点完毕。

回参考点后，在 JOG 模式下按 ![X] 和 ![Z]，向 X 和 Z 轴负方向移动一定距离，可以防止机床超程。

4）单击 ![] 选择机床规格大小，选择后置刀架，不选"非单步加工，关闭机床门"。

5）单击 ![]，选择毛坯→设置工件大小（图 2.1.35）→单击"确定"，完成毛坯大小选择。

6）选择刀具。单击 ![]，进行刀具库管理，出现图 2.1.36 所示界面。选择需要的外圆车刀 002，按住鼠标左键将其移到机床刀库 01 中，再添加到刀盘 1 号刀位中；单击"确定"即完成选刀。

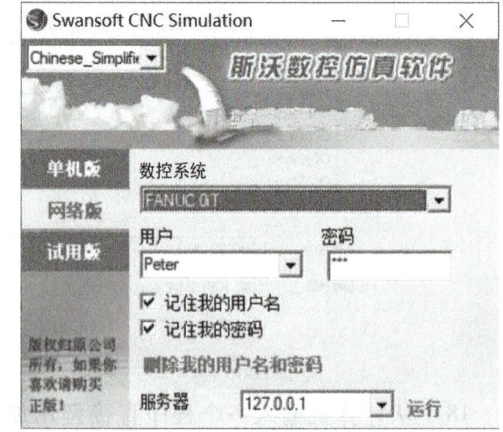

图 2.1.34 登录

7）T01 刀（外圆车刀）对刀。采用快速对刀法，即快速定位刀具至毛坯右端面中心，如图 2.1.37 所示。在刀补界面内，单击"补正""形状"，将光标移动到番号"G001"右侧的"X"下方，输入"X0"后单击"测量"软键，如图 2.1.38c 所示。然后将光标右移到"Z"下方，输入"Z0"后单击"测量"软键，如图 2.1.38d 所示。对刀完毕。

项目2　数控车削编程与加工

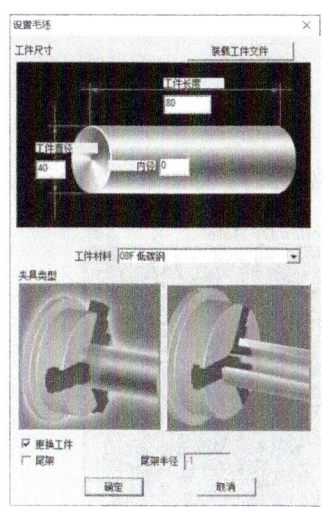

图 2.1.35　工件大小设置

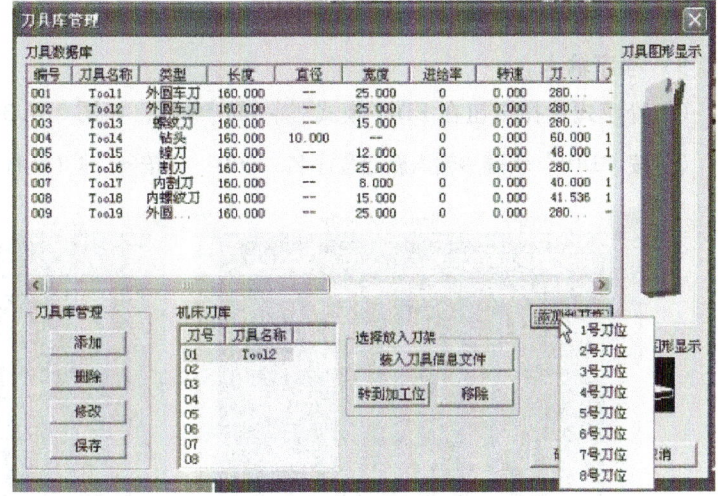

图 2.1.36　刀具库管理

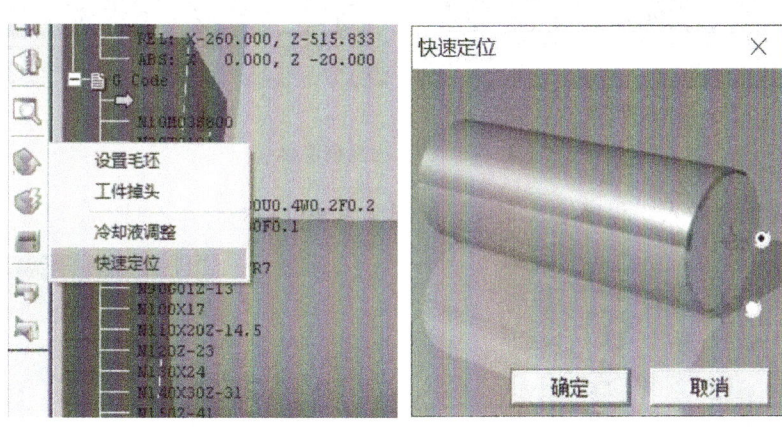

图 2.1.37　快速定位

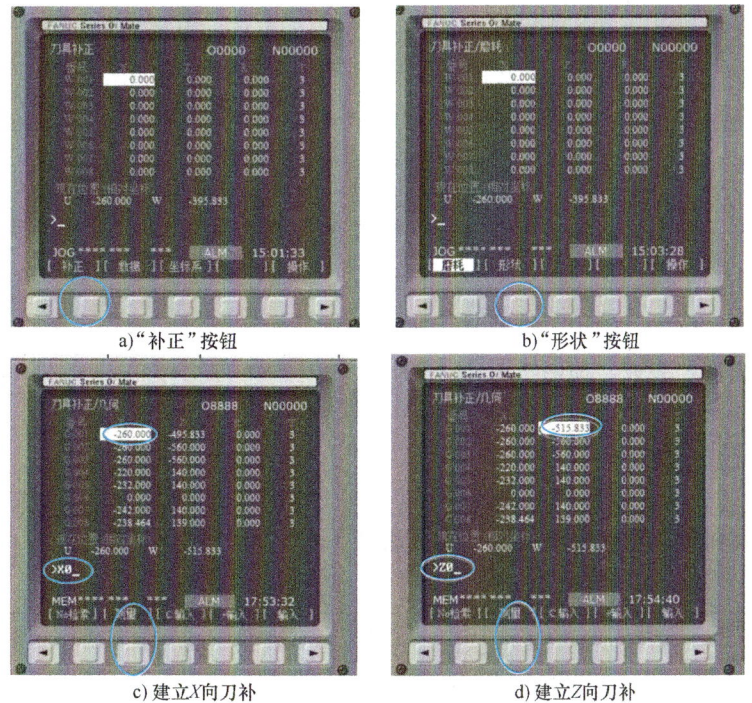

a)"补正"按钮　　　　　　　　　　b)"形状"按钮

c)建立X向刀补　　　　　　　　　d)建立Z向刀补

图 2.1.38　刀具参数输入

8）将程序保护锁置于 O 状态 。

9）程序输入。

① 置模式选择按钮在 EDIT 模式 →按 键，如图 2.1.39a 所示。

② 按 "DIR" 软键→输入新建程序名 "O10" →按 键（新程序名创建好），如图 2.1.39b 所示。

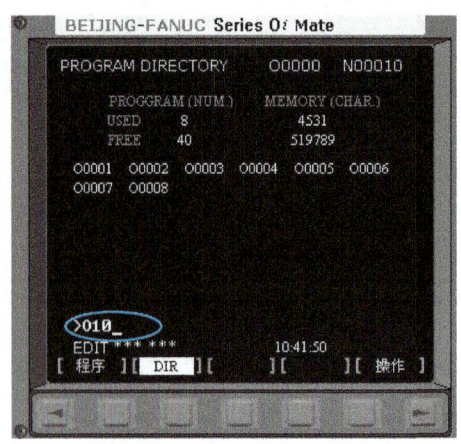
a) 输入程序名

b) 创建好的程序名

图 2.1.39　创建程序名

③ 将编好的程序输入，程序输入完成，如图 2.1.40 所示。

图 2.1.40　输入程序

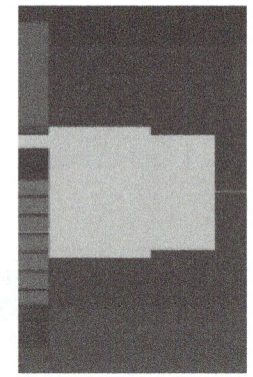

图 2.1.41　加工完二维零件图

10）加工零件：置模式选择按钮在 AUTO 模式 →按程序启动按钮 →程序将自动运行直至完毕。

11）测量工件：按工具条中工件测量按钮 →按特征线按钮 →完成测量。

12）工件模拟加工完成，如图 2.1.41 所示。

学习结果评价

完成任务仿真加工，明确检测要素，完成表 2.1.9。

表 2.1.9　自测尺寸、测量工具选用表

序号	检测要素	工具	自测结果	合格否	检测人员
1	φ35mm	外径千分尺			
2	20mm	游标卡尺			
3	外观无毛刺	目视检测			

知识巩固与拓展

【巩固题】根据提供的数控加工程序 O2102，在数控车床仿真软件上加工图 2.1.42 所示零件，毛坯尺寸为 φ40mm×150mm。

程序名：O2102

N10 M03S800；

N20 T0101；

N30 G00X40Z2；

N40 G71U1R1；

N50 G71P60Q180U0.4W0.2F0.2；

N60 G00X0S1000F0.1；

N70 G01Z0；

N80 G03X14Z-7R7；

N90 G01Z-13；

N100 X16.967；

N110 X19.967Z-14.5；

N120 Z-23；

N130 X24；

N140 X29.974Z-31；

N150 Z-41；

N160 G02X37.96Z-45R4；

N170 G01Z-47；

N180 X42；

N190 G70P60Q180；

N200 G00X50

N210 Z100；

N220 M30；

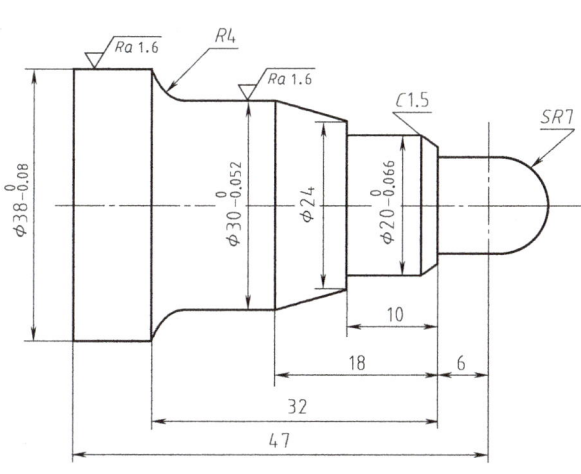
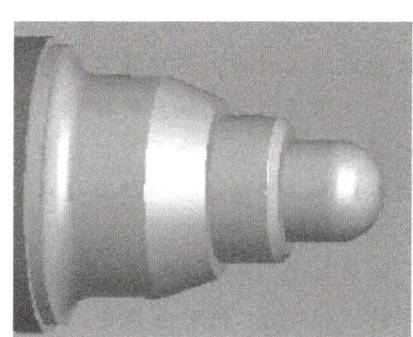

图 2.1.42 轴零件

【知识拓展】

数控车床安全操作规程

1) 开机前，检查车床自动润滑系统油箱中的润滑油是否充足。

2) 按以下顺序开机：总电源打开→数控机床电源打开→打开"急停"按钮。自检完毕后，等待数控系统的复位。

3) 等操作界面显示出来后，选择回参考点功能，进行手动"回参考点"操作。首先返回 +Z 方向，然后返回 +X 方向。返回参考点后应及时退出参考点，先退 X 方向，后退 Z 方向。

4) 换刀操作时，X、Z 轴应移动到合适的位置，保证换刀时不出现撞刀事故。

5) 工件和刀具必须装夹牢固。选取合适的主轴转速、进给量及进给速度。

6) 将编好的程序认真地输入到数控系统的存储器中，并熟记相应的程序名。

7) 在自动运行程序前，必须认真检查和调试程序，确保程序的正确性。在操作过程中必须集中注意力，谨慎操作。运行过程中一旦发现问题，应及时按下复位按钮或急停按钮。

8) 完成对刀后，要做模拟试验，检验对刀是否正确，以防止正式操作时发生撞坏刀具、工件或设备等事故。

9) 在数控车削过程中，必须将防护门关闭。因观察加工过程时间多于操作时间，所以一定要选择好操作者的观察位置，不允许随意离开实训岗位。

10) 关闭数控车床前，应使刀具处于安全位置，按下"急停"按钮→数控系统断电→机床电源断电→总电源断电。

榜样的故事 1

技能达人，勇立潮头，追求极致，传承价值

郎旭东：数控车高级技师、中航工业技术能手、国家级技能大师。

1995 年，中航工业南京机电购买了一台美国进口的价值 100 多万元的数控车床。作为一名中专生，学习设备操作的任务被分配到郎旭东身上。没有师傅带，郎旭东就日夜埋头学习，"啃"了 3 本比砖头还厚的英文资料，还特意报了专业英语自学考试，仅花了半年时间，就摸透了这台进口设备的"脾性"。普通机床 3h 才能完成的零件，他通过自主编程，操作这台设备只需要十几分钟。2004 年，郎旭东在南京市组织的数控机床技能大赛中拿到了第一名，被破格评聘为高级技师，当时整个集团 5000 多人只有 8 个高级技师，他是其中最年轻的一个。

厂里承担了一批国产大飞机 C919 零件的加工项目，飞机零件普遍具有结构复杂、加工精度要求高、加工难度大等特点。其中最为复杂的零件之一——启动机上的涡轮就是郎旭东带着团队打磨出来的。这个涡轮要求每分钟运转八九万转，其中一个轴的细度只有头发丝的 1/10 左右，一开始，轴径 0.007mm 的公差误差怎么都不能达标。钛合金材料是国际公认的难加工材料，易磨损且不容易散热，没法用高精度磨床，他想出用车床代替磨床的办法。凭借着郎旭东娴熟的操作，最终完美交付了产品。在他持续的创新探索下，加工效率也显著提升，从原来每天仅能加工 3 只涡轮，提升到每天能加工 20 只。郎旭东在高温合金的车削加工中总结出一整套技术，仅此一项每年就可以为公司节省购买进口刀具的费用 200~300 万元。

郎旭东说，对于数控工人来说，是成功还是失败，往往就只有 1μm 的差距，因此必须精益求精。加工时，他听着声音，不断做记录对比，脑子里装着一批加工参数：转速、刀具磨损量等。

2012年郎旭东带头创办了国家级技能大师工作室，获得了多项技术攻关成果。在技艺传承方面，郎旭东积极推动工作室的师徒传帮带活动，通过名师带高徒的模式，先后带出了中航首席技能专家孙晓阳，中航特级技能专家丁正荣，全国技术能手、中航工业十大杰出青年王晓福等。其中王晓福更是在世界技能竞赛的舞台上崭露头角。

技能达人，勇立潮头，以郎旭东为代表的技能大师始终坚守精益求精、耐心专注做精品、敬业钻研的工匠精神，为航空事业的腾飞做出了贡献。

任务 2.2　外圆柱面与圆弧面加工（G00、G01、G02/G03、G41/G42 指令应用）

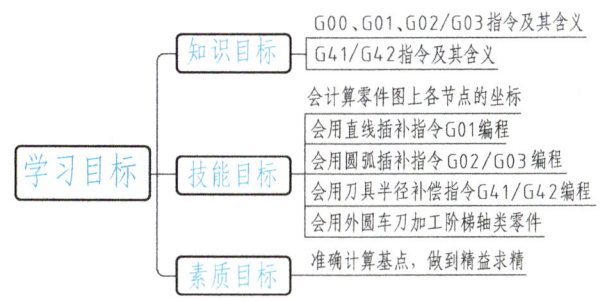

任务导入

图 2.2.1 所示为连接轴，该产品为某型飞机液压柱塞泵机系统的重要组成部分，该系统为恒压变量泵，安装于发动机舱，由飞机附件机匣驱动，为系统提供应压能源。该产品主要作用为在主轴旋转一周时，完成一个吸油和排油的过程，保证恒压变量泵连续吸油和排油。已知毛坯的材料为 45 钢，尺寸为 φ50mm×150mm。粗加工已完成，请计算关键点坐标值，并编写该零件的精加工程序，完成仿真加工，零件不割断，最后完成学习结果评价。

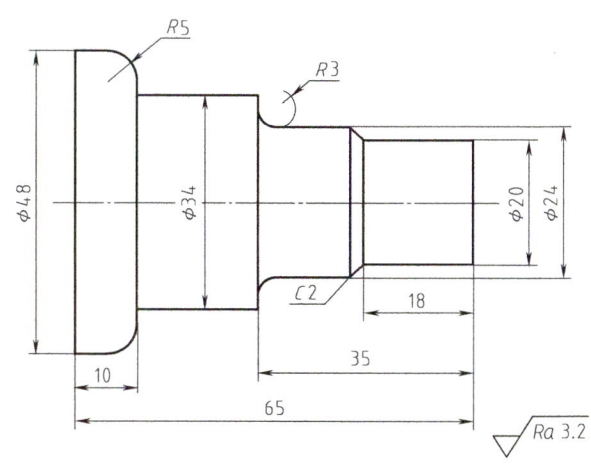

图 2.2.1　连接轴

该连接轴外轮廓主要由圆柱、圆弧和锥面组成,表面粗糙度值为 $Ra3.2\mu m$,粗加工已完成,只需完成精加工。

1. 车床数控系统功能

车床数控系统的功能主要包括准备功能、辅助功能和 F、S、T 功能。对于具有不同系统的车床,其指令的形式有所不同,程序格式也不同。实际使用时,应根据所使用的车床数控系统规定的指令和程序格式进行编程。本项目主要介绍 FANUC 0i TA 数控系统。

FANUC 0i T 系列数控系统 G 指令有 TA、TB、TC 三种版本,其功能见表 2.2.1。

表 2.2.1　FANUC 0i T 系列数控系统 G 指令的功能

G 指令			组	功　能
TA	TB	TC		
▼G00	▼G00	▼G00	01	快速定位(快速移动)
G01	G01	G01		直线插补
G02	G02	G02		圆弧插补(顺圆插补)
G03	G03	G03		圆弧插补(逆圆插补)
G04	G04	G04	02	进给暂停
G07.1 (G107)	G07.1 (G107)	G07.1 (G107)		圆柱插补
▼G10	G10	G10		可编程数据输入
G11	G11	G11		可编程数据输入注销
G12.1 (G112)	G12.1 (G112)	G12.1 (G112)	21	极坐标插补方式
▼G13.1 (G113)	▼G13.1 (G113)	▼G13.1 (G113)		极坐标插补方式注销
G17	G17	G17	16	XY 平面选择
▼G18	G18	G18		ZX 平面选择
G19	G19	G19		YZ 平面选择
G20	G20	G70	06	英寸输入
G21	G21	G71		毫米输入
▼G22	▼G22	▼G22	09	存储行程检查接通
G23	G23	G23		存储行程检查断开
▼G25	▼G25	▼G25	08	主轴速度波动,检测接通
G26	G26	G26		主轴速度波动,检测断开
G27	G27	G27	00	参考位置返回检查
G28	G28	G28		返回参考位置
G30	G30	G30		第 2、第 3 和第 4 参考位置返回
G31	G31	G31		跳过功能
G32	G33	G33	01	螺纹切削
G34	G34	G34		变螺距螺纹切削
G36	G36	G36	01	自动刀具补偿 X
G37	G37	G37		自动刀具补偿 Z
▼G40	G40	G40	07	刀尖半径补偿注销
G41	G41	G41		刀尖半径左补偿
G42	G42	G42		刀尖半径右补偿
G50	G92	G92	00	坐标系设定或最大主轴速度设定
G50.3	G92.1	G92.1		工件坐标系预置

(续)

G 指令			组	功　　能
TA	TB	TC		
▼G50.2 (G250)	▼G50.2 (G250)	▼G50.2 (G250)	20	多边形切削注销
G51.2 (G251)	G51.2 (G251)	G51.2 (G251)		多边形切削
G52	G52	G52	00	局部坐标系设定
G53	G53	G53		机床坐标系设定
▼G54	▼G54	▼G54	14	工件坐标系选择1
G55	G55	G55		工件坐标系选择2
G56	G56	G56		工件坐标系选择3
G57	G57	G57		工件坐标系选择4
G58	G58	G58		工件坐标系选择5
G59	G59	G59		工件坐标系选择6
G65	G65	G65	00	宏调用
G66	G66	G66	12	模态宏调用
▼G67	▼G67	▼G67		模态宏调用注销
G70	G70	G72	00	精加工循环
G71	G71	G73		轴向粗车循环
G72	G72	G74		径向粗车循环
G73	G73	G75		轮廓车削循环
G74	G74	G76		端面深孔钻
G75	G75	G77		外径/内径钻
G76	G76	G78		多头螺纹切削循环
▼G80	▼G80	▼G80	10	固定钻循环注销
G83	G83	G83		平面钻孔循环
G84	G84	G84		平面攻丝循环
G85	G85	G85		正面镗孔循环
G87	G87	G87		侧钻循环
G88	G88	G88		侧攻丝循环
G89	G89	G89		侧镗孔循环
G90	G77	G20	01	外径/内径切削循环
G92	G78	G21		螺纹切削循环
G94	G79	G24		端面切削循环
G96	G96	G96	02	恒表面线速度控制
▼G97	▼G97	▼G97		恒表面线速度控制注销
G98	G94	G94	05	每分钟进给(m/min)
▼G99	▼G95	▼G95		每转进给(mm/r)
—	▼G90	▼G90	03	绝对值编程
—	G91	G91		增量值编程
—	G98	G98	11	钻孔循环指定返回到起始点
—	G99	G99		钻孔循环指定返回到R参考点

注：▼为数控系统开机时的初始化状态。

注意：

1）不同操作系统的指令格式可能不同，编程时要参照所使用机床的说明书。

2）"00"组的G指令为非模态指令，其余为模态指令。

3）如果同组的G指令出现在同一程序段中，则最后一个G指令有效。

4）在固定循环中，如果遇到01组的G指令，固定循环被取消。

5）在编程时，G指令前面的0可省略，例如G00、G01、G02、G03、G04可简写为G0、G1、G2、G3、G4。

2. 快速定位指令 G00

（1）功能　G00指令的功能是使刀架以厂家设定的最大速度按点位控制方式从当前点快速

移动到目标点。该指令没有运动轨迹要求，也不需要规定进给速度。

（2）格式　G00X(U)__Z(W)__；

说明：

1）X(U)__Z(W)__是目标点的坐标值。当采用绝对坐标编程时，数控系统在接受G00指令后，刀具将移至坐标值为X、Z的点上；当采用相对坐标编程时，刀具移至距当前点的距离为U、W值的点上。

2）G00指令主要用于使刀具快速接近或快速离开零件，旨在实现快速定位，移动速度一般较高，所以通常运用在刀具和工件没有接触的场合。

3）G00指令使刀具移动的速度是由机床系统设定的，用F指定的进给速度无效，无须在程序段中设定。

4）车削时，快速定位目标点不能选在零件上，一般要离开零件表面1~5mm。

（3）案例　如图2.2.2所示，刀具从当前位置快速移至指令终点位置，运动轨迹的程序为：

绝对坐标方式编程：G00X30Z3；

增量坐标方式编程：G00U-60W-97；

（4）练习　如图2.2.3所示，刀具从A点（100，100）移动至B点（55，0）的程序为：

绝对坐标方式编程：_____；

增量坐标方式编程：_____；

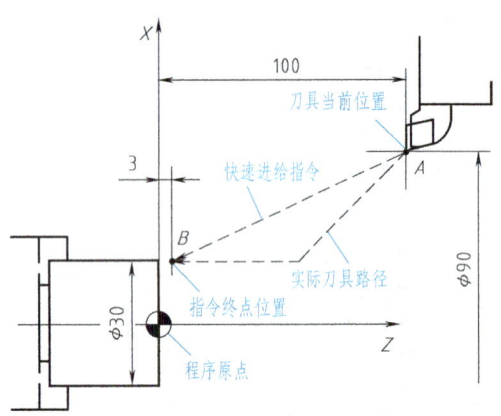

图2.2.2　G00指令运用

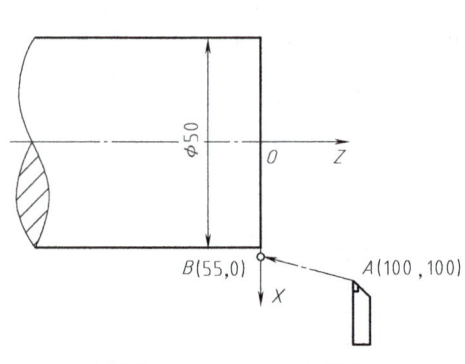

图2.2.3　G00指令应用

3. 直线插补指令G01

（1）功能　G01指令的功能是使刀架以给定的进给速度从当前点以直线的形式移动至目标点。因为数控车床可以两轴联动，因此可以插补任意斜率的直线。

（2）格式　G01　X(U)__Z(W)__F__；

说明：

1）X(U)__Z(W)__是目标点的坐标值。

2）G01程序段中必须含有F指令，如果F的值在前面已给出且不需改变，那么在本段程序中可不写。

3）若某一轴向没有运动，则该方向的坐标可以省略不写。

（3）案例　如图2.2.4所示，刀具从当前位置移至指令终点位置，直线插补的程序为：

绝对坐标方式编程：G01X40Z-50F0.2；

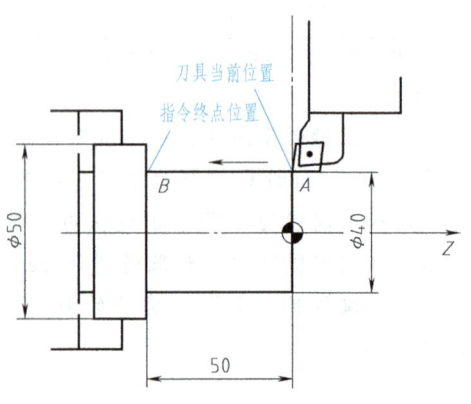

图2.2.4　G01指令运用

增量坐标方式编程：G01U0W-50F0.2；

混合方式编程：G01X40W-50F0.2；或 G01U0Z-50F0.2；

某一轴向没有运动，该方向的坐标可以省略不写：G01W-50F0.2；或 G01Z-50F0.2；

（4）练习　如图 2.2.5 所示，编写刀具运动轨迹从 A 点到 B 点的程序。

图 2.2.5a 所示直线的程序为：

绝对坐标方式编程：＿＿＿＿＿＿＿＿＿＿；

增量坐标方式编程：＿＿＿＿＿＿＿＿＿＿；

图 2.2.5b 所示斜线的程序为：

绝对坐标方式编程：＿＿＿＿＿＿＿＿＿＿；

增量坐标方式编程：＿＿＿＿＿＿＿＿＿＿；

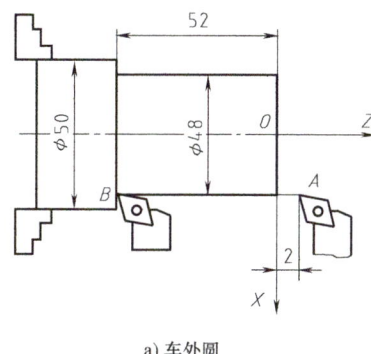 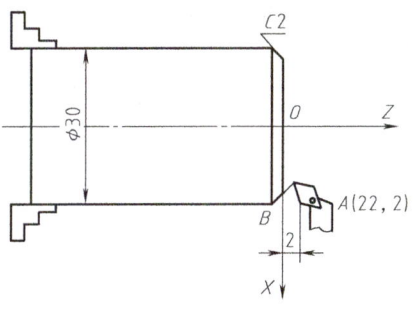

a）车外圆　　　　　　　　　b）倒角

图 2.2.5　G01 指令应用

4．圆弧插补指令 G02/G03

（1）功能　G02/G03 指令的功能是从当前位置（圆弧起点）沿圆弧移动到指令给出的目标点，用于加工圆弧轮廓。圆弧插补命令分为顺时针圆弧插补指令 G02 和逆时针圆弧插补指令 G03 两种。

（2）格式　G02（G03）X（U）＿Z（W）＿I＿K＿F＿；（圆心编程）

或　　　　G02（G03）X（U）＿Z（W）＿R＿F＿；（半径编程）

说明：

1）X（U）＿Z（W）＿是圆弧终点坐标，既可使用绝对坐标也可使用相对坐标，圆弧起点为当前点。

2）圆弧的顺、逆方向的判断。沿与圆弧所在平面（如 XZ 平面）相垂直的另一坐标轴的负方向（如 -X 方向）看去，顺时针为 G02，逆时针为 G03，如图 2.2.6 所示。圆弧顺、逆方向的简单判断方法为看加工轴的上半部分，顺时针就为顺。

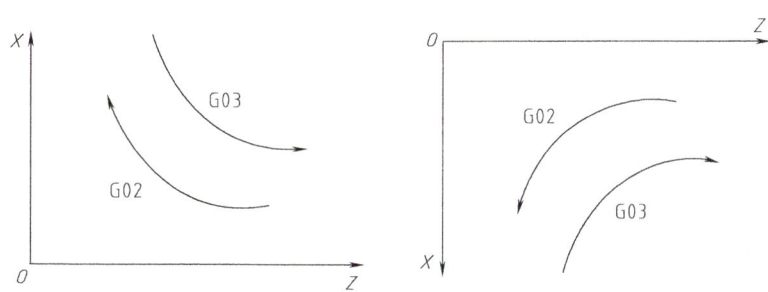

图 2.2.6　圆弧顺、逆与刀架的关系

3）圆心位置的指定可以用 R，也可以用 I、K，R 为圆弧半径值，I、K 为圆心在 X 轴和 Z

轴上相对于圆弧起点的坐标增量，即

$$I = \frac{X_{圆心} - X_{起点}}{2}$$

式中，X 为直径值。

$$K = Z_{圆心} - Z_{起点}$$

I 和 K 后面跟的数值与 G90 和 G91 无关，I0 和 K0 可省略不写，如图 2.2.7 所示。如果地址 R 和 I、K 同时指定，则 R 有效，I 和 K 无效。

4）R 为圆弧的半径，当用半径 R 来指定圆心位置时，由于在同一半径 R 的情况下，从圆弧的起点到终点有两种圆弧的可能性，即 >180° 和 ≤180° 两个圆弧。为区别起见，特规定圆心角 α≤180° 时，用 "+R" 表示；α>180° 时，用 "−R" 表示。

注意：R 编程只适于非整圆的圆弧插补的情况，不适于整圆加工，整圆加工时只能使用 I、K 编程。

（3）案例　加工图 2.2.8 所示的 AB 圆弧，圆弧指令编程的程序为：

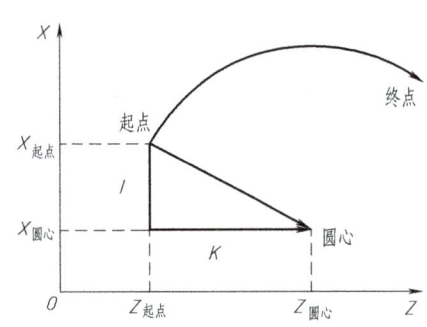

图 2.2.7　圆弧插补参数 I、K

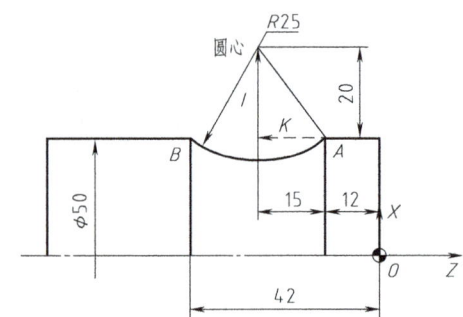

图 2.2.8　G02 指令编程

1）半径编程。

绝对坐标方式编程：G02X50Z−42R25F0.1；

增量坐标方式编程：G02U0W−30R25F0.1；

2）圆心编程。

绝对坐标方式编程：G02X50Z−42I20K−15F0.1；

增量坐标方式编程：G02U0W−30I20K−15F0.1；

（4）练习　加工图 2.2.9 所示的 OA 圆弧，用圆弧指令编程，程序段如下：

1）半径编程。

绝对坐标方式编程：＿＿＿＿＿＿＿；

增量坐标方式编程：＿＿＿＿＿＿＿

2）圆心编程。

绝对坐标方式编程：＿＿＿＿＿＿＿；

增量坐标方式编程：＿＿＿＿＿＿＿

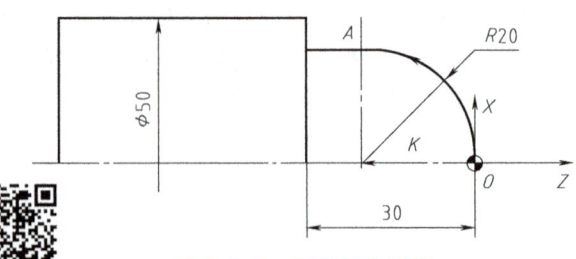

图 2.2.9　G03 指令编程

5. 刀尖半径补偿指令 G41/G42

在圆弧和锥度切削时，刀尖的圆弧只用刀具偏置功能进行补偿，很难达到精密零件的要求。刀尖半径补偿功能可自动补偿误差。

（1）功能　编程时，通常都将车刀刀尖作为一点来考虑，但实际上刀尖处存在圆角，如图 2.2.10 所示。当用按理论刀尖点编写的程序进行端面、外圆、内孔等与轴线平行或垂直的表面加工时，是不会产生误差的。但在进行倒角、锥面及圆弧切削时，则会产生少切或过切现象，如图 2.2.11 所示。具有刀尖圆弧自动补偿功能的数控系统能根据刀尖圆弧半径计算出补偿量，避免少切或过切现象的产生。即执行刀尖半径补偿指令后，刀尖会自动偏离工件轮廓一个刀尖半径值，从而加工出所要求的工件轮廓。

（2）指令的含义

G41：刀具半径左补偿，即刀具中心轨迹沿前进方向位于零件轮廓左边。

G42：刀具半径右补偿，即刀具中心轨迹沿前进方向位于零件轮廓右边。

G40：取消刀具半径补偿，按程序路径进给。

左、右刀补的偏置方向是这样规定的：逆着插补平面的法线方向看插补平面，沿着刀具前进的方向，刀具在工件的左侧为左刀补 G41，刀具在工件的右侧为右刀补 G42。数控车床采用前置刀架和后置刀架时刀尖半径补偿平面不同，补偿方向也不同，如图 2.2.12 和图 2.2.13 所示。另外，刀尖半径补偿值为负值时，工件位置也会颠倒过来。

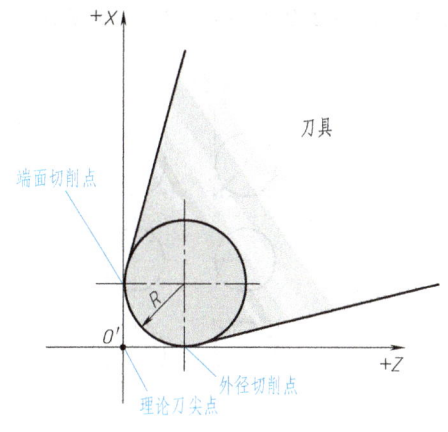

图 2.2.10 刀尖半径与理想刀尖

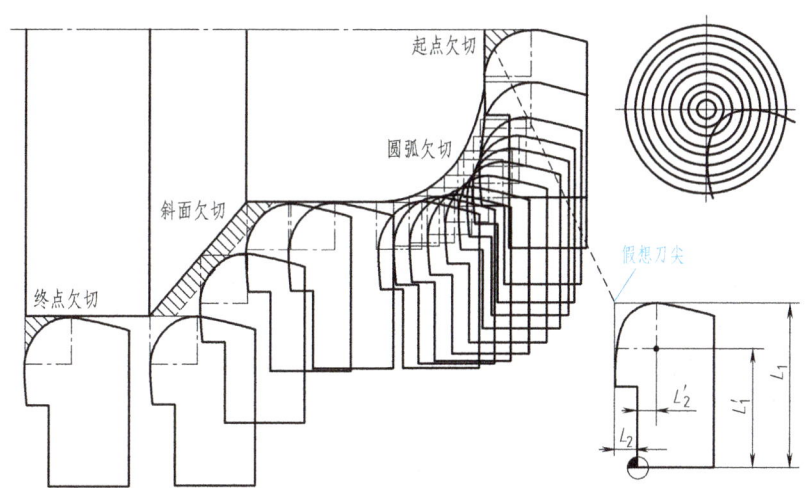

图 2.2.11 刀尖圆角造成的少切与过切

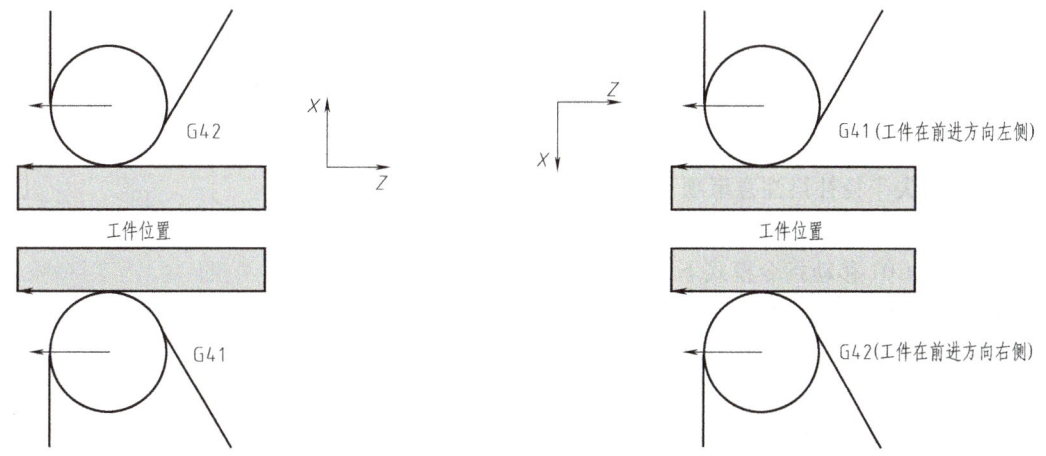

图 2.2.12 后置刀架刀尖圆弧半径补偿　　图 2.2.13 前置刀架刀尖圆弧半径补偿

每个刀具补偿号，都有一组对应的刀尖半径补偿量 R 和刀尖方位号 T。在设置刀尖圆弧自动补偿值时，还要设置刀尖圆弧位置编码，刀尖圆弧位置编码定义了刀具刀位点与刀尖圆弧中心的位置关系，其从 0~9 有十个方向。T 表示假想刀尖的方向号，假想刀尖的方向与 T 代码之间的关系如图 2.2.14 和图 2.2.15 所示，其中"·"代表刀具刀位点 A，"+"代表刀尖圆弧圆心 O。

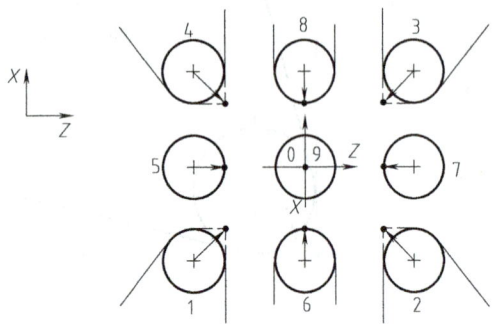

图 2.2.14　后置刀架的刀尖方位号

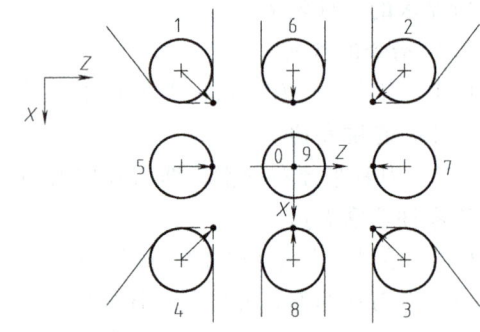

图 2.2.15　前置刀架的刀尖方位号

（3）格式　以 FAUNC 系统为例。

G00/G01G41/G42 X(U)__ Z(W)__;　　（建立半径补偿程序段）
……　　　　　　　　　　　　　　　　（轮廓切削程序段）
G00/G01G40X(U)__ Z(W)__;　　　　　（撤销半径补偿程序段）

（4）刀尖半径补偿的过程

1）建立刀补。刀具补偿的建立使刀具中心从与编程轨迹重合过渡到与编程轨迹偏离一个刀尖圆弧半径。刀补程序段内必须有 G00 或 G01 功能才有效，偏移量补偿必须在一个程序段的执行过程中完成，并且不能省略。

2）刀补进行。执行含 G41、G42 指令的程序段后，刀具中心始终与编程轨迹相距一个偏移量。G41、G42 指令不能重复使用，即在前面使用了 G41 或 G42 指令之后，不能紧接着使用 G41 或 G42 指令。若还想使用 G41 或 G42 指令，则必须先用 G40 指令解除原补偿状态后，再使用 G42 或 G41，否则补偿就不正常了。

3）取消刀补。在 G41、G42 程序后面加入 G40 程序段即是刀尖半径补偿的取消。图 2.2.16 所示为刀尖半径补偿的建立与取消过程。G40 刀尖半径补偿取消程序段执行前，刀尖圆弧中心停留在前一程序段终点的垂直位置上，G40 程序段是刀具由终点退出的动作。

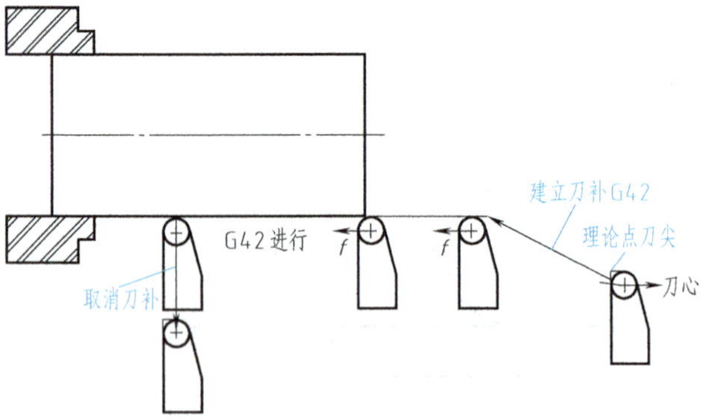

（5）刀尖半径补偿注意事项

1）刀尖半径补偿建立与取消程序段只在 G00 或 G01 移动指令模式下才有效。

图 2.2.16　刀尖半径补偿的建立与取消过程

2）为保证刀补建立与刀补取消时刀具与工件的安全，通常采用 G01 来建立或取消刀补。如果采用 G00 来建立或取消刀补，则要确定刀具不与工件发生碰撞。

3）为了避免过切或欠切，建立刀尖半径补偿或取消刀尖半径补偿的程序段最好在工件轮廓线以外，且移动距离应大于一个刀尖半径值。

4）使用 G41、G42 后，必须要用 G40 取消原补偿状态，才能再次使用 G41、G42。

5）在使用 G41、G42 时，不允许有两句连续的非移动指令，否则会出错。非移动指令包括：M 指令、S 指令、暂停指令 G04 等。

6）在 G74（端面切断循环）、G75（外径/内径切断循环）、G76（复合型螺纹切削循环）、G92（螺纹切削循环）下，不能进行刀尖半径补偿。

7）刀尖半径补偿指令使用前，需通过机床数控系统的操作面板向系统存储器中输入刀尖半径补偿的相关参数（刀尖圆弧半径 R 和假想刀尖位置 T），作为刀尖半径补偿的依据。刀尖圆弧半径粗加工一般取 0.8mm，半精加工取 0.4mm，精加工取 0.2mm。

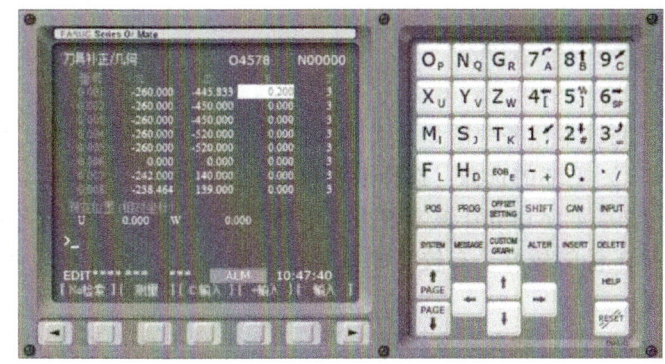

图 2.2.17　刀尖半径补偿的参数设置

若粗、精加工采用同一把刀，则刀尖半径取 0.4mm。例如，数控车床刀架形式为前置刀架，1 号刀位为外圆车刀，刀尖圆弧半径为 0.2mm，刀尖位置号为 3 号，参数设置如图 2.2.17 所示。

（6）案例　编写图 2.2.18 所示零件的精加工程序。工件已经完成粗加工，毛坯为 ϕ50mm×150mm 铝棒。

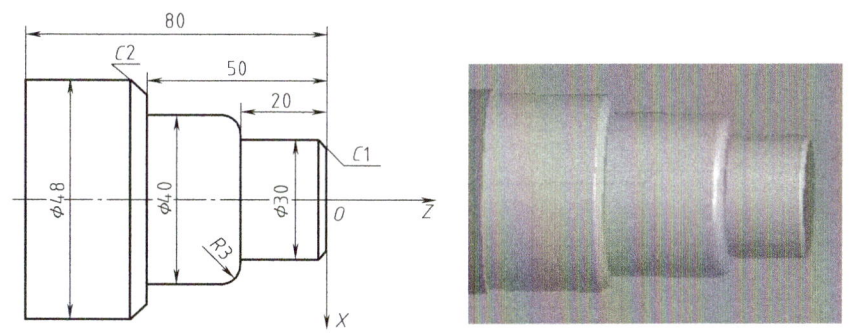

图 2.2.18　刀具补偿指令运用

刀具补偿指令运用程序见表 2.2.2，程序名为 O2202。

表 2.2.2　刀具补偿指令运用程序

程序名：O2202

程序段号	程序内容	说明
N10	G50S3500	限制最高转速 3500r/min
N20	M03G96S110	主轴正转，恒切削速度 110m/min
N30	T0101	调用 1 号刀具，补偿号 01
N40	G00X28Z10	刀具定位至起点
N50	G42G00Z2	建立刀尖半径右补偿
N55	G01Z0F0.1	走刀至 C1 倒角起始点
N60	X30Z-1	C1 倒角
N70	Z-20	加工 ϕ30mm 外轮廓
N80	X34	X 方向加工
N90	G03X40Z-23R3	加工 R3mm 圆弧
N100	G01Z-50	加工 ϕ40mm 外轮廓
N110	X44	X 方向加工
N120	X48Z-52	C2 倒角
N130	Z-80	加工 ϕ48mm 外轮廓
N140	G97G00X100	取消恒切削速度，X 方向退刀
N150	G40G00Z100	取消刀尖半径补偿，Z 方向退刀（G00 不可省略）
N160	M30	程序结束

任务实施

完成本任务中图 2.2.1 所示连接轴的数控车削精加工程序编制与仿真加工。

1）毛坯的选择：选择毛坯尺寸为 $\phi50mm \times 150mm$。

2）工序划分：该零件由 4 个外圆柱面组成，并有右倒角和 2 个圆弧。零件材料为 45 钢，切削加工性能较好，有较高的表面粗糙度要求，无热处理和硬度要求，加工顺序由右到左进行精加工。

3）确定装夹方案：用自定心卡盘夹住毛坯，外伸 80mm，找正。

4）刀具选择：考虑到 R3mm 小圆弧，选用硬质合金 75° 偏刀 T01，用于精加工零件表面。

5）计算各点坐标：将各点坐标的计算结果列入表 2.2.3，各点坐标如图 2.2.19 所示，刀具轨迹如图 2.2.20 所示。

表 2.2.3 各点坐标值

坐标点	A	B	C	D	E	F	G	H	I	J
X										
Z										

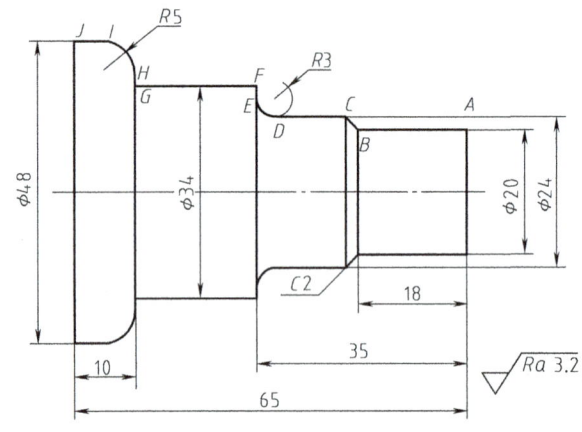

图 2.2.19 各点坐标

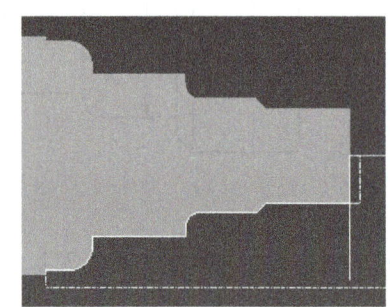

图 2.2.20 刀具轨迹

6）填写数控加工工艺卡：将前面的内容综合成表 2.2.4 所示的数控加工工艺卡，此表是编制加工程序的主要依据和操作人员进行数控加工的指导性文件。

表 2.2.4 数控加工工艺卡

工步号	工步作业内容	刀具号	刀具规格/mm	主轴转速/(r/min)	进给速度/(mm/r)	背吃刀量/mm	备注
1	车端面	T01	25×25	500	0.1	—	
2	精车 $\phi48mm$、$\phi34mm$、$\phi24mm$、$\phi20mm$ 外圆、右倒角、R3mm 和 R5mm 圆弧	T01	25×25	800	0.1	0.25	

7）确定工件坐标系：设置零件右端面中心 O 为编程原点。

8）编写程序：完成表 2.2.5，程序名为 O2201。刀具轨迹如图 2.2.20 所示。

表 2.2.5 程序单

程序名：O2201

程序段号	程序内容	说明
N10	M03S500	主轴正转，转速为 500r/min
N20	T0101	换刀，导入 01 号的刀补数据

（续）

程序段号	程序内容	说明
N30	G00X52	刀具快速移动到起刀点的X52
N40	Z0	刀具快速移动到起刀点的Z0
N50	G01X0F0.1	车端面到X0
N60	G00Z2	快退至工件右端
N70	S800	精加工转速
N80	G00X20	快速接近A点
N90	G01Z0	直线插补到A点
N100	_____	B点
N110	_____	C点
N120	_____	D点
N130	_____	E点
N140	_____	F点
N150	_____	G点
N160	_____	H点
N170	_____	I点
N180	_____	J点
N190	G00X55	X方向快速退刀
N200	Z100	Z方向快速退刀
N210	M30	程序结束

学习结果评价

完成任务仿真加工，明确检测要素，完成表2.2.6。

表2.2.6 自测尺寸、测量工具选用表

序号	检测要素	工具	自测结果	合格否	检测人员
1	φ48mm	外径千分尺			
2	φ34mm	外径千分尺			
3	φ24mm	外径千分尺			
4	φ20mm	外径千分尺			
5	65mm	游标卡尺			
6	10mm	游标卡尺			
7	35mm	游标卡尺			
8	外观无毛刺	目视检测			

知识巩固与拓展

【巩固题1】根据图2.2.21填写数控车精加工代码。

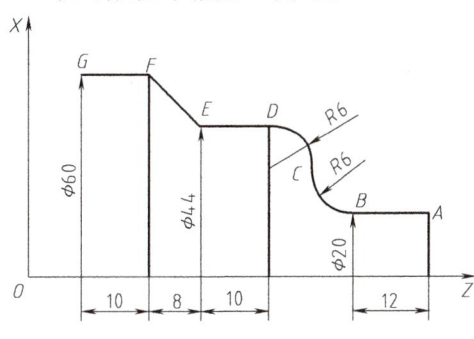

图2.2.21 插补指令

```
N10 M03S800;
N20 T0101;
N30 G00X20Z62;
N40 G01X20Z60;              (刀具当前在 A 点)
N50 G01X____ W_____ F0.1;  (加工轮廓 AB)
N60 G02X____ W____ R_____; (加工轮廓 BC)
N70 G____ X____ W____ R_____; (加工轮廓 CD)
N80 G01X____ W____;         (加工轮廓 DE)
N90 G01X____ W____;         (加工轮廓 EF)
N100 G01X____ W____;        (加工轮廓 FG)
N110 G00X100;
N120 Z100;
N130 M30;
```

【巩固题2】如图 2.2.22 所示，已知毛坯的尺寸为 φ30mm×150mm，材料为 45 钢，设背吃刀量不大于 2.5mm，试编写该零件的粗、精加工程序并仿真加工。

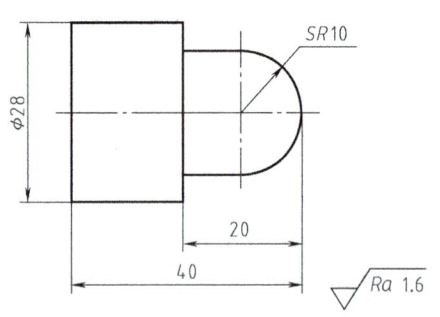
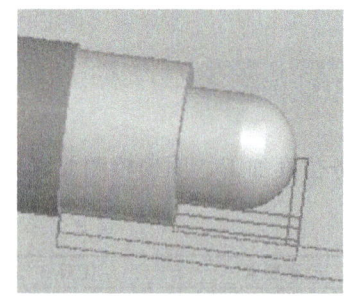

图 2.2.22 巩固题 2 图

【知识拓展】

倒角和倒圆角

倒角和倒圆角是零件上常见的情况，FANUC 数控系统中提供了在两相邻轨迹的 G01 程序段之间自动插补倒角或倒圆角的控制功能。

1. 45°倒角

编程格式为 G01Z(W)__ I±i 时，倒角情况如图 2.2.23a 所示，A 点为起始点。

编程格式为 G01X(U)__ K±k 时，倒角情况如图 2.2.23b 所示，A 点为起始点。

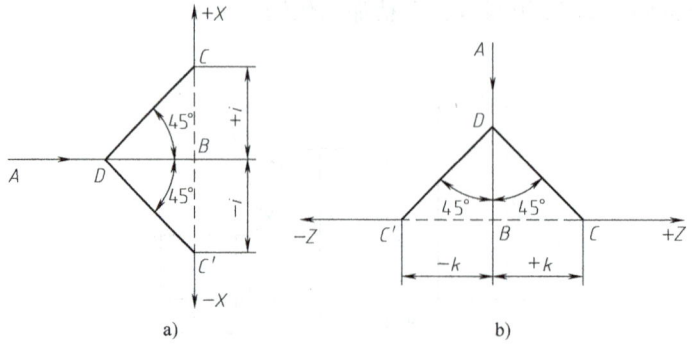

图 2.2.23 45°倒角示意图

2. 任意角度倒角

在直线进给程序段尾部加上 C＿＿，可自动插入任意角度的倒角。C 的数值是从假设没有倒角的拐角交点距倒角始点或与终点之间的距离，如图 2.2.24 所示，O 点为起始点。

编程指令为：
G01X50C10;
X100Z-100;

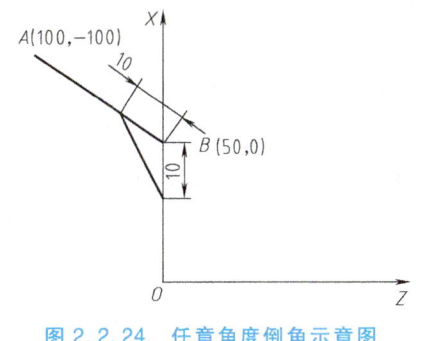

图 2.2.24　任意角度倒角示意图

3. 倒圆角

编程格式为 G01 Z(W)＿＿R±r 时，圆弧倒角情况如图 2.2.25a 所示，A 点为起始点。

编程格式为 G01 X(U)＿＿R±r 时，圆弧倒角情况如图 2.2.25b 所示，A 点为起始点。

4. 任意角度倒圆角

在直线进给程序段尾部加上 R＿＿，可自动插入任意角度的倒圆角。R 的数值是圆角的半径值，如图 2.2.26 所示，O 点为起始点。

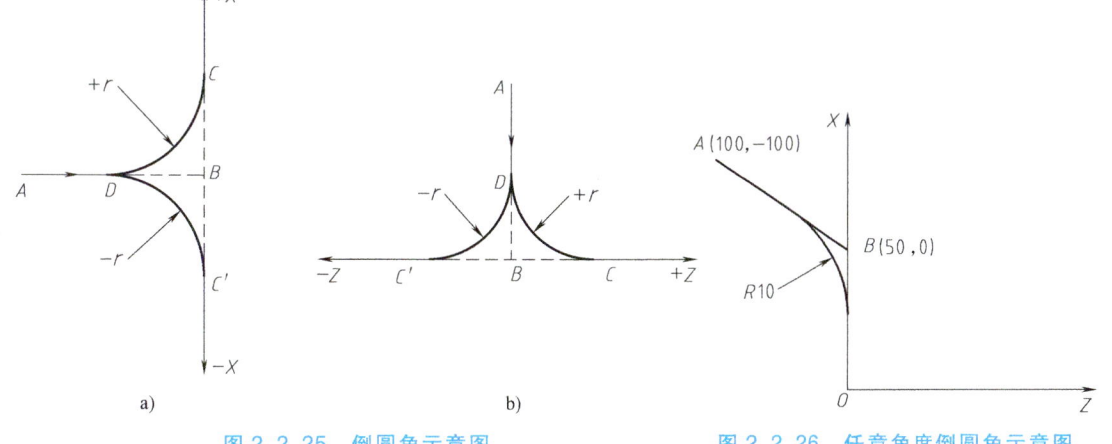

图 2.2.25　倒圆角示意图　　　　图 2.2.26　任意角度倒圆角示意图

编程指令为：
G01X50R10F0.2;
X100Z-100;

任务 2.3　简单阶梯轴加工（G90、G94 指令应用）

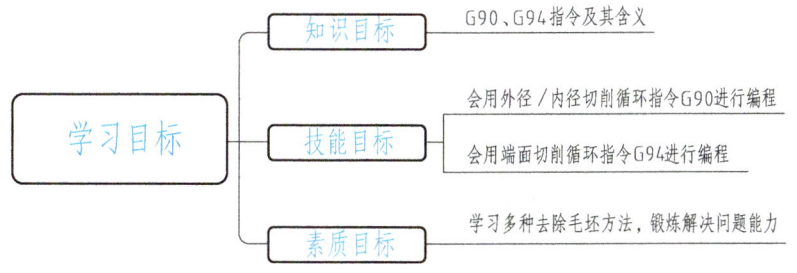

任务导入

图 2.3.1 所示为套筒，该产品为某型飞机液压马达系统的组成部分，通过与襟翼动力驱动装置配套，将液压能转换为机械能，实现向液压马达驱动的襟翼机械传动系统传递转矩和转速的功能。该产品主要起流量转速控制作用。已知毛坯的尺寸为 $\phi 50\text{mm} \times 150\text{mm}$，材料为 45 钢，$\phi 22\text{mm}$ 孔不需加工，单边留 0.25mm 精加工余量，请编制该零件程序并仿真加工。

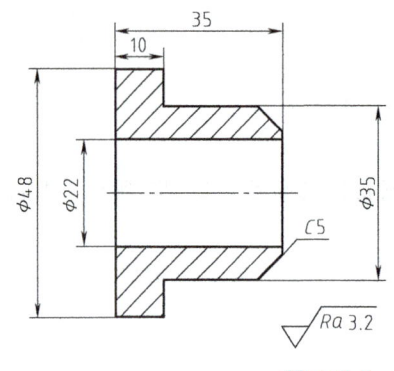
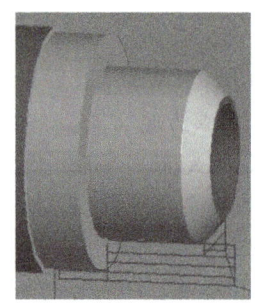

图 2.3.1 套筒

任务分析

该零件由外圆柱面和外圆锥面组成，材料为 45 钢，切削加工性能较好，无热处理和硬度要求。

知识链接

单一固定循环：数控车床加工一些形体时，因为余量较多，刀具往往要多次执行相同的动作，这样在程序中也将出现很多雷同的程序段，粗加工使用 G00 和 G01 编程将非常麻烦。为简化手工编程的工作，数控系统提供的固定循环功能减少了车削余量较大的编程工作量。

1. 外径/内径切削循环指令 G90

（1）功能　完成去除较大余量的外圆柱面（外圆锥面）或内孔面（内锥面）的加工。

（2）格式

圆柱面车削循环：G90X（U）__ Z（W）__ F __；

圆锥面车削循环：G90X（U）__ Z（W）__ R __ F __；

说明：

1）X（U）__ Z（W）__ 是圆柱面切削终点的坐标，起点为当前点。

2）R __ 是圆锥面起点半径与终点半径的差值。该值有正负：若起点半径值小于终点半径值，则 R 取负值；反之，R 取正值。

（3）车削循环过程　刀具轨迹参照材料形状和产品形状，如图 2.3.2 所示。

刀具运动轨迹从循环起点开始，按矩形循环，执行完该指令后回到循环起点，包括 1（R）、2（F）、3（F）、4（R）四个动作，如图 2.3.3 所示。

1（R）段：快速进刀（相当于 G00 指令）。

2（F）段：移动到纵向切削终点 A'（相当于 G01 指令）。

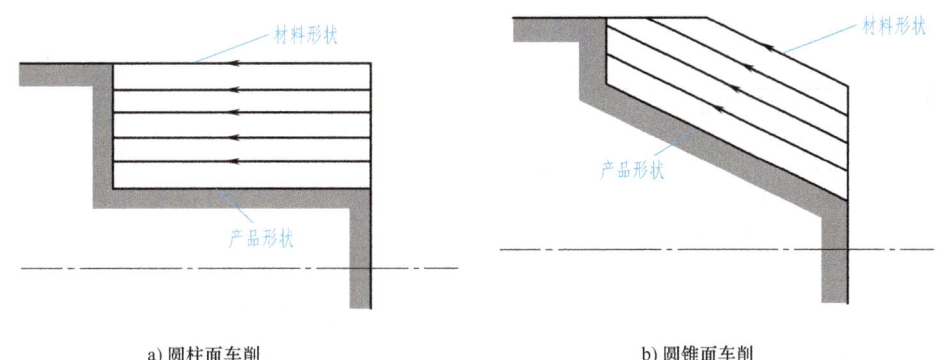

a) 圆柱面车削　　　　　　　　b) 圆锥面车削

图 2.3.2　G90 毛坯余量去除过程

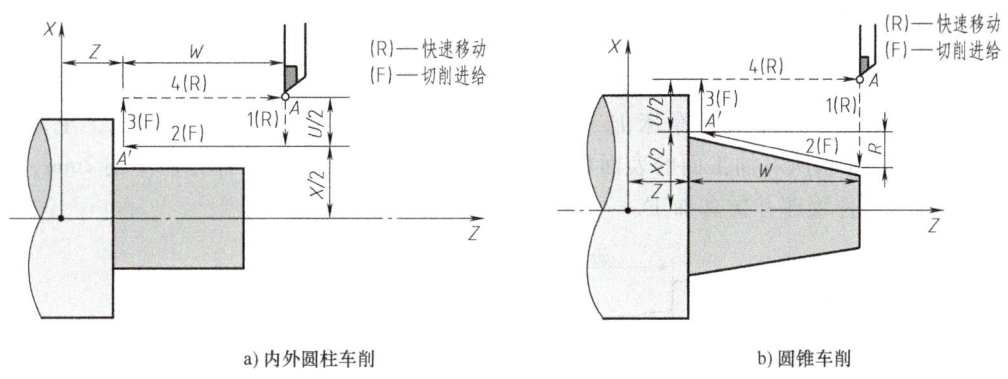

a) 内外圆柱车削　　　　　　　　b) 圆锥车削

图 2.3.3　G90

3（F）段：在切削进给方式下退刀（相当于 G01 指令）。

4（R）段：快速返回（相当于 G00 指令）。

G90 指令和各参数均是模态的，实际编程中再次调用 G90 指令时，只需重新给出改变后的 X 坐标值即可。

执行该循环前，需利用程序将刀具定位到循环起点，然后开始执行 G90 指令，刀具每执行完一次 G90 指令，又回到循环起点，所以循环起点应选在工件毛坯的外面，循环起点（A 点）应距离零件端面 1~2mm。

（4）案例

1）圆柱面车削。使用数控车床加工图 2.3.4 所示零件，已知材料为 45 钢，毛坯尺寸为 $\phi50mm\times150mm$，要求所有加工面的表面粗糙度值为 $Ra3.2\mu m$，每次直径方向最多车削 5mm，试利用 G90 指令编制该零件程序并仿真加工。

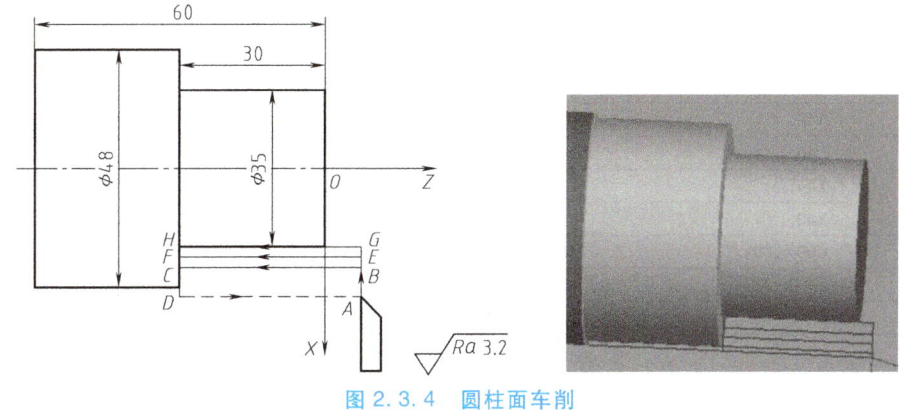

图 2.3.4　圆柱面车削

圆柱面车削程序见表 2.3.1，程序名为 O2301。

表 2.3.1 圆柱面车削程序

程序名：O2301

程序段号	程序内容	说明
N10	M03S800	主轴正转
N20	T0101	调用 1 号刀具
N30	G00X50Z3	刀具粗车循环定位
N40	G90X48Z-60F0.1	车外轮廓至 φ48mm
N50	X44Z-30	车外轮廓至 φ44mm，刀具轨迹为 A→B→C→D→A
N60	X40	车外轮廓至 φ40mm，刀具轨迹为 A→E→F→D→A
N70	X35	车外轮廓至 φ35mm，刀具轨迹为 A→G→H→D→A
N80	G00X100	X 方向退刀
N90	Z100	Z 方向退刀
N100	M30	程序结束

小思考：执行完 N40 行程序后，刀具走到哪个点？X _____ Z _____；

2）圆锥面车削。使用数控车床加工图 2.3.5 所示零件，已知材料为 45 钢，毛坯尺寸为 φ50mm×150mm，要求所有加工面的表面粗糙度值为 $Ra3.2\mu m$，每次直径方向车削 2mm，试利用 G90 指令编制该零件程序并仿真加工。

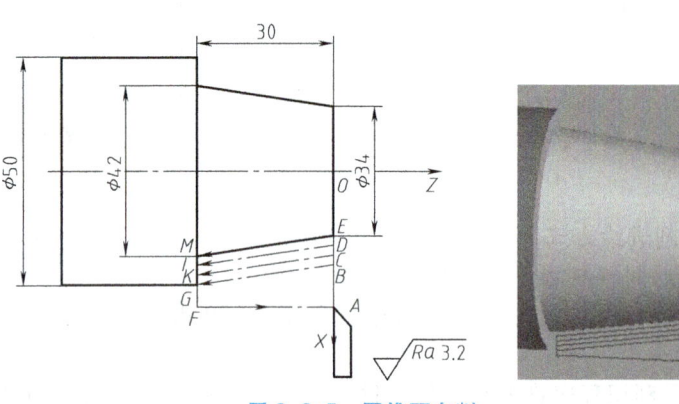

图 2.3.5 圆锥面车削

圆锥面车削程序见表 2.3.2，程序名为 O2302。

表 2.3.2 圆锥面车削程序

程序名：O2302

程序段号	程序内容	说明
N10	M03S800	主轴正转
N20	T0101	调用 1 号刀具
N30	G00X52Z0	刀具粗车循环定位
N40	G90X50Z-30 R-4 F0.1	车锥面至 φ50mm
N50	X48	车锥面至 φ48mm，刀具轨迹为 A→B→G→F→A
N60	X46	车锥面至 φ46mm，刀具轨迹为 A→C→K→F→A
N70	X44	车锥面至 φ44mm，刀具轨迹为 A→D→I→F→A
N80	X42	车锥面至 φ42mm，刀具轨迹为 A→E→M→F→A
N90	G00X100	X 方向退刀
N100	Z100	Z 方向退刀
N110	M30	程序结束

2. 端面切削循环指令 G94

（1）功能　G94 指令的功能是完成去除较大余量的垂直端面或锥形端面的粗加工。

（2）格式

垂直端面车削固定循环：G94X（U）__ Z（W）__ F __；
锥形端面车削固定循环：G94X（U）__ Z（W）__ R __ F __；

说明：

1）X（U）__ Z（W）__ 为车削进给路径的终点坐标。

2）R __ 表示端面切削的起点相对于终点在 Z 轴方向的坐标分量。当切削起点 Z 坐标小于终点 Z 坐标时，R 为负，反之为正。当 R＝0 时，为圆柱面车削。

（3）车削循环过程　刀具轨迹参照材料形状和产品形状，如图 2.3.6 所示。

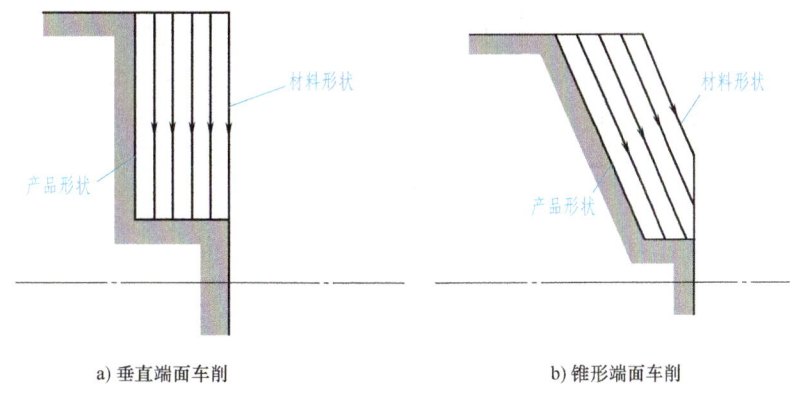

a) 垂直端面车削　　　　　　　　　b) 锥形端面车削

图 2.3.6　G94 毛坯余量去除过程

刀具运动轨迹从循环起点开始，按矩形循环，执行完该指令后回到循环起点，包括 1（R）、2（F）、3（F）、4（R）四个动作，如图 2.3.7 所示。

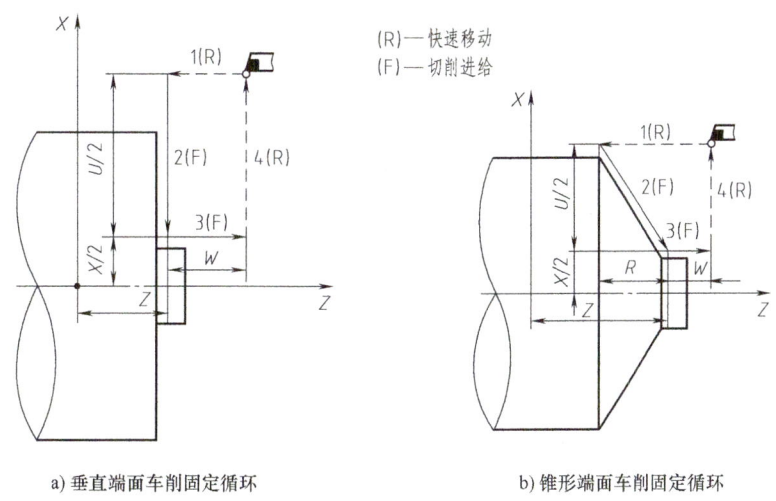

a) 垂直端面车削固定循环　　　　　　　　　b) 锥形端面车削固定循环

图 2.3.7　G94

G94 指令和各参数均是模态的，实际编程中再次调用 G94 指令时，只需重新给出改变后的 Z 坐标值即可。

（4）G90 指令与 G94 指令的区别

① G90 指令与 G94 指令的走刀轨迹相反，切削位置不同。

② G90 指令主要用于轴向余量比径向余量大的情况，如轴类零件，进行轴向切削时可节省时间；G94 指令主要用于径向余量比轴向余量大的情况，如盘类零件，进行径向切削时可节省时间。

（5）案例

1）垂直端面车削。使用数控车床加工图 2.3.8 所示零件，已知材料为 45 钢，毛坯尺寸为

$\phi50\text{mm}\times150\text{mm}$，要求所有加工面的表面粗糙度值为 $Ra3.2\mu\text{m}$，每次 Z 方向上车削最大为 2mm，试利用 G94 指令编制该零件程序并仿真加工。

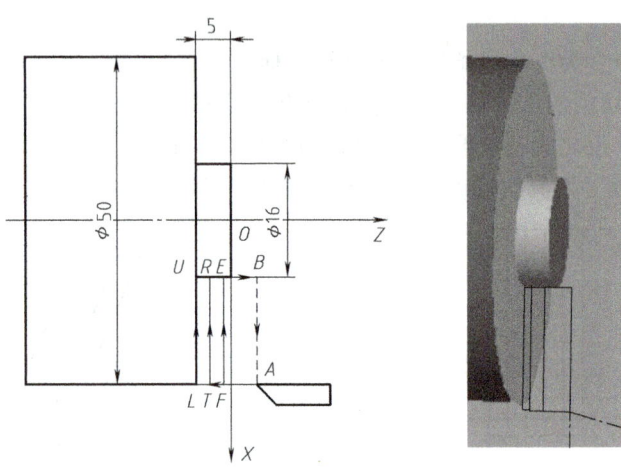

图 2.3.8 垂直端面车削

垂直端面车削程序见表 2.3.3，程序名为 O2303。

表 2.3.3 垂直端面车削程序

程序名：O2303

程序段号	程序内容	说明
N10	M03S800	主轴正转
N20	T0101	调用1号刀具
N30	G00X52Z2	刀具粗车循环定位
N40	G94X16Z-2F0.1	Z 方向车至 -2mm，刀具轨迹为 $A\to F\to E\to B\to A$
N50	Z-4	Z 方向车至 -4mm，刀具轨迹为 $A\to T\to R\to B\to A$
N60	Z-5	Z 方向车至 -5mm，刀具轨迹为 $A\to L\to U\to B\to A$
N70	G00X100	X 方向退刀
N80	Z100	Z 方向退刀
N90	M30	程序结束

小思考：执行完 N60 行程序后，刀具走到哪个点？ X_____ Z_____；

2）锥形端面车削。使用数控车床加工图 2.3.9 所示零件，已知材料为 45 钢，毛坯尺寸为 $\phi30\text{mm}\times150\text{mm}$，要求所有加工面的表面粗糙度值为 $Ra3.2\mu\text{m}$，每次 Z 方向上车削最大为 2mm，试利用 G94 指令编制该零件程序并仿真加工。

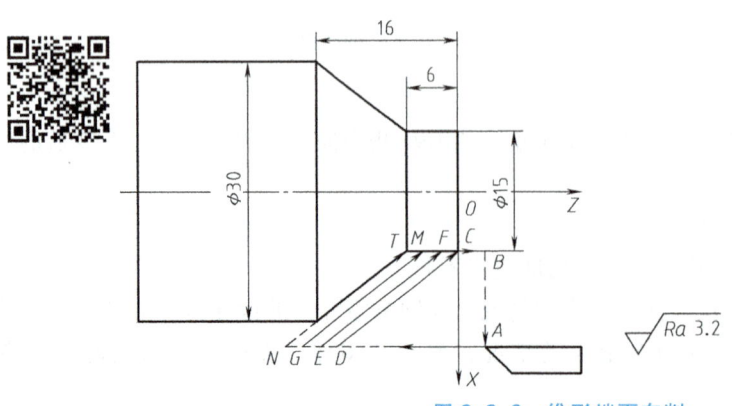

图 2.3.9 锥形端面车削

锥形端面车削程序见表 2.3.4，程序名为 O2304。

表 2.3.4 锥形端面车削程序

程序名：O2304

程序段号	程序内容	说明
N10	M03S5800	主轴正转
N20	T0101	调用 1 号刀具
N30	G00X32Z2	刀具粗车循环定位
N40	G94X15Z6R-10F0.1	Z 方向车至 6mm，去除厚毛坯
N50	Z4	Z 方向车至 4mm，去除厚毛坯
N60	Z2	Z 方向车至 2mm，去除厚毛坯
N70	Z0	Z 方向车至 0mm，刀具轨迹为 A→D→C→B→A
N80	Z-2	Z 方向车至-2mm，刀具轨迹为 A→E→F→B→A
N90	Z-4	Z 方向车至-4mm，刀具轨迹为 A→G→M→B→A
N100	Z-6	Z 方向车至-6mm，刀具轨迹为 A→N→T→B→A
N110	G00X100	X 方向退刀
N120	Z100	Z 方向退刀
N130	M30	程序结束

小思考：根据图 2.3.9，Z 方向的切削右端终点在 Z0，第 N40 行程序为什么要从 Z6 开始加工，而不是从 Z0 开始？

任务实施

完成本任务中图 2.3.1 所示套筒的数控车削程序编制与仿真加工。

1）毛坯的选择：选择毛坯尺寸为 ϕ50mm×150mm，材料为 45 钢。

2）工序划分：粗加工切削深度单边不超过 2.5mm，单边留 0.25mm 精加工，加工顺序按由粗到精、由右到左的原则，即从右向左先粗车 ϕ48mm 和 ϕ35mm 的外圆柱面、C5 的锥面，然后精车至要求的尺寸。

3）确定装夹方案：用自定心卡盘夹住毛坯，外伸 80mm，找正。

4）刀具选择：选用硬质合金 90°偏刀 T01，用于加工零件各表面。

5）确定切削用量：将工序的划分与切削用量的选择综合成表 2.3.5 所示的数控加工工艺卡。

表 2.3.5 数控加工工艺卡

工步号	工步作业内容	刀具号	主轴转速/(r/min)	进给速度/(mm/r)	背吃刀量/mm	备注
1	粗车 ϕ48mm 和 ϕ35mm 的外圆柱面	T01	500	0.2	2	
2	粗车 C5 的锥面	T01	500	0.2	2.5	
3	精车 C5 的锥面、ϕ48mm 和 ϕ35mm 的外圆柱面	T01	800	0.1	0.25	

6）确定工件坐标系：以工件右端面与轴心线的交点 O 为工件原点，建立 XOZ 工件坐标系。

7）编写程序：完成表 2.3.6，程序名为 O2305。

表 2.3.6 参考程序

程序名：O2305

程序段号	程序内容	说明
N10	M03S500	主轴正转
N20	T0101	调用 1 号刀具
N30	G00X52Z2	刀具圆柱粗车循环定位
N40	G90X48.5Z-35F0.1	车外轮廓至 ϕ48.5mm，单边留 0.25mm 精车
N50	X44.5 Z-25	车外轮廓至 ϕ44.5mm

(续)

程序段号	程序内容	说明
N60	X40.5	车外轮廓至 φ40.5mm
N70	X35.5	车外轮廓至 φ35.5mm，单边留 0.25mm 精车
N80	G00X38Z0	刀具锥面粗车循环定位
N90		车锥面至 φ40mm
N100		车锥面至 φ35.5mm，单边留 0.25mm 精车
N110	S800	精车转速
N120	G01X25F0.1	到锥面起点准备精加工
N130		锥面精加工
N140		φ35mm 圆柱面精加工
N150		X 方向至 φ48mm 处
N160		φ48mm 圆柱面精加工
N170	G00X100	X 方向退刀
N180	Z100	Z 方向退刀
N190	M30	程序结束

 学习结果评价

完成任务仿真加工，明确检测要素，完成表 2.3.7。

表 2.3.7 自测尺寸、测量工具选用表

序号	检测要素	工具	自测结果	合格否	检测人员
1	φ48mm	外径千分尺			
2	φ35mm	外径千分尺			
3	10mm	游标卡尺			
4	35mm	游标卡尺			
5	C5	万能角度尺			
6	外观无毛刺	目视检测			

知识巩固与拓展

【巩固题 1】完成图 2.3.10 所示零件的编程与仿真加工，毛坯尺寸为 φ52mm×150mm，其中孔不需要加工。

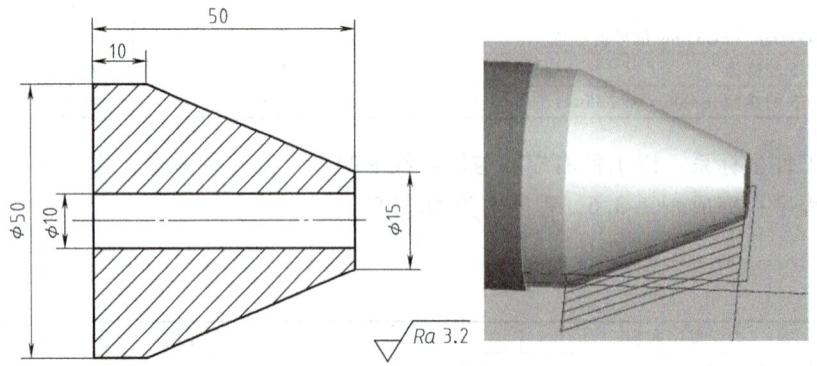

图 2.3.10 巩固题 1 图

【巩固题 2】完成图 2.3.11 所示零件的编程与仿真加工，毛坯尺寸为 φ52mm×150mm，其中孔不需要加工。

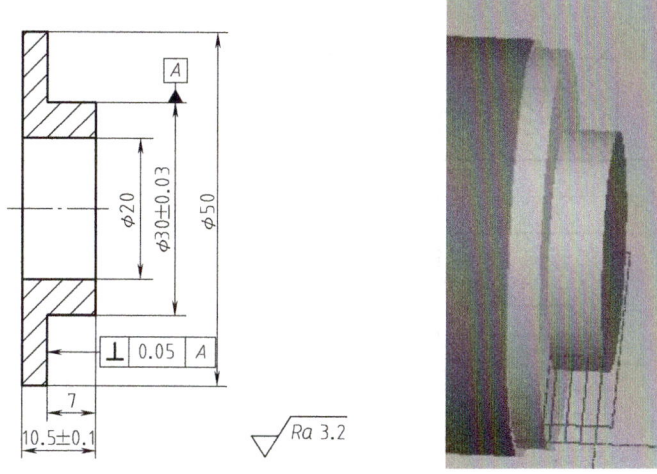

图 2.3.11　巩固题 2 图

任务 2.4　复杂阶梯轴外轮廓加工（G71、G70 指令应用）

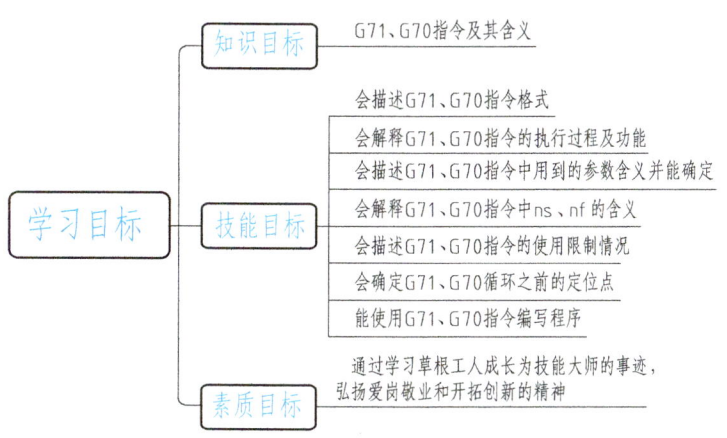

 任务导入

图 2.4.1 所示为连接轴，该轴为某型飞机应急动力装配系统的组成部分。该系统是飞机备份系统，工作时，通过涡轮将气能转换成轴功率，驱动一台应急泵和应急发电机向飞机提供动力，该轴用于连接。企业要求利用现有设备完成轴的外轮廓加工，$\phi16$mm 的孔不用加工。已知材料为 45 钢，毛坯尺寸为 $\phi65$mm×150mm，检验合格后填写工作单，未注倒角为 $C1$。

 任务分析

1. 加工分析

材料为 45 钢，零件外轮廓为规则的回转体，主要由圆柱面和锥面组成，用自定心卡盘就能牢固装夹。在尺寸精度方面，主要有一处直径方向的尺寸公差，精度要求较高，同时零件尺寸标注齐全，轮廓描述清楚。整体而言，加工难度不大。

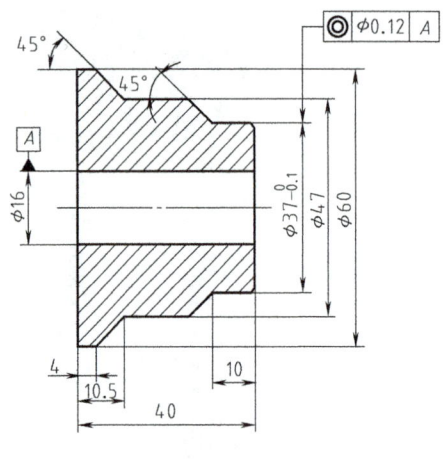
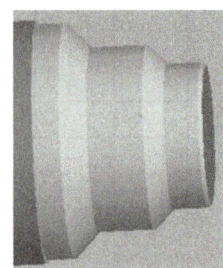

图 2.4.1 连接轴

2. 主要技术难点

有上、下极限偏差要求的外圆柱面，精度要求较高，编程时注意使用中径编程，确保加工到位。

知识链接

多次车削循环指令 G70、G71 用于需进行多次车削且形体呈阶梯状的工件加工。

1. 轴向粗车循环指令 G71

（1）功能　G71 指令的功能是沿平行于 Z 轴的方向车削，如图 2.4.2 所示。

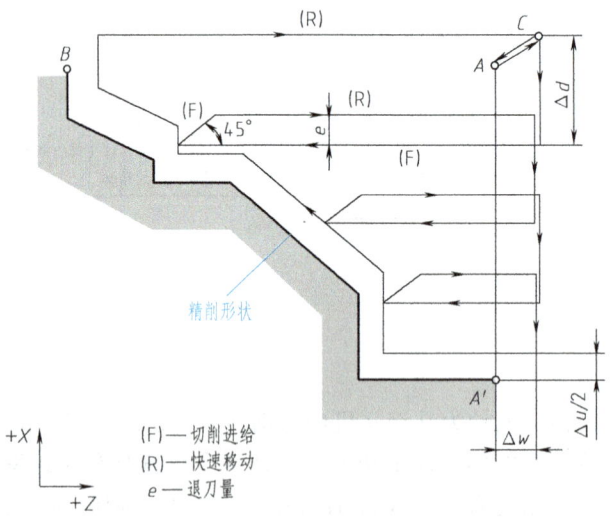

图 2.4.2　G71 指令执行过程及参数意义

提示：G71 指令循环执行完后，回到循环起点 A 点。编程时只需编写轮廓的最终加工路线（精加工），给出每次切除的余量或循环次数，系统就可自动切削工件，完成加工要求。

（2）格式

G71UΔdRe
G71PnsQnfUΔuWΔwF(f)S(s)T(t);
Nns……

……   *通过ns~nf之间的程序（精车程序）定义A—A'—B之间的轮廓。
Nnf……

(3) 各参数含义

Δd 为径向车削深度，即 X 轴方向的进刀，为半径值。一般45钢件取1.5~2mm，铝件取1.5~3mm，无符号，模态值，车削方向取决于 A—A' 的方向，外圆和车内孔的车削方向是不同的。

e 为每次切削结束时的退刀量，为半径值，一般取0.5~1mm。

ns 为精车程序第一段的程序号。

nf 为精车程序最后一段的程序号。

Δu 为 X 方向精车预留量的距离，以直径值表示，一般取0.2~0.5mm，加工内径轮廓时，为负值。

Δw 为 Z 方向精车预留量的距离和方向，一般取0.05~0.2mm。

f，s，t 为粗车过程中的 F、S、T 值。

说明：该指令只需指定粗加工背吃刀量、精加工余量和精加工路线，系统便可自动给出粗加工路线和加工次数，完成各外圆表面的粗加工。如图2.4.2所示，A 为刀具循环起点，执行粗车循环时，刀具从 A 点移动到 C 点，粗车循环结束后，刀具返回 A 点。

小经验：

1) 格式中第二行G71的下面一行一定要写行号；

2) G71P后面的ns与下面一行N后面的ns一样，如下例中P90与N90，nf同理，如下例中Q150与N150。

例：G71U1R1；
　　G71P90Q150U0.4W0.2F0.1S800；
　　N90 G01X __ F0.05S1000；
　　……
　　N150 G00X __；

(4) 注意事项

1) 从 A' 到 B 的刀具轨迹（零件轮廓）在 X 和 Z 方向的坐标值必须单调变化。

2) 从 A 到 A' 的刀具轨迹必须在 P 程序段（首段）中用 G00 或 G01 指定，且首段的刀具移动必须垂直于 Z 方向，如：G00/G01X __。

3) Δu 和 Δw 的符号规定法则：沿刀具轨迹移动时，若 X 坐标值单调增加，则 Δu 为正，否则为负；若 Z 坐标值单调减小，则 Δw 为正，否则为负。

2. 精加工循环指令 G70

(1) 功能　零件用G71、G72或G73粗加工之后，使用G70指令调用"精车程序"完成零件的精加工。

(2) 格式　G70PnsQnf；

ns—精车程序第一段的程序号；

nf—精车程序最后一段的程序号。

(3) 注意事项　精车过程中的 F、S、T 在精车程序中指定（即程序段号 P~Q）。如上面例子中在N90~N150之间出现的F0.05S1000就是精车参数。

任务实施

完成本任务中图2.4.1所示连接轴的数控车削程序的编制与仿真加工。

1）毛坯的选择：选用毛坯尺寸为 ϕ65mm×150mm，材料为 45 钢。

2）工序划分：根据该零件的结构特点，粗、精加工安排在一道工序完成，即一次装夹后完成零件的全部加工内容，按粗、精加工划分，加工顺序为：

① 粗加工去余量，单边留 0.2mm 余量精加工。

② 精加工到图样尺寸。

3）确定装夹方案：选择毛坯轴线及左端台阶面为定位基准，采用自定心卡盘夹紧。

4）刀具选择：根据不同加工表面、加工精度要求，合理选择刀具。产品材料为 45 钢，该材料硬度不大，因此选用 93°可转位机夹硬质合金刀，粗、精加工用一把刀完成即可，刀位号 T01。

5）确定切削用量。

① 粗车外轮廓，G71 指令相关参数：粗车深度 $\Delta d=1$mm；退刀量 $e=1$mm；X 方向精车预留量为 $\Delta u=0.4$mm；Z 方向精车预留量为 $\Delta w=0.2$mm；粗车进给速度 $f=0.1$mm/r；主轴转速 $n=500$r/min。

② 精车工艺参数（该参数应设置在精车程序段中）：精车进给速度 $f=0.05$mm/r；主轴转速 $n=700$r/min。

③ 坐标点计算：对具有公差的尺寸，编程尺寸＝公称尺寸＋（上极限偏差＋下极限偏差）/2，计算如下：$\phi37_{-0.1}^{0}$mm 外圆的编程尺寸 = ＿＿＿＿＿＿＿＿＿＿ mm。

6）填写数控加工工艺卡：将前面的内容综合成表 2.4.1 所示数控加工工艺卡。

表 2.4.1　数控加工工艺卡

工步号	工步作业内容	刀具号	刀具规格/mm	主轴转速/(r/min)	进给速度/(mm/r)	背吃刀量/mm	备注
1	车端面	T01	25×25	500	0.1	—	
2	粗车外轮廓	T01	25×25	500	0.1	—	
3	精车外轮廓	T01	25×25	700	0.05	0.2	

7）确定工件坐标系：以工件右端面与轴心线的交点 O 为工件原点，建立 XOZ 工件坐标系。

8）编写程序：完成表 2.4.2，程序名为 O2401。

表 2.4.2　程序单

程序名：O2401

程序段号	程序内容	说明
N10	M3S500T0101	主轴正转调用 1 号刀具
N20	G00X70	离开工件安全距离
N30	Z0	走到 Z0 准备车端面
N40	G01X0F0.1	车端面
N50	G00Z2	离开右端面
N60	X70	粗车循环定位点
N70	G71U1R1	轴向粗车循环
N80	G71P90Q180U0.4W0.2F0.1	轴向粗车循环
N90	＿＿＿＿＿＿＿＿＿＿	精车程序第一段，定位到 X 起始点
N100	＿＿＿＿＿＿＿＿＿＿	定位到 Z 起始点
N110	＿＿＿＿＿＿＿＿＿＿	走到倒角起始点
N120	＿＿＿＿＿＿＿＿＿＿	倒角 C1
N130	＿＿＿＿＿＿＿＿＿＿	车圆柱面 ϕ36.95mm
N140	＿＿＿＿＿＿＿＿＿＿	车右面 45°锥面
N150	＿＿＿＿＿＿＿＿＿＿	车圆柱面 ϕ47mm
N160	＿＿＿＿＿＿＿＿＿＿	车左面 45°锥面

(续)

程序段号	程序内容	说明
N170		车圆柱面 φ60mm，留割断 3mm 余量
N180		精车程序最后一段，X 方向快速退至相当于毛坯的值，减少空走刀
N190	S700	精车转速
N200	G70P90Q180	精车循环
N210	G00X70	X 方向退刀
N220	Z100	Z 方向退刀
N230	M30	程序结束

学习结果评价

完成任务仿真加工，明确检测要素，完成表 2.4.3。

表 2.4.3 自测尺寸、测量工具选用表

序号	检测要素	工具	自测结果	合格否	检测人员
1	$\phi 37_{-0.1}^{0}$mm	外径千分尺			
2	$\phi 47$mm	外径千分尺			
3	$\phi 60$mm	外径千分尺			
4	4mm	游标卡尺			
5	10.5mm	游标卡尺			
6	10mm	游标卡尺			
7	40mm	游标卡尺			
8	45°（2 处）	万能角度尺			
9	外观无毛刺	目视检测			

知识巩固与拓展

【巩固题 1】使用 G71/G70 指令完成图 2.2.1 所示零件的加工。

【巩固题 2】图 2.4.3 所示为柱塞座，毛坯的尺寸为 φ62mm×150mm，请完成柱塞座外轮廓加工。

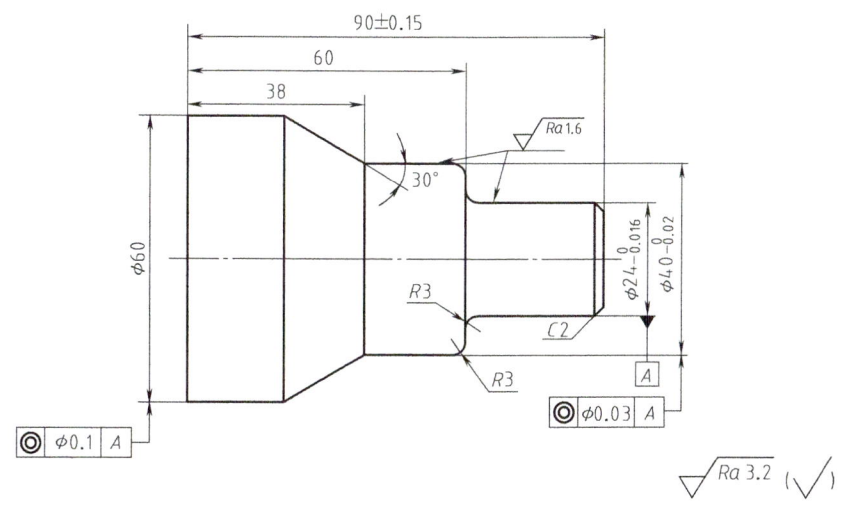

图 2.4.3 柱塞座

【知识拓展】

榜样的故事 2

草根工人成长为技能大师

程军荣：车工高级技师、全国技术能手、全国五一劳动奖章获得者、全国人大代表、党的十八大代表、全国劳动模范。

1995 年，初中毕业的程军荣进入中国解放军某工厂工作。程军荣说："刚到机加工车间的时候，我就后悔了，自己文化程度太低。但我发现，车间有很多厉害的师傅，我就跟每一个师傅请教，可以说，当时车间的每个人都是我的师傅。"别人通常要三个月才能上车床，程军荣不到一个月就可以了。为了学习数控机床的技术，程军荣白天上班，晚上上夜校，在月收入只有几百元时，他借了 9000 多元买计算机研究数控技术。

2004 年，工厂需要加工飞机上的多个关键零部件，工厂为此专门购进数控机床，打算聘请外国专家来干，程军荣主动请缨，成功攻克难关。

2008 年 10 月，全国首个以农民工名字命名的劳模创新工作室——程军荣劳模创新工作室成立。后担负了空军新型飞机机载设备机械制造、修理及航空相机机械零部件生产、国产化部件改造项目中机械部分技术攻关创新的任务。

2014 年，某型飞机的电子干扰吊舱，经常出现电子元器件老化和系统失效等故障，经分析研究，水箱冷却部件是发生故障的主要原因。国外公司拒绝了工厂单独购买水箱冷却部件的要求，而进口一个电子干扰吊舱需要 450 万元。工厂决定对冷却部件进行国产化改造，程军荣工作室承担了这一重任。试制中，焊接在水箱上的一些薄壁管状弯形零件按常规加工方法总是断裂。历经三周的反复试验，通过制作挤压模，采用逆向思维将纯拉伸弯形变为挤压加拉伸弯形加工，形成"挤压弯管法"的创新成果，突破了薄壁铝管的弯形极限，开创了金属弯形的新工艺，获得两个发明专利和一个实用新型专利。

什么是劳模精神？在程军荣看来，新时代劳模精神不再是"苦脏累"，而是"能会巧"。"'能会巧'的本质就是创新。劳模工作室如果没有创新，就失去了生命力。在这个双创的年代，不创新会落后，创新慢了也会落后。技术工人的创新非常重要，毕竟再完美的图纸也需要技术工人配合加工出产品。"

任务 2.5　端面粗车和成形曲面循环加工（G72、G73 指令应用）

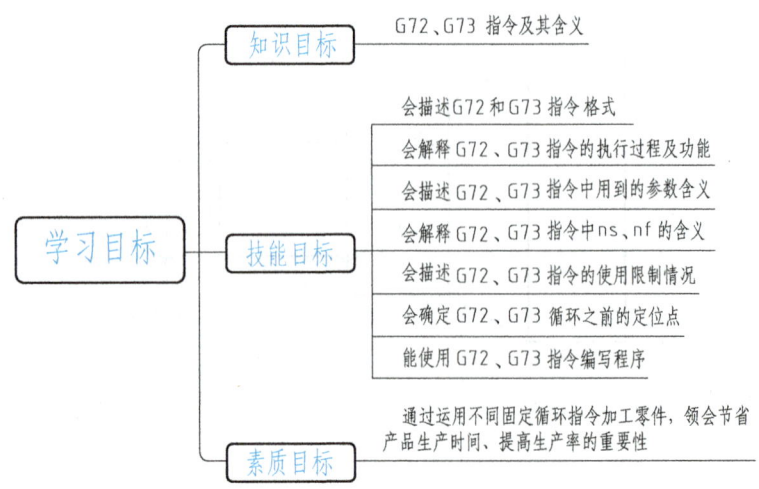

任务导入

图2.5.1所示为进气壳体，该产品为某型飞机空气涡轮起动机系统的组成部分，该系统用于发动机的启动、冷运转和加速运动，在地面或空中带动发动机燃气发生器转子。起动机正常工作时，一定压力和温度的压缩气体通过该产品进入起动机。企业要求利用现有设备完成该零件的外轮廓加工任务，完成数控加工工艺卡和程序编制，检验合格后填写自测尺寸、测量工具选用表。所有加工面的表面粗糙度值为 $Ra3.2\mu m$，毛坯的尺寸为 $\phi 85mm \times 150mm$，材料为45钢，粗车切削线速度为110m/min，精车切削线速度为140m/min，最高转速为2500r/min，$\phi 10mm$ 孔不需要加工。

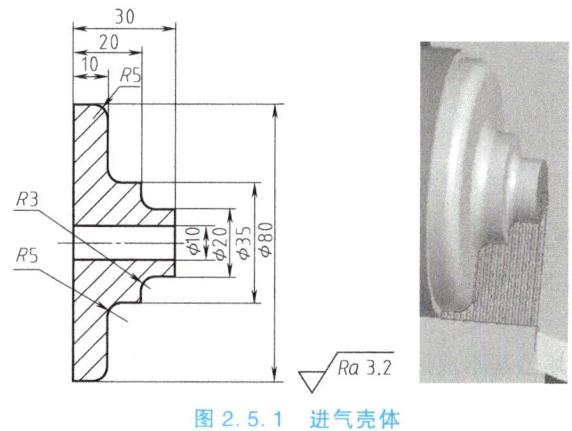

图2.5.1 进气壳体

任务分析

毛坯材料为45钢，零件外轮廓为规则的回转体，主要由圆柱面和圆弧组成，用自定心卡盘就能牢固装夹。零件尺寸标注齐全，轮廓描述清楚，整体而言，加工难度不大。

知识链接

1. 径向粗车循环指令 G72

径向粗车循环是一种复合固定循环。径向粗车循环适用于 Z 向余量小，X 向余量大的棒料粗加工。

（1）功能　G72指令的功能是沿平行于 X 轴的方向车削，如图2.5.2所示。

（2）格式

G72WΔdRe;

G72PnsQnfUΔuWΔwFfSsTt;

Nns;

……　用顺序号 ns~nf 的程序段指定 A—A′—B 的精车形状的移动指令。

Nnf;

说明：Δd 为 Z 轴方向的切深，其余与 G71 指令相同。G71 指令是 U＿ R＿，G72 指令是 W＿ R＿。

（3）注意事项　A′→B 的刀具轨迹（零件轮廓）在 X 和 Z 方向的坐标值必须单调变化。

① A→A′ 的刀具轨迹必须在 P 程序段（首段）中用 G00 或 G01 指定，且必须垂直于 X 轴，

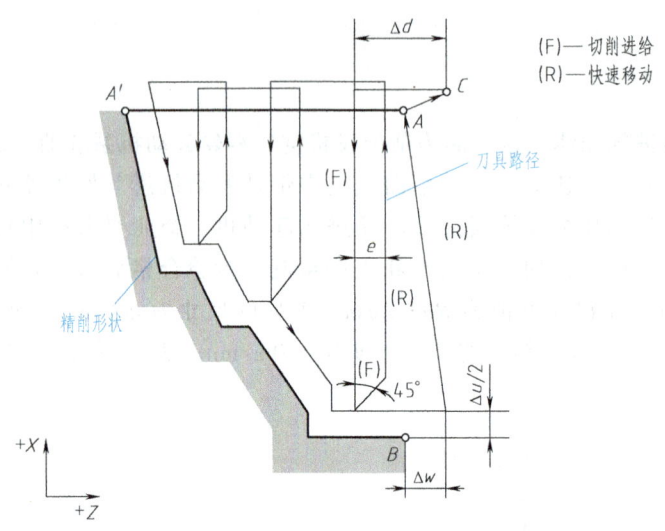

图 2.5.2　G72 指令执行过程的切削路径

如：G00/G01Z ___。

② Δu 和 Δw 的符号规定法则：延刀具轨迹移动时，X 坐标值单调减小，则 Δu 为正，否则为负；若 Z 坐标值单调增加，则 Δw 为正，否则为负。

2. 轮廓车削循环指令 G73

G73 指令用于零件毛坯已基本成形的铸件或锻件的加工。铸件或锻件的形状与零件轮廓相接近，这时若仍使用 G71 指令，则会产生许多无效切削，浪费加工时间。

（1）功能　G73 指令的功能是沿平行于零件精加工轮廓的方向车削，如图 2.5.3 所示。

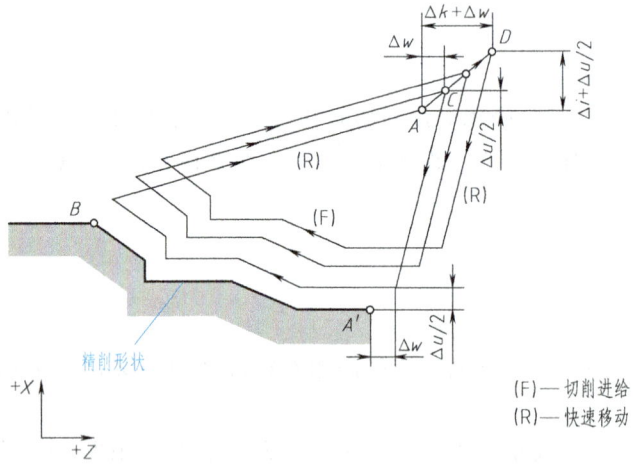

图 2.5.3　G73 指令执行过程的切削路径

（2）格式

G73UΔiWΔkRΔd；
G73PnsQnfUΔuWΔwFfSsTt；

Nns
……｝用顺序号 ns～nf 的程序段指定 A—A′—B 的精车形状的移动指令。
Nnf

说明：Δi 为 X 轴方向的退刀距离（半径值），模态值；

Δk 为 Z 轴方向的退刀距离，模态值；

Δd 为分割次数，即粗车重复次数，模态值；
ns 为精加工轮廓程序段中开始程序段的段号；
nf 为精加工轮廓程序段中结束程序段的段号；
Δu 为 X 方向精车预留量的距离和方向，有正负号；
Δw 为 Z 方向精车预留量的距离和方向，有正负号。
f、s、t 为粗加工时的 F、S、T 值。

（3）注意事项

① ns～nf 程序段中的 F、S、T 功能，即使被指定也对粗车循环无效，仅对后续精加工有效。

② A→A′ 的刀具轨迹必须在 P 程序段（首段）中用 G00 或 G01 指定。

③ Δu 和 Δw 的符号规定法则：沿刀具轨迹移动时，若 X 坐标值单调增加，则 Δu 为正，否则为负；若 Z 坐标值单调减小，则 Δw 为正，否则为负。

（4）案例

粗、精加工图 2.5.4 所示零件，毛坯的尺寸为 φ50mm×150mm，工件不用切断。

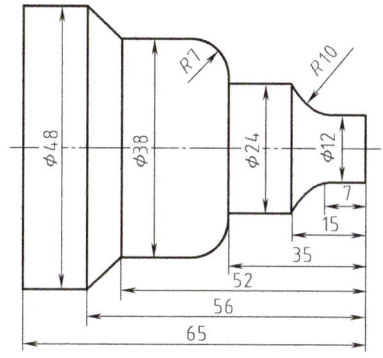
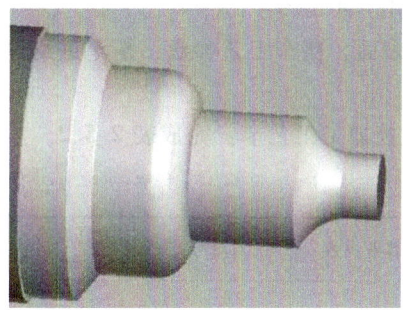

图 2.5.4 G73 指令应用案例

参考程序见表 2.5.1，程序名为 O2502。

表 2.5.1 G73 指令应用案例参考程序

程序名：O2502

程序段号	程序内容	说明
N10	M03S600	主轴正转
N20	T0101	调用 1 号刀具
N30	G00X50	粗车循环 X 方向定位
N40	Z2	粗车循环 Z 方向定位
N50	G73U1W1R6	轮廓车削循环
N60	G73P70Q150U0.2W0.1F0.1	轮廓车削循环
N70	G00X12Z2	精车程序第一段，定位起始点
N80	G01Z-7	车外轮廓 φ12mm
N90	G02X24Z-15R10	加工 R10mm 圆弧
N100	G01Z-35	车外轮廓 φ24mm
N110	G03X38Z-42R7	加工 R7mm 圆弧
N120	G01Z-52	车外轮廓 φ38mm
N130	X48Z-56	加工锥面
N140	Z-65	车外轮廓 φ48mm
N150	X50	X 方向退出
N160	G70P70Q150	精加工循环
N170	G00X100	X 方向退出
N180	Z100	Z 方向退出
N190	M30	程序结束

任务实施

完成本任务中图 2.5.1 所示进气壳体的数控车削程序编制与仿真加工。

1) 毛坯的选择：选用毛坯的尺寸为 $\phi 85\text{mm} \times 150\text{mm}$，材料为 45 钢。

2) 工序划分：根据该零件的结构特点，粗、精加工安排在一道工序完成，即一次装夹后完成零件的全部加工内容，按粗、精加工划分。粗加工去余量，单边留 0.1mm 余量精加工到图样尺寸。

3) 确定装夹方案：选择毛坯轴线及左端台阶面为定位基准，采用自定心卡盘夹紧。

4) 刀具选择：图 2.5.1 中含有 R5mm 小圆弧，不适合选用 90°车刀，否则后角会产生干涉，因此选用 75°硬质合金可转位车刀。

5) 确定切削用量：

① 粗车外表面，G72 指令相关参数：粗车深度 $\Delta d = 2\text{mm}$；退刀量 $e = 1\text{mm}$；X 方向精车预留量 $\Delta u = 0.2\text{mm}$；Z 方向精车预留量 $\Delta w = 0.1\text{mm}$；粗车进给速度 $f = 0.2\text{mm/r}$；切削线速度 $v_c = 110\text{m/min}$（使用 G96 指令）。

② 精车外表面，精车工艺参数：精车进给速度 $f = 0.1\text{mm/r}$；切削线速度 $v_c = 140\text{m/min}$（使用 G96 指令）。

6) 填写数控加工工艺卡：完成表 2.5.2。

表 2.5.2　数控加工工艺卡

工步号	工步作业内容	刀具号	刀具规格 /mm	主轴转速 /(m/min)	进给速度 /(mm/r)	背吃刀量 /mm	备注
1							
2							
3							

7) 确定工件坐标系：以工件右端面与轴心线的交点 O 为工件原点，建立 XOZ 工件坐标系。

8) 编写程序：完成表 2.5.3，程序名为 O2501。

表 2.5.3　程序单

程序名：O2501

程序段号	程序内容	说明
N10	G50S2500	设置最高转速
N20	G96S110M03T0101	设置粗车线速度，主轴正转，调用 1 号刀具
N30	G00X85	刀具移至安全距离
N40	Z0	走到 Z0 准备车端面
N50	G01X0F0.2	车端面
N60	G00Z2	离开右端面
N70	X85	粗车循环定位点
N80	G72＿＿＿＿＿＿＿＿＿＿	径向粗车循环
N90	G72＿＿＿＿＿＿＿＿＿＿	径向粗车循环
N100	＿＿＿＿＿＿＿＿＿＿＿	精车程序第一段 ns，定位到 Z 起始点
N110	＿＿＿＿＿＿＿＿＿＿＿	定位到 X 起始点
N120	＿＿＿＿＿＿＿＿＿＿＿	走到 R5mm 圆弧起始点
N130	＿＿＿＿＿＿＿＿＿＿＿	加工顺圆 R5mm 圆弧
N140	＿＿＿＿＿＿＿＿＿＿＿	径向走刀至 X45，准备加工逆圆 R5mm 圆弧
N150	＿＿＿＿＿＿＿＿＿＿＿	加工逆圆 R5mm 圆弧

（续）

程序段号	程序内容	说明
N160		走刀至 Z-10
N170		走刀至 R3mm 起始点
N180		加工逆圆 R3mm 圆弧
N190		走刀至 Z0
N200		走刀至 X0
N210	G00Z2	精车程序最后一段 nf，Z 方向快速退出 2mm
N220	G96S140	精车转速
N230	G70P100Q210	设置精车线速度
N240	G00X100	X 方向退刀
N250	Z100	Z 方向退刀
N260	M30	程序结束

学习结果评价

完成任务仿真加工，明确检测要素，完成自表2.5.4。

表 2.5.4　自测尺寸、测量工具选用表

序号	检测要素	工具	自测结果	合格否	检测人员
1	$\phi 80$mm	外径千分尺			
2	$\phi 35$mm	外径千分尺			
3	$\phi 20$mm	外径千分尺			
4	10mm	游标卡尺			
5	20mm	游标卡尺			
6	30mm	游标卡尺			
7	外观无毛刺	目视检测			

知识巩固与拓展

【巩固题1】　在数控车床上完成图 2.5.5 所示零件的车削加工，毛坯的尺寸为 $\phi 155$mm × 150mm，工件不需切断。

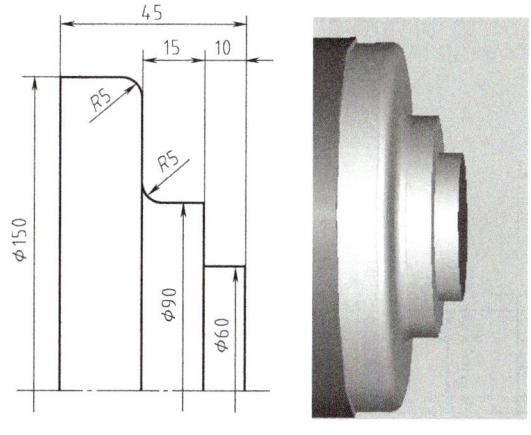

图 2.5.5　巩固题1图

【巩固题2】　完成图 2.5.6 所示零件的粗车和精车加工，毛坯的尺寸为 $\phi 100$mm × 150mm，零件不需切断。

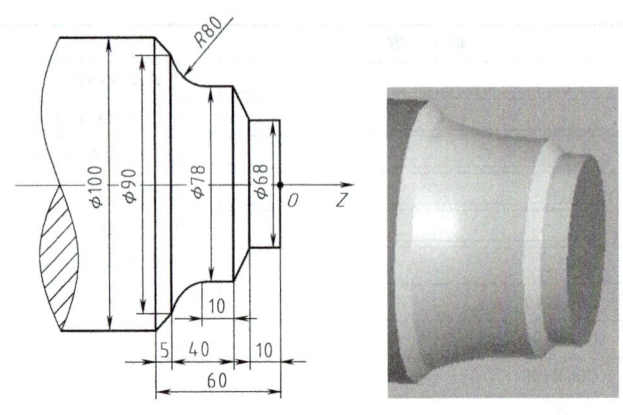

图 2.5.6 巩固题 2 图

任务 2.6 切槽切断加工（M98、M99 指令应用）

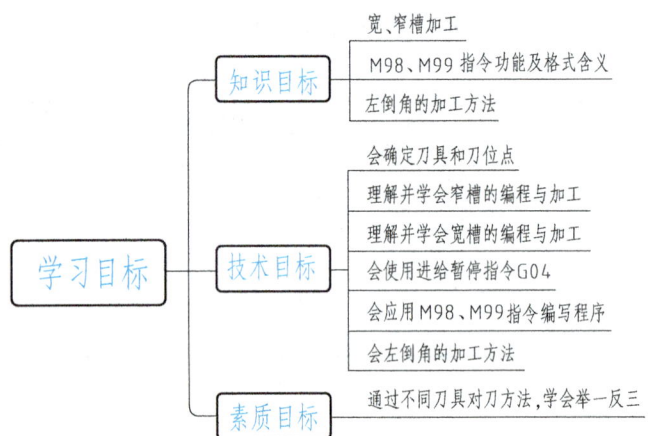

任务导入

任务 1：图 2.6.1 所示为套筒，该产品为某型直升机的恒压变量柱塞泵组成部分，起连接作用。已知毛坯的尺寸为 $\phi 30mm \times 150mm$，材料为 45 钢。企业要求利用现有设备完成该零件的外轮廓加工任务，孔不加工。

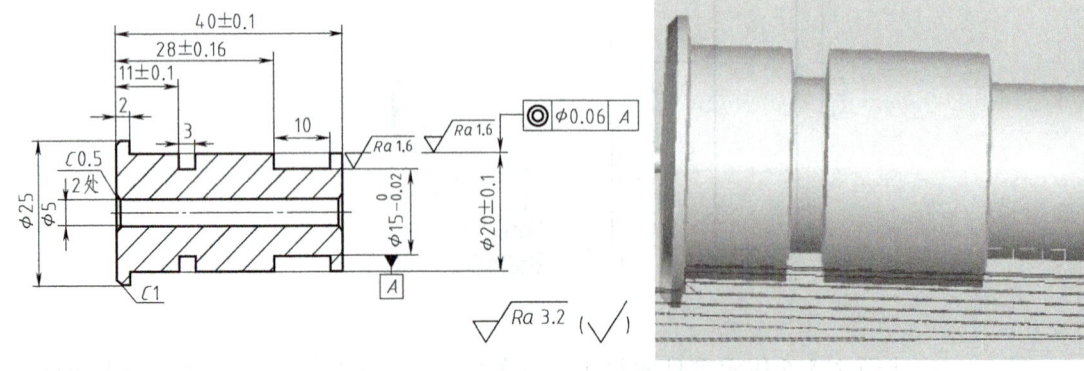

图 2.6.1 套筒

任务2：使用数控车床加工图2.6.2所示卡轴，已知毛坯的尺寸为ϕ30mm×150mm，材料为45钢。

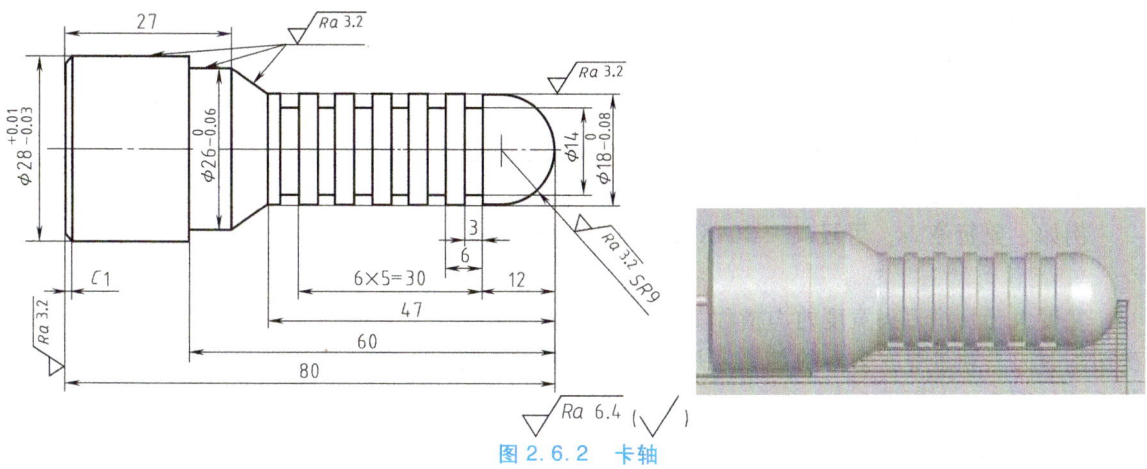

图2.6.2 卡轴

 任务分析

任务1：套筒由多个外圆柱面和2个槽组成，材料为45钢，切削加工性能较好。

任务2：卡轴由多个外圆柱面、1个锥面和6个槽组成，材料为45钢，切削加工性能较好。加工顺序按由粗到精、由右到左的原则，即从右向左先进行粗、精加工，然后加工6个槽，最后进行左倒角、切断。

 知识链接

1. 刀具的选择和刀位点的确定

切槽及切断时选用切刀，切刀有左、右刀尖和位于切削中心处的3个刀位点，在编写加工程序时要采用其中之一作为刀位点，一般常用左刀尖作为刀位点，如图2.6.3a、b所示。在整个加工程序中应采用同一个刀位点。

a) 切刀　　　b) 切刀对刀　　　c) 窄槽加工方法示意图

图2.6.3 切刀刀位点

2. 窄槽的加工方法

沟槽的宽度不大，采用刀头宽度等于槽宽的车刀，一次车出的沟槽称为窄槽。加工窄槽时可用G01指令进行切削，如图2.6.3c所示。

3. 进给暂停指令G04

（1）功能　G04指令是控制系统按指定时间暂时停止执行后续程序段，以实现光整加工

75

（X、Z 轴同时停），暂停时间结束则继续执行，常在切槽或钻孔时使用。该指令为非模态指令，只在本程序段有效。

（2）格式

格式1：G04P __ ；

格式2：G04X __ ；

说明：P 为暂停时间，单位为 ms，不允许使用小数点。

X 为暂停时间，单位为 s，不允许使用小数点。

例如，要暂停2s，可写成"G04X2；"或"G04P2000；"。

4. 宽槽的加工方法

宽度大于切槽刀头宽度的沟槽称为宽槽。精度要求较高的宽槽加工可分几次进给，要求每次切削时刀具轨迹要有重叠的部分，并在沟槽两侧和底面留一定的精车余量，宽槽加工工艺路线设计如图 2.6.4 所示。

在切槽时，应注意合理安排切槽后的退刀路线，避免刀具与零件碰撞，造成车刀及零件的损坏。另外，切削刃宽度、切削速度和进给量都不宜太大。

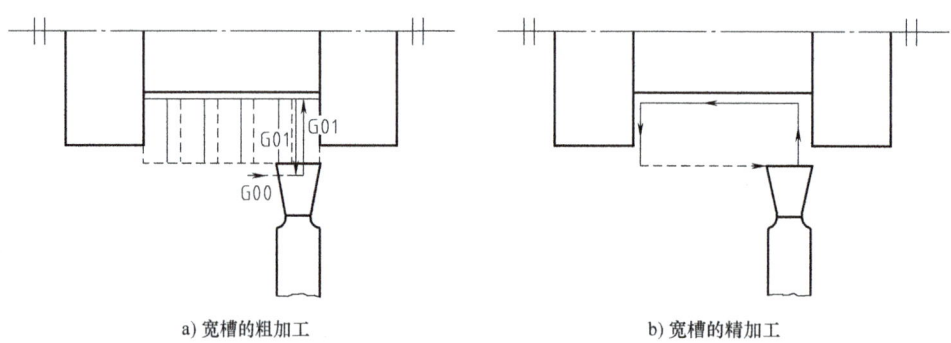

a) 宽槽的粗加工　　　　　b) 宽槽的精加工

图 2.6.4　宽槽加工工艺路线设计

5. 左倒角的加工方法

左倒角可采用切刀进行切削加工，一般安排在精加工外圆面之后，切断工件之前。如图 2.6.5 所示，工件已经过粗加工和精加工，尺寸和表面粗糙度已经符合要求，接下来的任务就是进行左倒角和切断，假设刀宽为 3mm。

加工程序如下：

```
……
N10 G00X50S300;      （快速进刀,准备切左倒角,设主轴转速为300r/min）
N20 Z-68;            （进刀至准备切断处 Z 坐标）
N30 X31;             （快速接近工件,X 方向大于毛坯值）
N40 G01X20F0.15;     （切槽）
N50 G00X33;          （退刀大于毛坯值,且接近工件）
N60 Z-67;            （往右移1mm,准备切左倒角）
N70 G01X27.99;       （慢速进刀）
N80 X25.99Z-68;      （车左倒角）
N90 X0;              （切断）
N100 G00X50;         （X 方向快速退刀）
N110 Z100;           （Z 方向快速退刀）
N120 M30;            （程序结束）
```

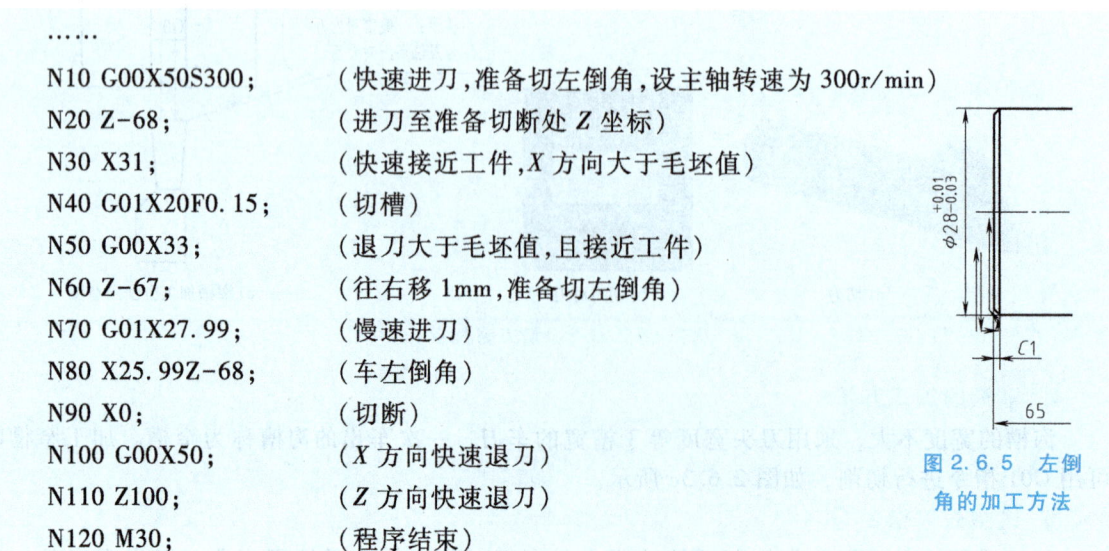

图 2.6.5　左倒角的加工方法

6. 子程序功能及应用

（1）功能　在一个加工程序中，如果包含有一连串在写法上完全相同或相似的内容，为了简化编程，可以把这些重复的程序段单独抽出，并按一定的格式编写成子程序，单独存储到程序存储区中。调用子程序的程序称为主程序。主程序在执行过程中如果需要执行某一子程序，可以通过子程序调用指令来调用该子程序，待子程序执行完了再返回到主程序，继续执行后面的程序段。

（2）主程序调用子程序指令 M98　格式：M98P＿＿；

说明：P 后可指定 8 位数字，前四位为子程序调用次数，后四位为子程序号。如：M98P62600 表示 2600 号子程序被调用 6 次。当子程序调用次数为 1 时可以省略，一个子程序最多可以被调用 999 次。

（3）子程序结束并返回主程序指令 M99　子程序的结构与主程序的结构相似。子程序用 M99 结束，并返回至调用它的程序中调用指令的下一程序段继续运行。

（4）子程序嵌套深度　子程序不仅可以被主程序调用，也可以被其他子程序调用，这个过程称为子程序的嵌套。子程序的嵌套深度可以为三层，也就是四级程序界面（不包括主程序界面），如图 2.6.6 所示。

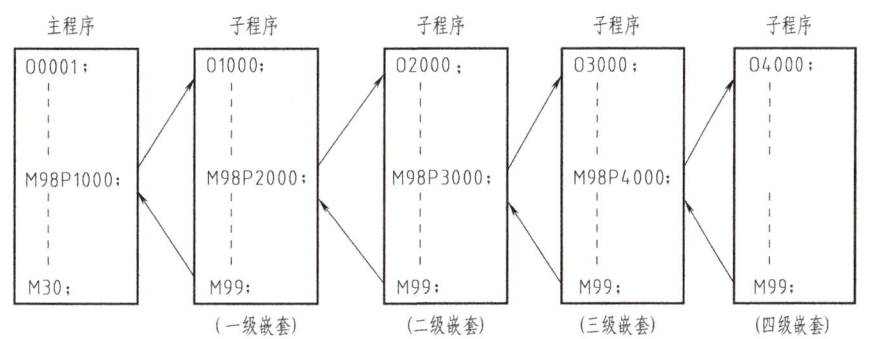

图 2.6.6　子程序的嵌套

任务1实施

完成本任务中图 2.6.1 所示套筒的数控车削程序编制与仿真加工。

1）确定毛坯：选用毛坯的尺寸为 $\phi 30\text{mm} \times 150\text{mm}$，材料为 45 钢。

2）工序划分：先车端面，从右向左粗、精加工外轮廓，再加工宽 10mm 和 3mm 的槽并割断。

3）确定装夹方案：选择毛坯轴线及左端台阶面为定位基准，采用自定心卡盘夹紧。

4）刀具选择：选用硬质合金 93°偏刀粗、精加工零件各面，将其置于 T01 刀位；选用刀宽为 3mm 硬质合金切刀，以左刀尖为刀位点切槽，将其置于 T02 刀位。

5）确定切削用量：

① G71 指令相关参数：粗车深度 $\Delta d = 1\text{mm}$；退刀量 $e = 1\text{mm}$；X 方向精车预留量 $\Delta u = 0.4\text{mm}$；Z 方向精车预留量 $\Delta w = 0.2\text{mm}$；

粗车进给速度 $f = 0.1\text{mm/r}$；

主轴转速 $n = 500\text{r/min}$。

② 精车工艺参数（该参数应设置在精车程序段中）：精车进给速度 $f = 0.05\text{mm/r}$；主轴转速 $n = 700\text{r/min}$。

③ 切槽工艺参数：进给速度 $f = 0.05\text{mm/r}$；主轴转速 $n = 400\text{r/min}$。

$\phi 15_{-0.02}^{0}$ mm 槽底的编程尺寸 = 15mm+(0-0.02)/2mm = 14.99mm。

6）填写数控加工工艺卡：将前面的内容综合成表 2.6.1。

表 2.6.1 数控加工工艺卡

工步号	工步作业内容	刀具号	刀具规格/mm	主轴转速/(r/min)	进给速度/(mm/r)	背吃刀量/mm	备注
1	车端面	T01	25×25（93°偏刀）	500	0.1	—	
2	粗加工外轮廓	T01	25×25（93°偏刀）	500	0.1	—	
3	精加工外轮廓	T01	25×25（93°偏刀）	700	0.05	0.2	
4	切 10mm、3mm 槽	T02	25×3	400	0.05	3	
5	割断	T02	25×3	400	0.05	3	

7）确定工件坐标系：以工件右端面与轴心线的交点 O 为工件原点，建立 XOZ 工件坐标系。

8）编写程序：完成表 2.6.2，程序名为 O2601。

表 2.6.2 程序单

程序名：O2601

程序段号	程序内容	说明
N10	M03S500T0101	主轴正转，调用 1 号刀具
N20	G00X35	刀具移至安全距离
N30	Z0	走到 Z0 准备车端面
N40	G01X0F0.1	车端面
N50	G00Z2	离开右端面
N60	X35	粗车循环定位点
N70		G71 轴向粗车循环
N80		G71 轴向粗车循环
N90		精车程序第一段，定位到 X 起始点
N100		定位到 Z0 起始点
N110		走到 X20
N120		加工 ϕ20mm 轮廓
N130		径向走刀至 X25
N140		加工 ϕ25mm 外轮廓
N150		精车程序最后一段，X 方向快速退出
N160	S700	精车转速
N170	G70P90Q150	精加工
N180	G00X100	X 方向退刀至换刀点
N190	Z100	Z 方向退刀至换刀点
N200	S400	主轴转速 400r/min
N210	T0202	换切槽刀
N220	G00X35	X 方向退至安全距离
N230	Z-12	准备车 10mm 槽第一刀 Z 方向定位
N240	G01X15F0.05	X 方向进刀车槽第一刀
N250	G00X30	退刀
N260	Z-9.5	移刀
N270	G01X15	X 方向进刀车槽第二刀
N280	G00X30	退刀
N290	Z-7	移刀
N300	G01X15	X 方向进刀车槽第三刀
N310	G00X30	退刀
N320		移刀
N330		X 方向进刀车槽第四刀
N340		精车槽底
N350		退刀
N360		准备车 3mm 槽 Z 方向定位
N370		车槽

(续)

程序段号	程序内容	说明
N380		暂停2s
N390		X方向退刀
N400		进刀至准备切断处的Z坐标
N410		切槽
N420		退刀大于毛坯值,且接近工件
N430		往右移1mm,准备切左倒角
N440		慢速进刀
N450		车左倒角
N460		切断
N470		X方向退刀
N480	Z100	Z方向退刀
N490	M30	程序结束

完成任务仿真加工,明确检测要素,完成表2.6.3。

表2.6.3 自测尺寸、测量工具选用表

序号	检测要素	工量具	自测结果	合格否	检测人员
1	$\phi 20^{+0.1}_{-0.1}$mm	外径千分尺			
2	$\phi 15^{0}_{-0.02}$mm	外径千分尺			
3	$\phi 25$mm	外径千分尺			
4	$11^{+0.1}_{-0.1}$mm	游标卡尺			
5	$28^{+0.15}_{-0.15}$mm	游标卡尺			
6	$40^{+0.1}_{-0.1}$mm	游标卡尺			
7	10mm	游标卡尺			
8	外观无毛刺	目视检测			

完成本任务中图2.6.2所示卡轴的数控车削程序编制与仿真加工。

1)毛坯的选择:选用毛坯的尺寸为$\phi 30$mm×150mm,材料为45钢。

2)工序划分:先车端面,从右向左粗、精加工外轮廓,再加工6个宽3mm的槽。

3)确定装夹方案:用自定心卡盘夹住毛坯左端,伸出100mm左右。

4)刀具选择:选用硬质合金93°偏刀粗、精加工零件各面,将其置于T01刀位;选用刀宽为3mm硬质合金切刀,以左刀尖为刀位点切槽,将其置于T02刀位。

5)确定切削用量:

① G71指令相关参数:粗车深度$\Delta d = 1$mm;退刀量$e = 1$mm;X方向精车预留量$\Delta u = 0.4$mm;Z方向精车预留量$\Delta w = 0.2$mm;粗车进给速度$f = 0.1$mm/r;主轴转速$n = 500$r/min。

② 精车工艺参数(该参数应设置在精车程序段中):精车进给速度$f = 0.05$mm/r;主轴转速$n = 700$r/min。

③ 切槽工艺参数:进给速度$f = 0.05$mm/r;主轴转速$n = 350$r/min。

④ 数值计算:

尺寸$\phi 28^{+0.01}_{-0.03}$mm 的编程尺寸 = _____ mm。

尺寸$\phi 26^{0}_{-0.06}$mm 的编程尺寸 = _____ mm。

尺寸 $\phi 18_{-0.08}^{0}$ mm 的编程尺寸 = _____ mm。

6）填写数控加工工艺卡：将前面的内容综合成表2.6.4。

表2.6.4 数控加工工艺卡

工步号	工步作业内容	刀具号	刀具规格/mm	主轴转速/(r/min)	进给速度/(mm/r)	背吃刀量/mm	备注
1							
2							
3							
4							
5							

7）确定工件坐标系：以工件右端面与轴心线的交点 O 为工件原点，建立 XOZ 工件坐标系。

8）编写程序：完成表2.6.5，程序名为O2602，子程序名为O2603。

表2.6.5 程序单

主程序名：O2602

程序段号	程序内容	说明
N10	M03S500	主轴正转
N20	T0101	调用1号刀具
N30	G00X31	X方向快速接近工件
N40	Z0	Z方向快速接近工件
N50	G01X0F0.1	车端面
N60	G00Z2	快速离开工件
N70	G00X31	粗车循环定位点
N80	G71U1R1	G71粗车循环加工外轮廓
N90	G71_____U0.4W0.2 F0.1	粗车循环
N100		精车程序第一段,定位起始点(X方向)
N110		定位起始点(Z方向)
N120		加工 $R9$ 圆弧
N130		车外轮廓 $\phi 18$mm
N140		车锥面
N150		车外轮廓 $\phi 26$mm
N160		X方向加工
N170		车外轮廓 $\phi 28$mm
N180		X方向退出
N190	G70P100Q180	精加工循环
N200	G00X100	X方向退出
N210	Z100	Z方向退出
N220	S350F0.05T0202	换切槽刀
N230	G00X20	退至安全距离
N240	Z-9	走刀至接近第一个槽
N250		调用O2603子程序循环加工6次
N260	G00X32	X方向退出
N270	G00Z-83	进刀至准备切断处 Z 坐标
N280		切槽
N290		退刀
N300		往右移1mm,准备车左倒角
N310		慢速进刀
N320		车左倒角
N330		切断
N340	G0X50	X方向退出
N350	Z100	Z方向退出
N360	M30	程序结束

（续）

切槽子程序：O2603

程序段号	程序内容	说明
N1000	G00W-6	Z方向走刀6mm
N1001	G1U-6F0.1	割第一个槽X负方向进刀6mm
N1002	G4X2	暂停2s
N1003	G00U6	X正方向退刀6mm
N1004	M99	子程序结束

学习结果评价

完成任务仿真加工，明确检测要素，完成表2.6.6。

表2.6.6 自测尺寸、测量工具选用表

序号	检测要素	工具	自测结果	合格否	检测人员
1	$\phi 28^{+0.01}_{-0.03}$mm	外径千分尺			
2	$\phi 26^{0}_{-0.06}$mm	外径千分尺			
3	$\phi 18^{0}_{-0.08}$mm	外径千分尺			
4	$\phi 14$mm	外径千分尺			
5	12mm	游标卡尺			
6	3mm(6处)	游标卡尺			
7	60mm	游标卡尺			
8	外观无毛刺	目视检测			

知识巩固与拓展

【巩固题1】 如图2.6.7所示，已知毛坯的尺寸为$\phi 85$mm×150mm，材料为45钢，试编写该零件的粗、精加工程序，并完成加工。

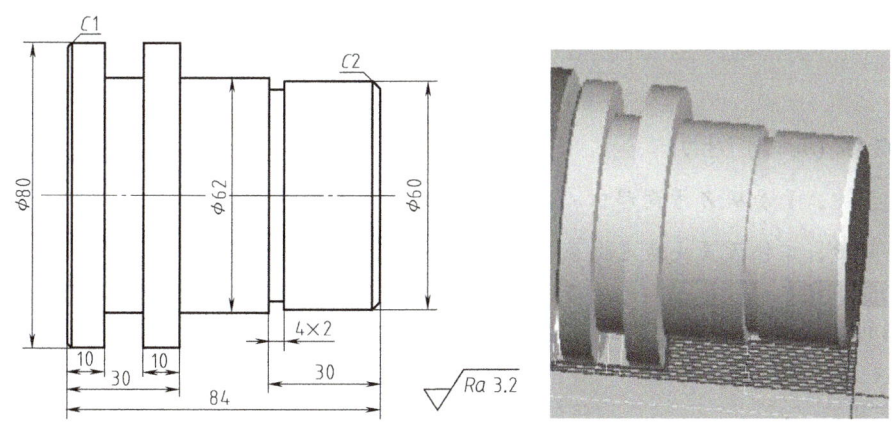

图2.6.7 巩固题1图

【巩固题2】 如图2.6.8所示，已知毛坯的尺寸为$\phi 20$mm×150mm，材料为45钢，试编写该零件的粗、精加工程序，并完成加工。

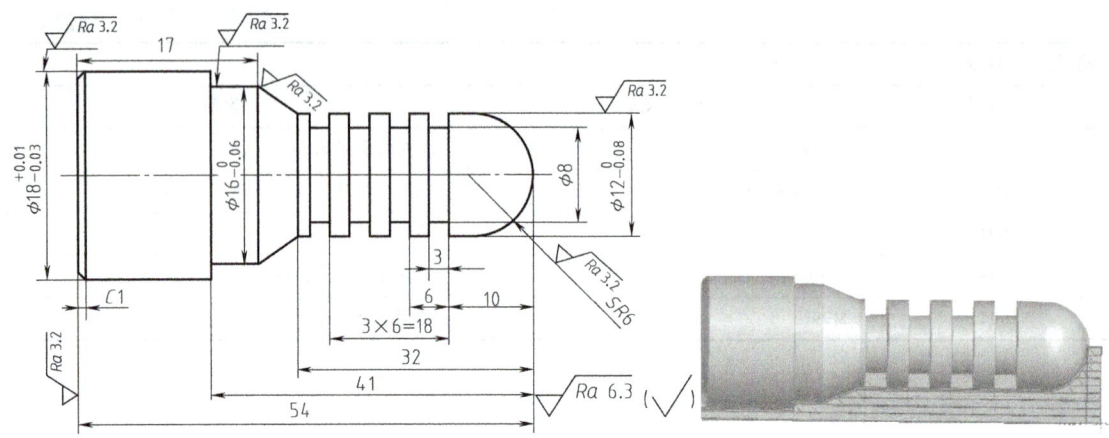

图 2.6.8　巩固题 2 图

【知识拓展】

外圆刀、切刀、螺纹刀对刀方法

1. T01 刀（外圆刀）对刀

① 按 [　] 键，工件设置快速定位至工件中心→按 [OFFSET SETTING] 键，进入参数输入界面。

② 按 [补正]→[形状]→光标移到番号 G001，输入 X0 值→按 [测量]→输入 Z0→按 [测量]→T01 刀 X、Z 轴对刀完毕，如图 2.6.9 所示。

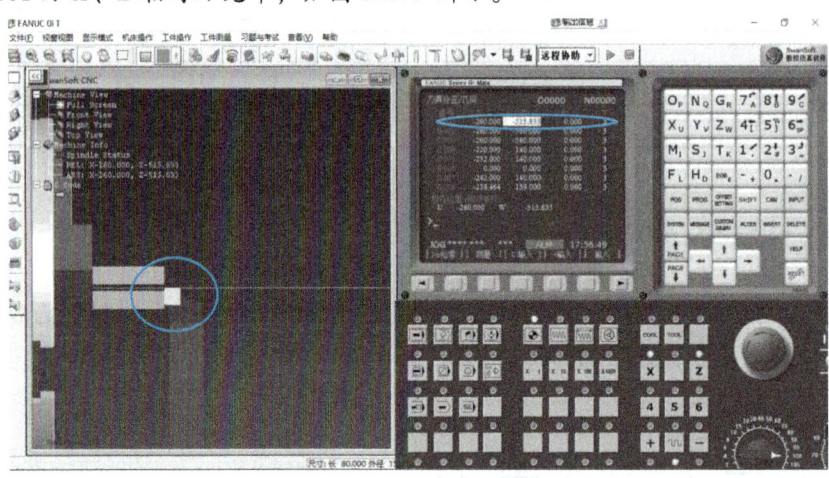

图 2.6.9　外圆刀对刀界面

2. T02 刀（切刀）对刀

① 按 [　] 键，手动从 Z 方向移出刀具，按 [TOOL] 键，换 T02 刀（切刀）。

② 按 [　] 键，工件设置快速定位至工件中心→按 [OFFSET SETTING] 键，进入参数输入界面。

③ 按 [补正]→[形状]→光标移到番号 G002，输入 X0 值→按 [测量]→输入 Z0 值→按 [测量]→T02 刀 X、Z 轴对刀完毕，如图 2.6.10 所示。

3. T03 刀（螺纹刀）对刀

① 按 [　] 键，手动从 Z 方向移出刀具，按 [TOOL] 键，换 T03 刀（螺纹刀）。

② 按 [　] 键，工件设置快速定位至工件中心→按 [OFFSET SETTING] 键，进入参数输入界面。

③ 按 [补正]→[形状]→光标移到番号 G003，输入 X0 值→按 [测量]→输入 Z0 值→按 [测量]→T03 刀 X、Z 轴对刀完毕，如图 2.6.11 所示。

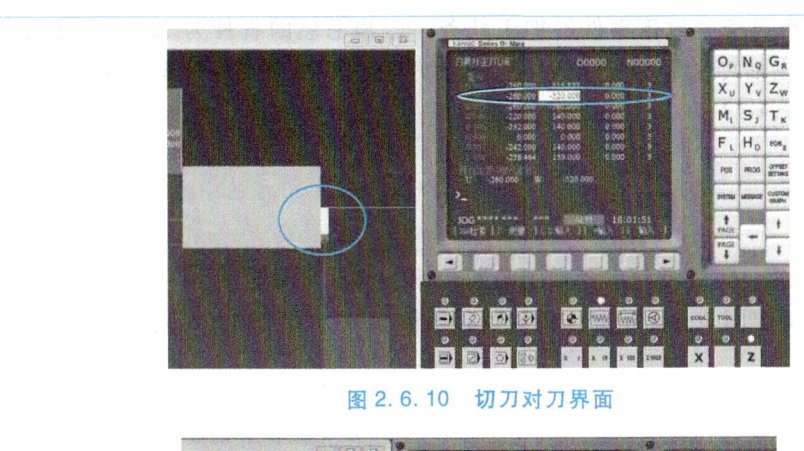

图 2.6.10　切刀对刀界面

图 2.6.11　螺纹刀对刀界面

任务 2.7　螺纹轴的加工（G32、G92、G76 指令应用）

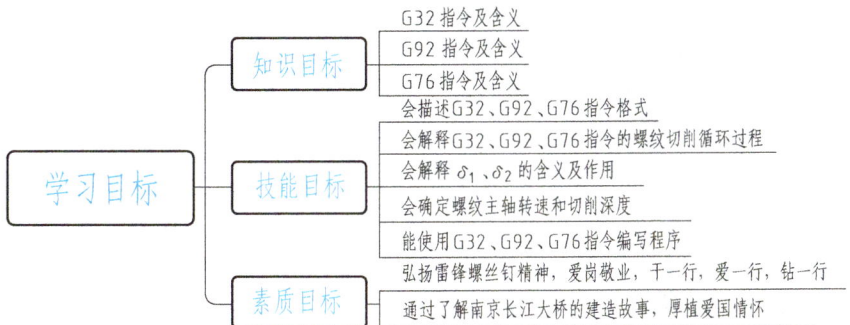

学习目标
- 知识目标
  - G32 指令及含义
  - G92 指令及含义
  - G76 指令及含义
- 技能目标
  - 会描述 G32、G92、G76 指令格式
  - 会解释 G32、G92、G76 指令的螺纹切削循环过程
  - 会解释 δ_1、δ_2 的含义及作用
  - 会确定螺纹主轴转速和切削深度
  - 能使用 G32、G92、G76 指令编写程序
- 素质目标
  - 弘扬雷锋螺丝钉精神，爱岗敬业，干一行，爱一行，钻一行
  - 通过了解南京长江大桥的建造故事，厚植爱国情怀

任务导入

图 2.7.1 所示为螺纹联接件，该产品是飞机上常用的标准件，通常与螺母配合起联接紧固作

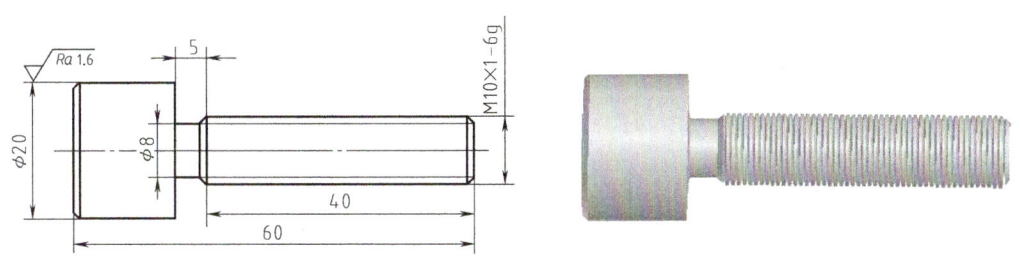

图 2.7.1　螺纹联接件

83

用。企业要求利用现有设备完成该零件的加工任务。已知毛坯的直径为22mm,总长为60mm,螺距为1mm,车螺纹主轴转速为675r/min,不完全螺纹长度$\delta_1 = 1.5$mm、$\delta_2 = 3$mm,未注倒角为$C1$,要求分别用G32、G92、G76指令加工螺纹。

任务分析

毛坯为的材料45钢,零件外轮廓为规则的回转体,有螺纹段加工,外轮廓主要由圆柱面组成,用自定心卡盘就能牢固装夹。轮廓描述清楚,整体而言,加工难度不大。

知识链接

> **小知识**:图2.7.2所示为在中国桥梁建设史上具有里程碑意义的南京长江大桥,它于1960年1月18日正式施工,1968年12月29日全线贯通,是长江上第一座由中国自行设计和建造的双层式铁路、公路两用桥,小至一颗螺钉都是由新中国自主建造的。

图2.7.2　南京长江大桥

螺钉虽小,但功能强大,本任务将学习怎样加工螺纹。

螺纹的车削原理:主轴旋转一周,螺纹车刀进给一个螺距(单头螺纹)。

螺纹的加工设备:普通车床使用挂轮,依靠齿轮传动比实现机床的进给;数控车床使用光电编码器,依靠数控系统控制机床的进给。

数控车床上有三种指令可用于螺纹的车削加工。

1. 螺纹切削指令G32

(1)功能　使用螺纹切削指令G32可以车削图2.7.3所示的圆柱螺纹、圆锥螺纹和端面螺纹。

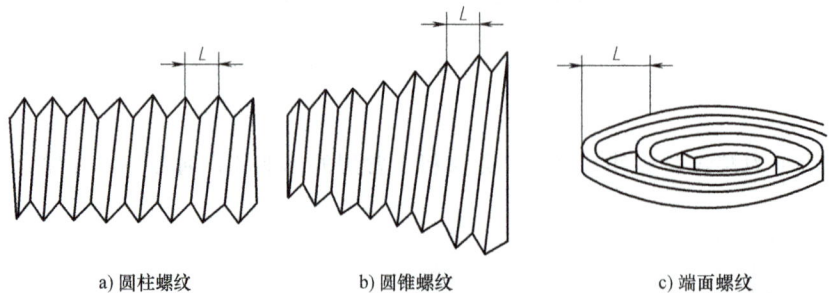

a) 圆柱螺纹　　b) 圆锥螺纹　　c) 端面螺纹

图2.7.3　G32指令可加工螺纹种类

(2)格式　G32X(U)__Z(W)__F__;

说明:X(U)、Z(W)为螺纹终点坐标;F为以螺纹长度L给出的每转进给率(即螺距,单位mm/r)。使用G32指令前需确定图2.7.4所示的参数,图中各参数的意义如下:

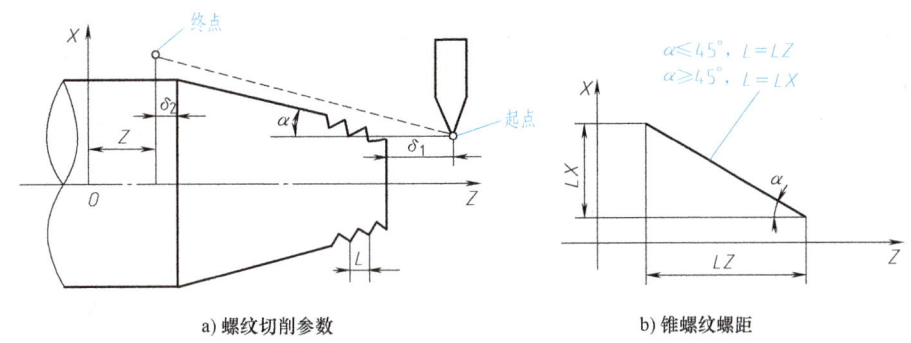

a) 螺纹切削参数　　　　　　b) 锥螺纹螺距

图 2.7.4　螺纹切削参数

L 为螺纹导程；α 为锥螺纹锥角，如果 α 为零，则为直螺纹；LX、LZ 分别为锥螺纹在 X 方向和 Z 方向的导程，应指定两者中较大者，直螺纹的 $LX = 0$；δ_1、δ_2 为不完全螺纹长度，δ_1 为引入长度，δ_2 为超越长度，这两个参数是由于数控车床伺服系统在车削螺纹的起点和终点自动加减速而引起的，这两段的螺纹导程小于实际的螺纹导程，一般可取 2～3mm，如图 2.7.5 所示。

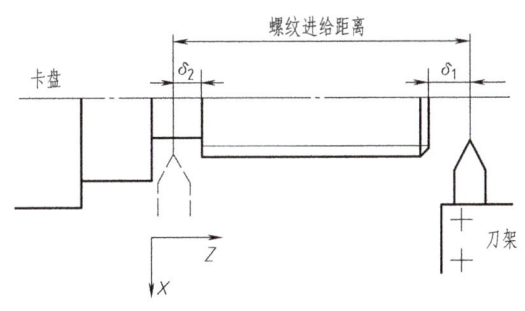

图 2.7.5　圆柱螺纹切削

小思考：

1. 螺纹加工中为什么要设置引入长度 δ_1 和超越长度 δ_2？

2. 加工零件过程中有退刀槽和螺纹，先加工哪个呢？

（3）注意事项

1）主轴转速：

① 螺纹车削时主轴转速 n 不能过高，此时主轴转速与进给速度是关联的。

② 推荐转速：$n \leq 1200/P - k$。其中 P 为螺纹导程（螺距）；k 为安全系数，一般为 80。

③ 为保证切削正确的螺距，不能使用恒表面线速度控制指令 G96。

2）切削深度：

① 为保证与内螺纹的配合，光杆直径＝大径-（0.1～0.2）。

② 切削深度 $= 6H/8 = 0.6495P$。其中，H 为原始三角形高度；P 为螺距。普通螺纹直径与螺距的关系如图 2.7.6 所示。

3）进刀方式：为保证切削质量和保护刀具，通常在切削螺纹时采用多次进刀方式完成。

螺纹切削常用的进给次数与背吃刀量的关系见表 2.7.1。

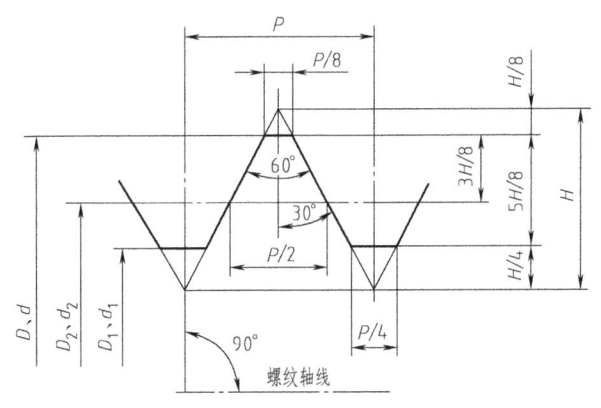

图 2.7.6　普通螺纹直径与螺距的关系

表 2.7.1　螺纹切削常用的进给次数与背吃刀量的关系　　　　　　（单位：mm）

米制螺纹　牙深=0.6495P　（P 为螺距）								
螺距		1.0	1.5	2.0	2.5	3.0	3.5	4.0
牙深		0.649	0.974	1.299	1.624	1.949	2.273	2.598
进刀次数及背吃刀量	1 次	0.7	0.8	0.9	1.0	1.2	1.5	1.5
	2 次	0.4	0.6	0.6	0.7	0.7	0.7	0.8
	3 次	0.2	0.4	0.6	0.6	0.6	0.6	0.6
	4 次		0.16	0.4	0.4	0.4	0.6	0.6
	5 次			0.1	0.4	0.4	0.4	0.4
	6 次				0.15	0.4	0.4	0.4
	7 次					0.2	0.2	0.4
	8 次						0.15	0.3
	9 次							0.2
英制螺纹								
螺距牙/英寸		24 牙	18 牙	16 牙	14 牙	12 牙	10 牙	8 牙
牙深		0.678	0.904	1.016	1.162	1.355	1.626	2.033
进刀次数及背吃刀量	1 次	0.8	0.8	0.8	0.8	0.9	1.0	1.2
	2 次	0.4	0.6	0.6	0.6	0.6	0.7	0.7
	3 次	0.16	0.3	0.5	0.5	0.6	0.6	0.6
	4 次		0.11	0.14	0.3	0.4	0.4	0.5
	5 次				0.13	0.21	0.4	0.5
	6 次						0.16	0.4
	7 次							0.17

注：表中背吃刀量为直径值（若背吃刀量没有特别说明则默认为单边半径值），走刀次数和背吃刀量根据工件材料及刀具的不同可酌情增减。

（4）参考程序

加工螺纹的部分参考程序如下，程序名为 O2701。

```
……
T0303S675;        （T03 螺纹刀）
G00X25;
Z2;
X9.822;           （光杆直径）
G00X9.122Z1.5;    （δ₁=1.5mm，第一次切削深度是 0.35mm）
G32Z-43F1;        （第一次螺纹车削，δ₂=3mm）
G00X25;
Z1.5;
X8.722;           （第二次切削深度是 0.2mm）
G32Z-43F1;        （第二次螺纹车削）
G00X25;
Z1.5;
X8.522;           （第三次切削深度是 0.1mm）
G32Z-43F1;        （第三次螺纹车削）
G00X25;
Z100;
……
```

2. 螺纹切削循环指令 G92

（1）功能　G92 指令的功能是对螺纹进行循环加工，循环加工中包括了进刀和退刀路线。

（2）格式

直螺纹：G92X（U）__Z（W）__F__；

锥螺纹：G92X（U）__Z（W）__R__F__；

说明：X（U）__Z（W）__为螺纹终点坐标；F为以螺纹导程L给出的每转进给率（即螺距）；R为锥螺纹起点半径减去终点半径的差值，锥面起点坐标大于终点坐标时为正，反之为负。

螺纹切削循环指令把"切入—螺纹切削—退刀—返回"四个动作作为一个循环，除螺纹切削一段为进给移动外，其余均为快速移动，如图2.7.7所示。

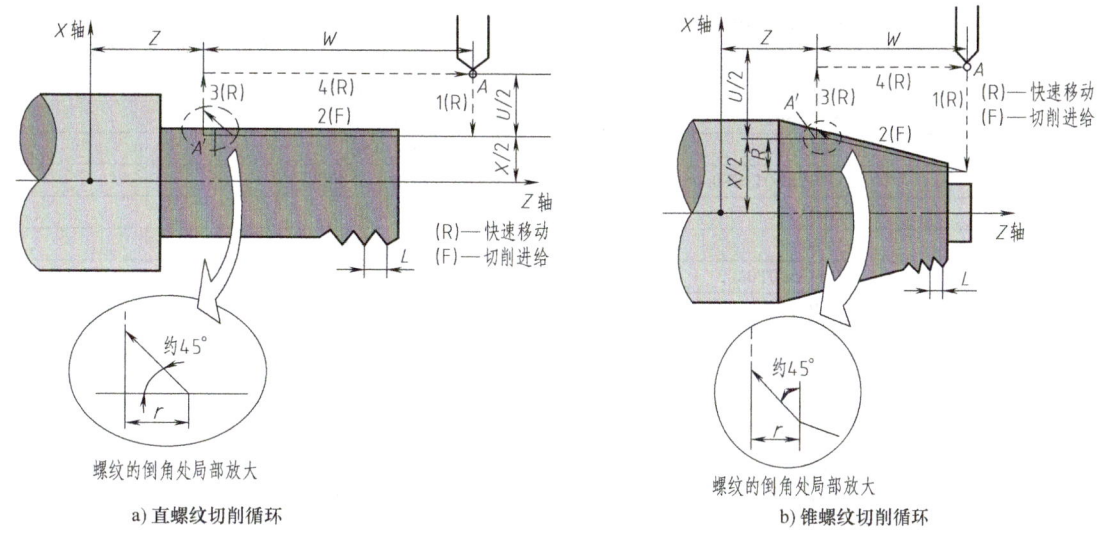

a) 直螺纹切削循环　　　　　b) 锥螺纹切削循环

图 2.7.7　G92 螺纹切削循环

注：由于伺服系统的时延，倒角的开始部分小于或等于45°。

（3）案例　如图2.7.8所示，毛坯直径为ϕ50mm，锥螺纹高度=2mm，要求分4次车削螺纹，每次车削深度为0.5mm；$\delta_1=2$mm，$\delta_2=2$mm，螺距$L=2$mm。

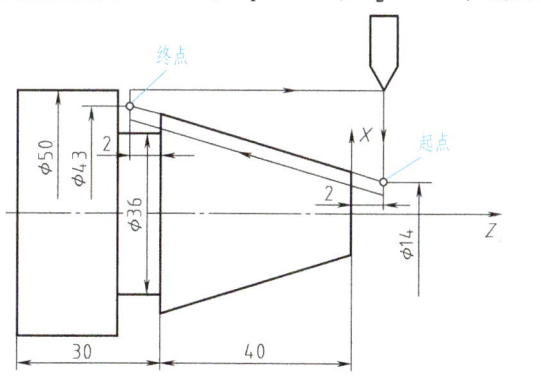 

图 2.7.8　G92 指令锥螺纹切削加工

第一次锥螺纹车削程序为：G92X42Z-42R-14.5F2；

程序填入表2.7.2，程序名为O2703。

3. 多头螺纹切削循环指令 G76

（1）功能　G76完成螺纹的多次循环车削，通过一次指令，并指定好相关参数，则车削过程自动进行，可以完成一个螺纹段的全部加工任务，其运动轨迹如图2.7.9所示。

（2）格式

G76P（m）（r）（a）Q（Δd_{min}）R（d）

G76X（U）__Z（W）__R（i）P（k）Q（Δd）F（L）

表 2.7.2　程序单

程序名：O2703

程序段号	程序内容	说明
N10	M03S500T0101	主轴正转，调用 1 号刀具
N20	G00X55Z0	快速接近工件
N30	G01X-1F0.2	车端面
N40	G00Z2	离开右端面
N50	X52	粗车循环定位点
N60	G71U1R1	粗加工外轮廓
N70	G71P80Q110U0.4W0.2	粗加工外轮廓
N80	G00X14	精车程序第一段，定位起始点（X 方向）
N90	G01Z2	定位起始点（Z 方向）
N100	X43Z-42	车锥面
N110	G00X50	退至 X50
N120	G70P80Q110F0.05	精加工外轮廓
N130	G00X100	X 方向退刀
N140	Z100	Z 方向退刀
N150	G97S500T0202	换割刀准备割槽
N160	G00X55	走刀至 X55 安全距离
N170	Z-43	Z 方向走刀至切槽处
N180	G01X36F0.1	切槽
N190	G04X5	暂停 5s
N200	G00X55	X 方向退刀
N210	Z100	Z 方向退刀
N220	T0303S675	换螺纹刀准备车螺纹
N230	G00X45Z2	走刀至螺纹起始点
N240	G92X42Z-42R-14.5F2	第一次车螺纹
N250	X41	第二次车螺纹
N260	X40	第三次车螺纹
N270	X39	第四次车螺纹
N280	G00X60	X 方向退刀
N290	Z150	Z 方向退刀
N300	M30	程序结束

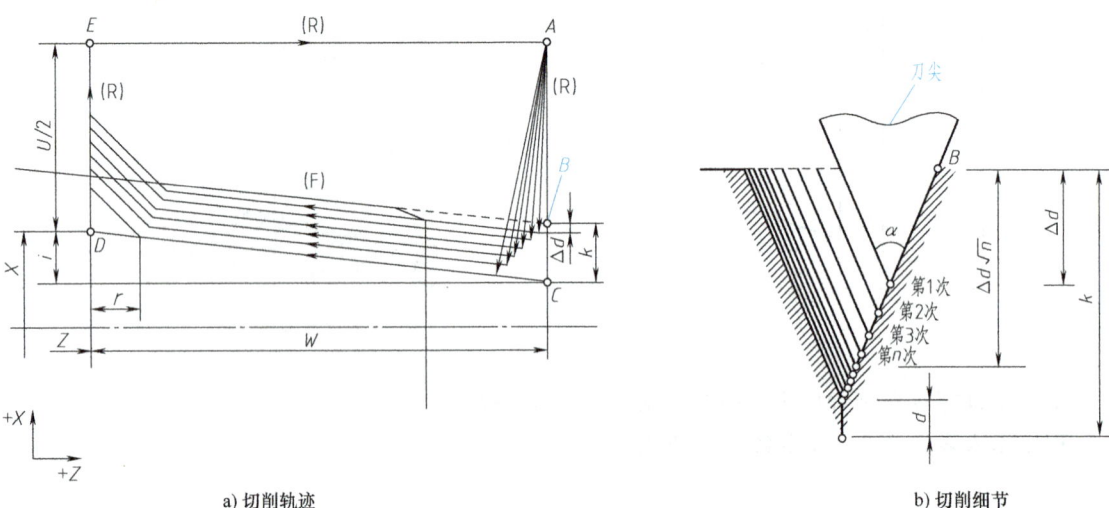

a) 切削轨迹　　　　　　b) 切削细节

图 2.7.9　螺纹切削多次循环指令 G76

说明：m 为精车重复次数，1~99（模态指令）；

r 为螺纹尾端倒角值，该值可设置为 $0.0L$~$9.9L$（模态指令），r 应使用 00~99 之间的两位整数表示，L 为螺距，可加工没有退刀槽的螺纹；

a 为刀具角度，从 80°、60°、55°、30°、29°、0° 六个角度中选择（模态指令），a 应使用 2 位整数表示；

Δd_{min} 为最小车削深度，用半径值指定（模态指令），螺纹半径方向的车削量随次数增加而越切越少，单位为 μm；

d 为精车余量，用半径值指定，单位为 μm；

X(U)、Z(W) 为螺纹终点坐标；

i 为螺纹起点半径与终点半径的差值，有正负号，$R=0$ 时，为直螺纹（可省略不写）；

k 为螺纹高度，用半径值指定，单位为 μm；

Δd 为螺纹第 1 次车削深度，用半径值指定，从外径开始计算切入量，单位为 μm；

L 为螺纹导程。

（3）案例　图 2.7.10 所示为零件轴上的一段直螺纹（外螺纹），毛坯直径为 75mm，螺纹高度为 3.68mm，螺距为 6mm，螺纹尾端倒角为 1.1L，刀尖角为 60°，第一次车削深度为 1.8mm，最小车削深度为 0.1mm，精车余量 0.2mm，精车次数为 2 次。

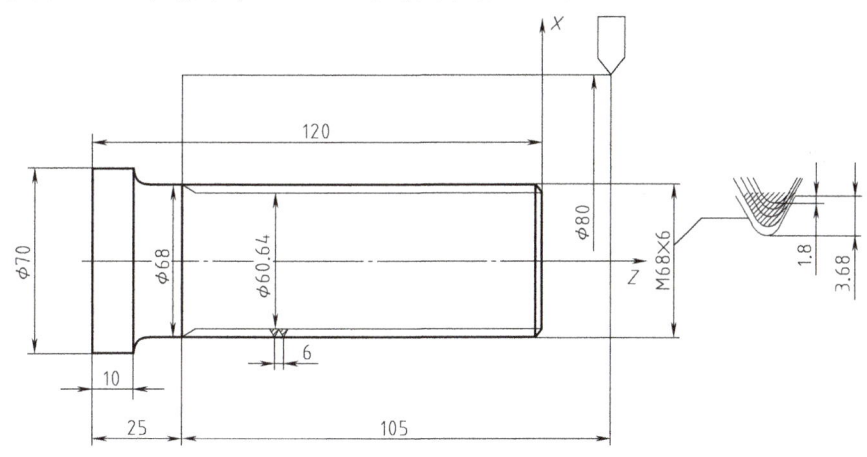

图 2.7.10　G76 指令编程案例

用 G76 指令编写的切削螺纹的加工程序为：

……

G76P021160Q100R200；

G76X60.64Z-100P3680Q1800F6；

完成本任务中图 2.7.1 所示螺纹联接件的数控车削程序编制与仿真加工。

1）毛坯的选择：选用毛坯的尺寸为 φ22mm×150mm，材料为 45 钢。

2）工序划分：根据刀具划分制定工序为车端面→粗精车外圆→切退刀槽→车螺纹→切断。

3）确定装夹方案：选择毛坯轴线及左端台阶面为定位基准，采用自定心卡盘夹紧。

4）刀具选择：根据不同加工表面、加工精度要求，合理选择刀具，将所选定的刀具参数填入表 2.7.3 中，以便于编程和操作管理。

表 2.7.3　数控加工刀具卡

序号	刀具号	刀具规格	数量	加工内容	刀尖半径/mm	备注
1	T01	25×25	1	外轮廓	R0.2	
2	T02	3mm 槽刀	1	槽	—	
3	T03	60° 螺纹刀	1	螺纹	—	

5）确定切削用量：主轴转速为 675r/min，进给速度（螺距值）为 _____ mm/r，通过查表 2.7.1 得 1mm 螺距的牙深为 _____ mm，车螺纹背吃刀量直径值为 _____ mm、_____ mm、_____ mm。

M10-6g 为螺纹尺寸标注，查加工手册后可知，该螺纹的螺距为 1mm。大径和中径公差带代号为 6g，大径的上极限偏差为 -0.038mm，下极限偏差为 -0.318mm，大径的编程尺寸 = [10 + (-0.038-0.318)/2]mm = 9.822mm，因此螺纹所在光杆的尺寸可处理为比大径小 0.1~0.2mm，即 9.8~9.9mm。

6）填写数控加工工艺卡：将前面的内容综合成表 2.7.4。

表 2.7.4 数控加工工艺卡

工步号	工步作业内容	刀具号	刀具规格/mm	主轴转速/(r/min)	进给速度/(mm/r)	背吃刀量/mm	备注
1							
2							
3							
4							
5							
6							

7）确定工件坐标系：以工件右端面中心为工件原点，建立 XOZ 工件坐标系。

8）编写程序：使用 G92 指令加工图 2.7.1 所示零件的螺纹，完成表 2.7.5，程序名为 O2702。

表 2.7.5 程序单

程序名：O2702

程序段号	程序内容	说明
N10	M03S500T0101	主轴正转,调用 1 号刀具
N20	G00X25	走刀至工件安全距离
N30	Z0	走刀到 Z0 准备车端面
N40	G01X-1F0.1	车端面
N50	G00Z2	快速离开右端面
N60	X25	粗车循环定位点
N70	G71U1R1	粗加工外轮廓
N80		粗加工外轮廓
N90		精车程序第一段,定位起始点(X 方向)
N100		定位起始点(Z 方向)
N110		走到倒角起始点
N120		倒角 C1
N130		车圆柱面
N140		走刀至 X20
N150		车 X20 圆柱面
N160		精车程序最后一段,X 方向快速退出相当于毛坯的值,减少空走刀
N170	G70P90Q160S800	精加工外轮廓
N180	G00X100	X 方向退刀
N190	Z100	Z 方向退刀
N200	S500T0202	换割刀准备割槽
N210	G00X25	走刀至 X25 安全距离
N220	Z-44	Z 向走刀至切槽处
N230	G01X8F0.1	切槽
N240	G00X12	X 方向退出
N250	Z-45	向左走 1mm
N260	G01X8	第二次切槽

(续)

程序段号	程序内容	说明
N270	Z-44	光整槽底
N280	X9.822Z-43	倒角 C1
N290	G00X100	X 方向退刀
N300	Z100	Z 方向退刀
N310	T0303S675	换螺纹刀准备车螺纹
N320	G00X12	走刀至螺纹 X 起始点
N330	G00Z1.5	走刀至螺纹 Z 起始点
N340	_____	第一次车螺纹
N350	_____	第二次车螺纹
N360	_____	第三次车螺纹
N370	_____	第四次车螺纹
N380	G00X25	X 方向退刀
N390	Z100	Z 方向退刀
N400	S500T0202	换割刀准备切断
N410	G00X25	X 方向走至安全距离
N420	Z-63	走刀至 Z-63
N430	G01X16F0.1	进刀切槽
N440	G00X25	X 方向退出
N450	Z-62	向右走 1mm
N460	G01X20	走刀至 X20
N470	Z-63X18	隔断处倒角
N480	X1	割断
N490	G00X100	X 方向退刀
N500	Z100	Z 方向退刀
N510	M30	程序结束

小提示：螺纹螺距为 1mm，F 为 1，经查表 2.7.1 牙深为 0.649mm，每次直径上的背吃刀量为 0.7mm、0.4mm、0.2mm，Z 方向不变，所以只改变 X 值即可。

小思考：执行完 N370 行后刀具在哪个坐标点？

_____

学习结果评价

完成任务仿真加工，明确检测要素，完成表 2.7.6。

表 2.7.6 自测尺寸、测量工具选用表

序号	检测要素	工具	自测结果	合格否	检测人员
1	40mm	游标卡尺			
2	60mm	游标卡尺			
3	M10 螺纹	螺纹环规			
4	外观无毛刺	目视检测			

知识巩固与拓展

【巩固题 1】 如图 2.7.11 所示，毛坯的直径为 35mm，螺距 $L=1.5$mm，螺纹高度 $k=$

0.974mm，车螺纹主轴转速 $n = 650\text{r/min}$，引入长度 $\delta_1 = 2\text{mm}$，超越长度 $\delta_2 = 1\text{mm}$。分 4 次进给，对应的背吃刀量（直径值）依次为 0.8mm、0.6mm、0.4mm、0.16mm。试用 G92 指令编写切削螺纹的加工程序，倒角 $C1.5$。

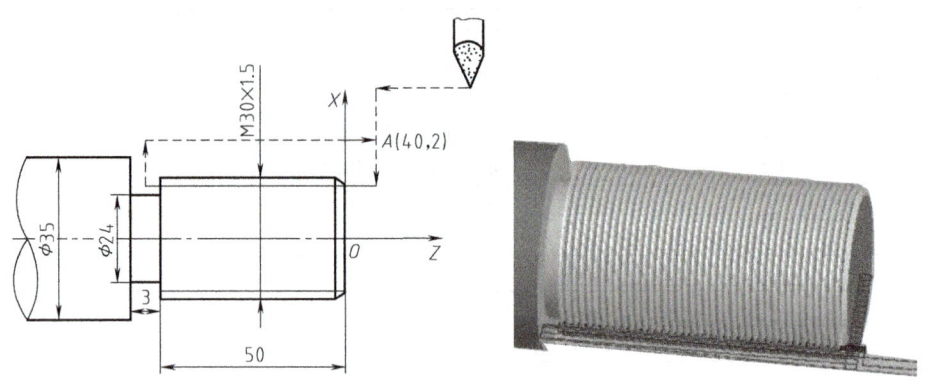

图 2.7.11 巩固题 1 图

【巩固题 2】 试加工图 2.7.12 所示零件，毛坯为 $\phi 20\text{mm} \times 150\text{mm}$，材料为 45 钢，粗车切削线速度为 110m/min，精车切削线速度为 140m/min。

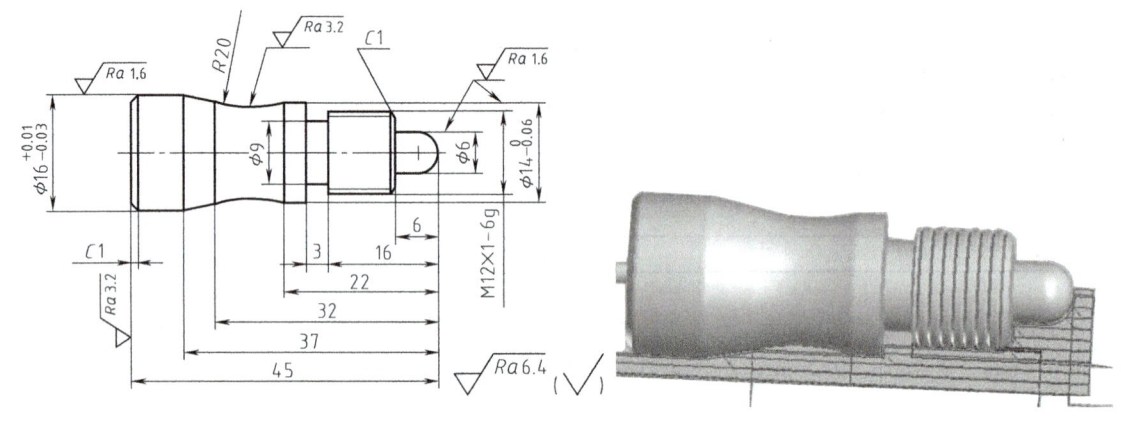

图 2.7.12 巩固题 2 图

【知识拓展】

榜样的故事 3

螺丝钉精神

雷锋：共产主义战士、最美奋斗者。

1960 年 1 月 12 日，雷锋写道："虽然是细小的螺丝钉，是个细微的小齿轮，然而如果缺了它，那整个的机器就无法运转了，慢说是缺了它，即使是一枚小螺丝钉没拧紧，一个小齿轮略有破损，也要使机器的运转发生故障的。尽管如此，但是再好的螺丝钉，再精密的齿轮，它若离开了机器这个整体，也不免要当作废料，扔到废铁料仓库里去的。"

1962 年 4 月 7 日，雷锋再次写道："一个人的作用对于革命事业来说，就如一架机器上的一颗螺丝钉。机器由于有许许多多螺丝钉的连接和固定，才成了一个坚实的整体，才能运转自如，发挥它巨大的工作能力。螺丝钉虽小，其作用是不可估量的，我愿永远做一个螺丝钉。螺丝钉要经常保养和清洗才不会生锈。人的思想也是这样，要经常检查才不会出毛病。"

任务2.8 孔加工（G71、G70指令应用）

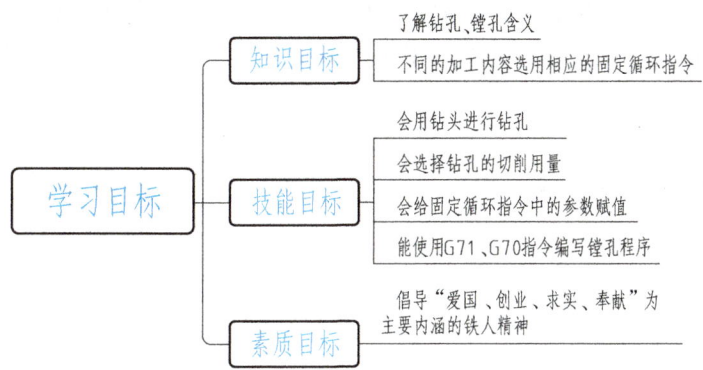

任务导入

图2.8.1所示为壳体，该产品为某型飞机液压马达系统的组成部分，该系统通过产品配合使液压能转化为机械能，从而使液压马达连续旋转，不断地输出转矩。该产品是密封装置的一部分，作用是防止工作液泄露出去，保证轴尾的密封性。企业要求利用现有设备完成该零件的加工任务。已知毛坯的尺寸为φ50mm×150mm，材料为45钢，完成加工工艺卡和程序编制，检验合格后填写检测单，要求割断。

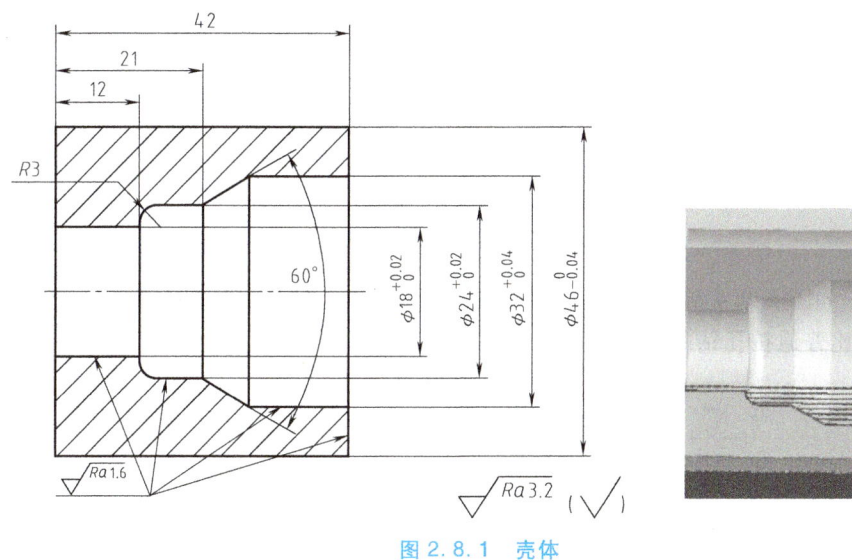

图2.8.1 壳体

任务分析

该零件有端面、外轮廓和内圆，表面粗糙度的要求较高，应分粗、精加工，无热处理和硬度要求。因内圆尺寸为φ18mm，可用钻孔、粗镗孔、精镗孔的加工方式加工，加工顺序按由粗到精、由右到左的原则，即从右向左先钻底孔，然后粗镗孔，最后精镗孔。内圆有尺寸精度要求，取极限尺寸的平均值进行加工。由于棒料较长，可采用一次装夹零件完成各表面的加工。

孔加工在金属切削中占有很大的比重，应用广泛。孔加工的方法比较多，在数控车床上常用的方法有钻孔、扩孔、铰孔、镗孔等，车削内表面时，车刀刀杆与被车削工件的轴线平行，刀具轨迹数控程序的编写与外圆车削时类似。

1. 常用孔加工刀具

1）中心钻。如图 2.8.2 所示，中心钻主要用于钻中心孔，也可用于麻花钻钻孔前预钻中心孔。

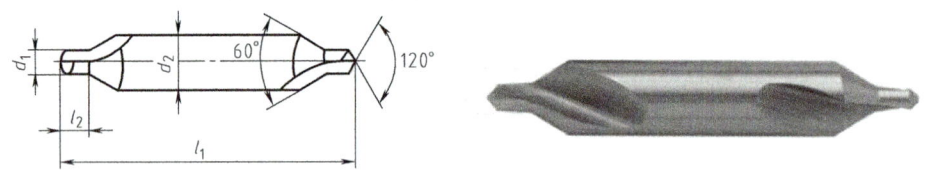

图 2.8.2 中心钻

2）麻花钻。如图 2.8.3 所示，麻花钻是最常见的孔加工刀具，它可在实心材料上钻孔，也可用来扩孔，主要用于加工 $\phi 30\text{mm}$ 以下的孔。

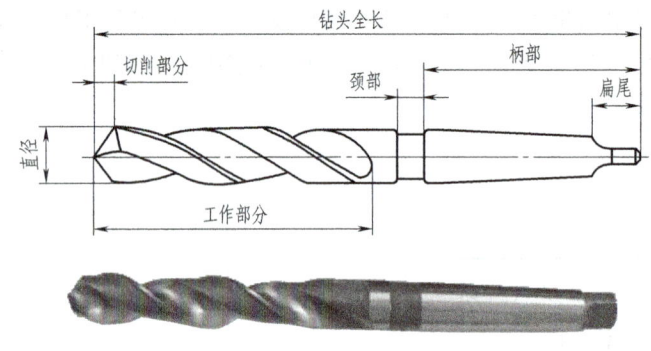

图 2.8.3 麻花钻

3）扩孔钻。如图 2.8.4 所示，机床上进行扩孔多采用扩孔钻。此外也可使用键槽铣刀或立铣刀进行扩孔，比普通扩孔钻的加工精度高。

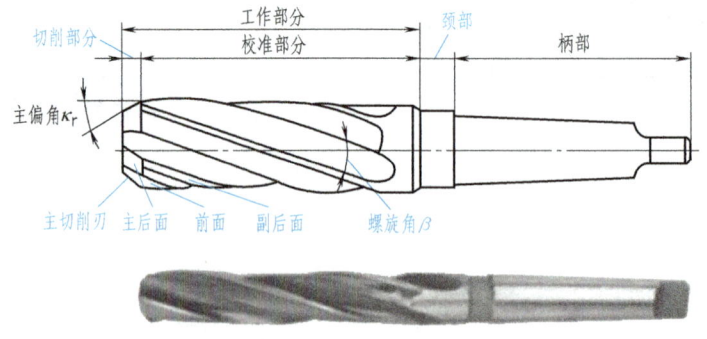

图 2.8.4 扩孔钻

4）铰刀。如图 2.8.5 所示，铰刀用于铰削工件上已钻削（或扩孔）加工后的孔，主要是为了提高孔的加工精度，降低其表面粗糙度，适用于孔的精加工和半精加工的刀具，加工余量一般很小，图 2.8.6 所示为铰刀的扳手。

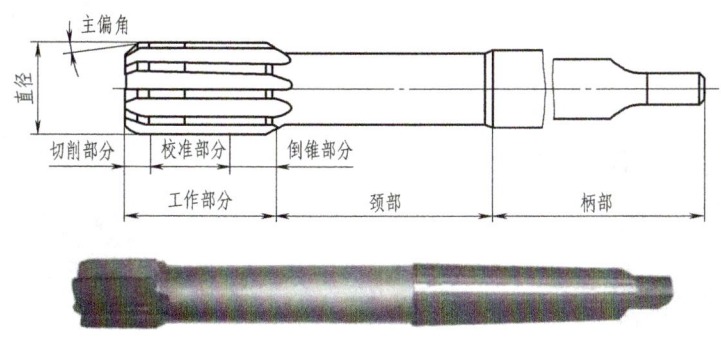

图 2.8.5 铰刀

5）镗刀。如图 2.8.7 所示，镗刀是镗削刀具的一种，一般是圆柄的，工件较大时，也有使用方刀杆。镗刀常用的场合有内孔加工、扩孔、仿形等。它有一个或两个切削部分专门用于对已有的孔进行粗加工、半精加工或精加工。镗刀可在镗床、车床或铣床上使用。

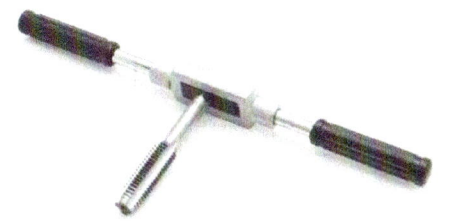

图 2.8.6 铰刀的扳手

图 2.8.7 镗刀

2. 应用指令 G71

格式：G71UΔdRe；
G71PnsQnfUΔuWΔwF＿＿S＿＿T＿＿；
与外轮廓指令 G71 一样，只是 X 坐标值单调减少，Δu 为负。

任务实施

完成本任务中图 2.8.1 所示壳体的数控车削程序编制与仿真加工。

1）毛坯的选择：选用毛坯尺寸为 $\phi50mm×150mm$，材料为 45 钢。
2）工序划分：根据零件情况，先用外圆车刀精车外轮廓，用 $\phi16mm$ 钻头钻内孔，换镗刀，粗、精镗内圆，换切刀切断。
3）确定装夹方案：
① 工件装夹：用自定心卡盘夹住毛坯左端，找正。
② 刀具装夹。
方法一：将刀具装夹在尾架上，如图 2.8.8 所示。
方法二：将刀具装夹在卧式回转刀架上，如图 2.8.9 所示。
4）刀具选择：
① 选用硬质合金 93°偏刀，精加工零件外圆，将其置于 T01 刀位。
② 钻孔选用高速钢钻头，钻孔直径等于钻头直径，且应预留镗孔余量。图 2.8.1 中内轮廓的加工采用直径 16mm 的钻头，将其置于 T02 刀位。
钻头起点的确定：如图 2.8.10 所示，X 方向的位置在工件中心，Z 方向的位置靠近工件右端面。

图 2.8.8 尾架

图 2.8.9 卧式回转刀架

小经验：钻孔深度 = 孔深 + 0.5D，D 为钻头直径。

图 2.8.1 所示壳体的钻孔深度 = _____ mm。

情境：外圆车刀转换至钻头时，钻头容易与工件产生干涉，如图 2.8.11 所示，应如何处理？

换成钻头后，可以在程序中添加一行程序（如第 N120 行程序），在 Z 方向使刀具远离工件，再接近工件，就不会与工件产生干涉。

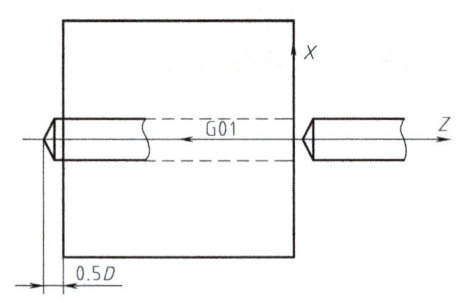

图 2.8.10 钻头走刀路线

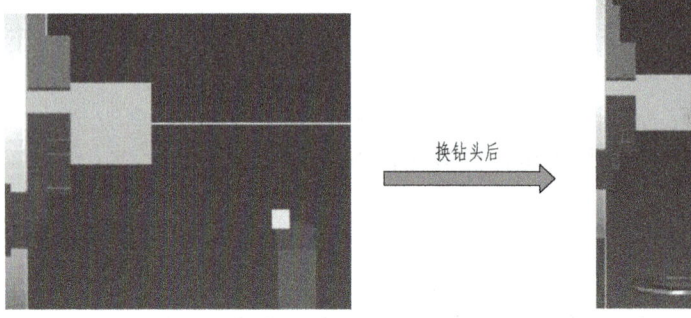

图 2.8.11 外圆车刀转换至钻头

```
N100T0202          （换2号钻头钻孔）
N110S320           （设置转速为320r/min）
N120G00Z100        （设置离开工件安全距离）
N130G00Z2          （接近工件）
N140X0             （定位X0）
N150G01Z-50        [钻孔深为孔深+0.5D（D为刀具半径）]
N160G00Z100        （Z方向退刀）
```

③ 选用硬质合金盲孔镗刀加工内圆，镗刀刀杆尺寸应小于钻孔孔径，如图 2.8.12 所示，刀杆与主轴平行，将该刀具置于 T03 刀位。

小经验：镗孔循环起点的确定：X 方向的位置接近工件中心小于钻孔的孔径，Z 方向的位置接近工件端面。

④ 选用硬质合金切刀，刀宽为 3mm，以左刀尖为刀位点进行切断，将该刀具置于 T04 刀位。

5)确定切削用量:孔加工时切削用量的选择见附录 A。

① 钻孔:

进给速度 $f=0.2\sim0.3$ mm/r,此处取 0.2mm/r;

线速度 $v=8\sim25$ m/min,此处取 16m/min;

主轴转速 $n=$ _____ r/min。

② 镗孔:

a. 粗车内轮廓,G71 指令相关参数:粗车深度 $\Delta d=$ 1mm;退刀量 $e=1$mm;X 方向精车预留量 $\Delta u=-0.4$mm;Z 方向精车预留量 $\Delta w=0.2$mm;粗车进给速度 $f=0.1$mm/r;线速度 $v=60$m/min,主轴转速 $n=$ _____ r/min。

b. 精车工艺参数:精车进给速度 $f=0.05$mm/r;线速度 $v=110$m/min,主轴转速 $n=$ _____ r/min。

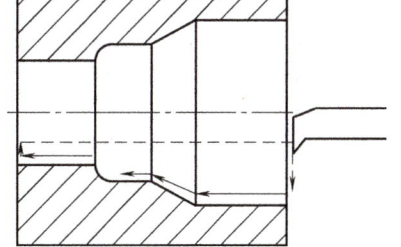

图 2.8.12 镗刀定位

小经验:

① G71 循环起点确定:X 方向位置接近工件中心小于钻孔的孔径,Z 方向位置接近工件端面。如任务为 G00X14Z2。

② 退刀方向先向工件中心 X 方向退刀,再向 Z 正方向退刀。

③ 镗孔加工 G71 使用时,注意 U 的负号。

③ 坐标点计算:对具有公差的尺寸,公式编程尺寸=公称尺寸+(上极限偏差+下极限偏差)/2,计算如下。

$\phi 46_{-0.04}^{0}$ mm 内圆的编程尺寸 = 46-0.04/2mm = 45.98mm;

$\phi 32_{0}^{+0.04}$ mm 内圆的编程尺寸 = 32+0.04/2mm = 32.02mm;

$\phi 24_{0}^{+0.02}$ mm 内圆的编程尺寸 = 24+0.02/2mm = 24.01mm;

$\phi 18_{0}^{+0.02}$ mm 内圆的编程尺寸 = 18+0.02/2mm = 18.01mm;

30°的锥面长度计算:_____ mm。

6)填写数控加工工艺卡片:将前面的内容综合成表 2.8.1。

表 2.8.1 数控加工工艺卡

工步号	工步作业内容	刀具号	刀具规格 /mm	主轴转速 /(r/min)	进给速度 /(mm/r)	背吃刀量 /mm	备注
1							
2							
3							
4							
5							
6							

7)确定工件坐标系:以工件右端面与轴心线的交点 O 为工件原点,建立工件坐标系。

8)编写程序:完成表 2.8.2,程序名为 O2801。

表 2.8.2 程序单

程序名:O2801

程序段号	程序内容	说明
N10	M3S700T0101	主轴正转,调用 1 号外圆车刀
N20	G00X52	离开工件安全距离
N30	Z0	走到 Z0 准备车端面

(续)

程序段号	程序内容	说明
N40	G01X0F0.1	车端面
N50	G00Z2	离开右端面
N60	X45.98	定位 ϕ45.98mm,准备精车外轮廓
N70	G01Z-45	粗车外轮廓
N80	G00X52	X 方向退刀
N90	Z100	Z 方向退刀
N100	T0202S320	换 2 号刀钻头,转速 320r/min
N110		离开工件安全距离
N120	X0	定位 X0
N130	G00Z2	接近工件
N140	G01Z-50	钻孔深为孔深+0.5D
N150	G00Z100	Z 方向退刀
N160	X100	X 方向退刀
N170	T0303S1195	换 3 号刀镗刀
N180	G00Z100	离开工件安全距离
N190	G00Z2	接近工件
N200	X14	定位 X14 循环起点
N210	G71U1R1	轴向孔粗车循环
N220		轴向孔粗车循环
N230		精车程序第一段,定位到 X 起始点
N240		定位到 Z 起始点
N250		加工 ϕ32mm 孔
N260		锥面加工
N270		加工 ϕ24mm 孔
N280		加工 R3 圆弧
N290		车 ϕ18mm 孔
N300		精车程序最后一段,X 方向快速退出至 X16
N310	G70P230Q300S2190	精车循环,精车转速
N320	G00X62	X 方向退刀
N330	Z100	Z 方向退刀
N340	T0404S400	换 4 号刀切刀
N350	G00X55	离开工件保持安全距离
N360	Z-45	走刀至切断处
N370	G01X20	切断(仿真留 2mm)
N380	G00X100	X 方向退刀
N390	Z100	Z 方向退刀
N400	M30	程序结束

学习结果评价

完成任务仿真加工,明确检测要素,完成表 2.8.3。

表 2.8.3 自测尺寸、测量工具选用表

序号	检测要素	工具	自测结果	合格否	检测人员
1	$\phi 46_{-0.04}^{0}$ mm	游标卡尺			
2	$\phi 32_{0}^{+0.04}$ mm	游标卡尺			
3	$\phi 24_{0}^{+0.02}$ mm	游标卡尺			
4	$\phi 18_{0}^{+0.01}$ mm	游标卡尺			
5	42mm	游标卡尺			
6	外观无毛刺	目视检测			

知识巩固与拓展

【巩固题 1】 完成图 2.8.13 零件的加工，毛坯的尺寸为 $\phi 100\text{mm} \times 150\text{mm}$，材料为 45 钢。

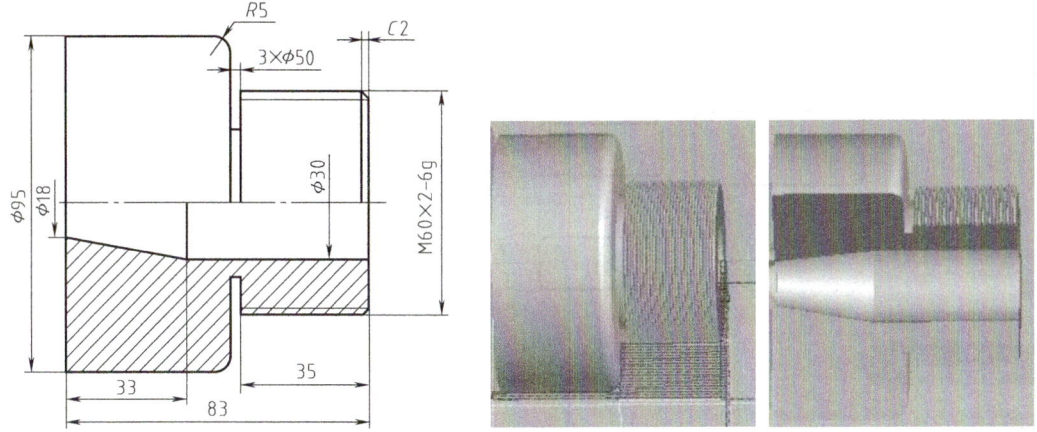

图 2.8.13　巩固题 1 图

【巩固题 2】 完成图 2.8.14 零件的加工，毛坯的尺寸为 $\phi 50\text{mm} \times 150\text{mm}$，材料为 45 钢。

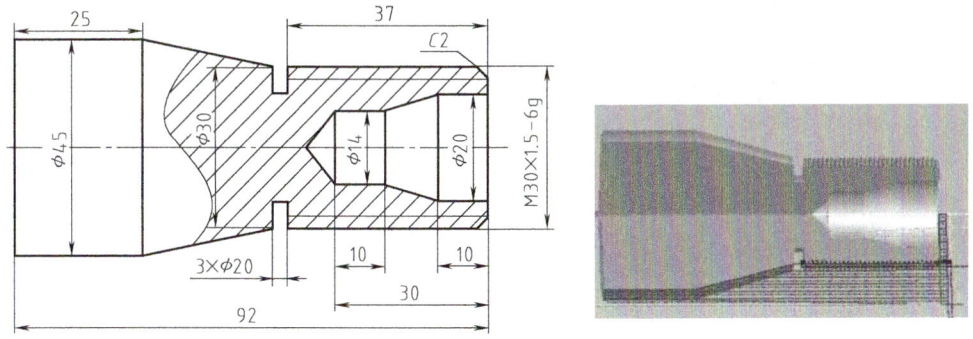

图 2.8.14　巩固题 2 图

【知识拓展】

榜样的故事 4

新中国石油战线的"铁人"

王进喜：工人阶级的先锋战士、共产党人的楷模

王进喜，甘肃玉门人，新中国第一批石油钻探工人，全国著名劳动模范。面对新中国成立之初石油短缺的局面，他以强烈的责任感、高昂的政治热情，投入到为祖国找石油的工作之中。1960年，王进喜率领1205钻井队从玉门到大庆参加石油大会战。在重重困难面前，全队以顽强意志和冲天干劲，苦干5天5夜，打出了大庆第一口喷油井，并创造了年进尺10万 m 的世界钻井纪录。打第二口井时突然发生井喷，当时没有压井用的重晶石粉，王进喜决定用水泥代替。没有搅拌机，他不顾腿伤，带头跳进泥浆池里用身体搅拌，经全队工人奋战，终于制服井喷，王进喜因此被誉为"铁人"。

王进喜为我国石油工业的发展和社会主义建设做出了突出贡献，留下了宝贵的精神财富。以"爱国、创业、求实、奉献"为主要内涵的大庆精神和铁人精神，集中展现了我国工人阶级的崇高品质和精神风貌，是团结凝聚百万石油人的强大精神动力，已经成为中华民族伟大精神的重要组成部分，永远激励中国人民不畏艰难、勇往直前。

任务 2.9 轴套类零件加工

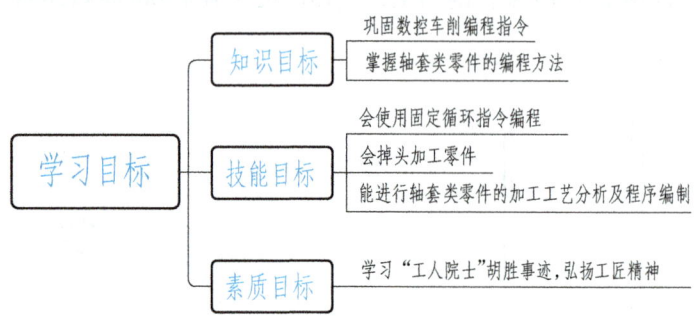

任务导入

图 2.9.1 所示为活门体，该产品为某型飞机组合动力装置系统组成部分，该系统主要起提供引气起动主发动机，向飞机提供辅助能源、应急能源等作用。该产品主要作用为调节齿轮箱压力，保持压力恒定。企业要求利用现有设备完成该零件的加工任务，确定毛坯，完成加工工艺卡和程序编制，检验合格后填写工作单。注意：该产品外径要求较高，且螺纹及外径有同轴度要求，同轴度为 0.05，请合理安排加工方法。

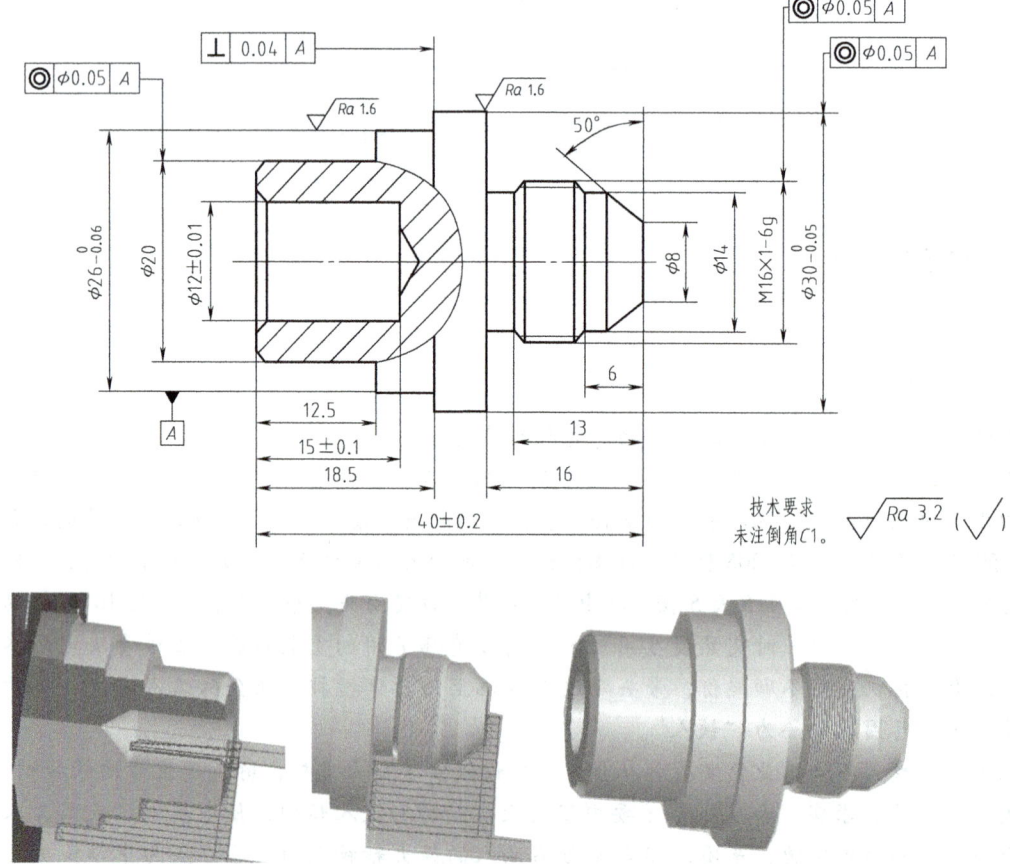

图 2.9.1 活门体

任务分析

零件的材料为 45 钢，切削加工性能较好，加工部位由 $\phi 26_{-0.06}^{\ 0}$ mm、$\phi 20$ mm、$\phi 30_{-0.05}^{\ 0}$ mm、$\phi 14$ mm 外圆柱面、$\phi 12$ mm 内圆柱面、50°外圆锥面及 M16×1 外螺纹等表面组成，其中多个直径尺寸与轴向尺寸有较高的尺寸精度和表面粗糙度要求。根据给定的零件要求，需要掉头加工。

任务实施

完成本任务中图 2.9.1 所示活门体的数控车削程序编制与仿真加工。

1）毛坯的选择：根据图 2.9.1，选用 $\phi 35$ mm×45mm 毛坯比较经济。

2）确定装夹方案：加工左端面时以 $\phi 35$ mm 外圆定位，用自定心卡盘夹紧外圆，伸出 28mm。掉头加工右端面时以 $\phi 20$ mm 外圆定位，用自定心卡盘夹紧外圆。

3）量具选择：由于表面尺寸和表面质量无特殊要求，轮廓尺寸用游标卡尺或千分尺测量，深度尺寸用游标卡尺测量，螺纹用环规测量。

4）刀具选择：根据加工要求，确认该零件加工需要 5 把刀具。将所选定的刀具参数填入表 2.9.1 中，以便于编程和操作管理。

表 2.9.1 数控加工刀具卡

产品名称或代号			零件名称		零件图号		
序号	刀具号	刀具规格名称	数量	加工表面	刀尖半径/mm	备注
1	T01	93°硬质合金外圆车刀	1	端面、外圆柱面、锥面	0.2	
2	T02	$\phi 10$mm 钻头	1	$\phi 10$mm 孔的预加工孔		刀杆
3	T03	93°硬质合金内孔镗刀	1	$\phi 12$mm 内圆柱面、C1 的倒角	0.2	注意刀杆宽度
4	T04	3mm 硬质合金外切槽刀	1	$\phi 14$mm 槽		
5	T05	60°硬质合金三角螺纹车刀	1	M16×1 外螺纹		
编制		审核		批准	年 月 日	共 页	第 页

5）确定加工顺序及走刀路线：加工顺序按由粗到精、由内到外的原则确定，一次装夹尽可能加工出较多的加工表面。本零件工步顺序见表 2.9.2。

应注意：

① 关于零件图样上带公差的尺寸，为保证加工零件的合格性，编程时应取其平均值。

② 由于左、右端面为多个尺寸的设计基准，因此在相应工序加工前，应该先将左、右端面车出来，将 $\phi 12$mm 内孔预钻到 $\phi 10$mm。

③ 加工外螺纹时须掉头装夹。

6）确定切削用量：根据被加工表面质量要求、刀具材料和工件材料，通过查表计算，切削用量见表 2.9.2，粗车外轮廓单边余量 0.2mm。

对具有公差的尺寸由公式编程尺寸=公称尺寸+(上极限偏差+下极限偏差)/2，计算如下：

$\phi 26_{-0.06}^{\ 0}$ mm 外圆的编程尺寸 = _____ mm。

$\phi 30_{-0.05}^{\ 0}$ mm 外圆的编程尺寸 = _____ mm。

M16 外圆的编程尺寸 = _____ mm。

50°的锥面大端直径 D = _____ mm。

7）填写数控加工工艺卡：将前面的内容综合成表 2.9.2。

8）确定工件坐标系：以工件端面与轴心线的交点 O 为工件原点，建立工件坐标系。

表2.9.2 数控加工工艺卡

工步号	工步作业内容	刀具号	刀具规格 /mm	主轴转速 /(r/min)	进给速度 /(mm/r)	背吃刀量 /mm	备注
1	三爪夹φ35mm毛坯的右端	—	—	—	—	—	手动
2	车左端面	T01	25×25	500	0.2	0.5	自动
3	粗车左外轮廓	T01	25×25	500	0.2	1.5	自动
4	精车左外轮廓	T01	25×25	1000	0.1	0.2	自动
5	钻φ10mm×15mm内孔	T02	φ10	300	0.1	10	自动
6	粗镗内孔	T03	16×16	500	0.2	1	自动
7	精镗内孔	T03	16×16	1000	0.1	0.2	自动
8	三爪夹φ20外轮廓	—	—	—	—	—	手动
9	车右端面	T01	25×25	500	0.1		自动
10	粗车右外轮廓	T01	25×25	500	0.2	1.5	自动
11	精车右外轮廓	T01	25×25	1000	0.1	0.2	自动
12	切退刀槽	T04	3×25	400	0.1	3	自动
13	车削外螺纹	T05	25×25	500	1	0.35、0.2、0.1	自动
编制		审核		批准		年　月　日	共　页　第　页

9) 编写程序：完成表2.9.3，程序名为O2901；完成表2.9.4，程序名为O2902。

表2.9.3 左侧程序清单表

左侧程序名：O2901

程序段号	程序内容	说明
N10	M3S500T0101	主轴正转,调用1号外圆车刀
N20	G00X38	离开工件,保持安全距离
N30	Z0	走到Z0准备车端面
N40	G01X0F0.2	车端面
N50	G00Z2	离开端面
N60	X35	粗车循环定位
N70	G71U1R1	轴向粗车循环
N80	G71P90Q180U0.4W0.2F0.2	轴向粗车循环
N90	G00X0F0.1	精车程序第一段,定位到X起始点
N100	G01Z0	定位到Z起始点
N110	X18	走刀至X18
N120	X20Z-1	倒角
N130	Z-12.5	加工φ20mm外轮廓
N140	X25.97	走刀至X25.97
N150	G01Z-18.5	加工φ26mm外轮廓
N160	X29.975	走刀至X29.975
N170	Z-25	加工φ30mm外轮廓
N180	G00X35	精车程序最后一段,X方向快速退出至X35
N190	S1000	精车转速
N200	G70P90Q180	精车循环
N210	G00X40	X方向退刀
N220	Z100	Z方向退刀
N230	T0202	换2号刀钻头
N240	S300	转速300r/min
N250	G00Z100	离开工件安全距离
N260	Z2	接近工件
N270	X0	定位X0
N280	G01Z-20F0.1	钻孔深为孔深+0.5D
N290	G00Z100	Z方向退刀
N300	T0303S500	换3号刀镗刀
N310	G00Z100	离开工件安全距离
N320	G00Z2	接近工件

(续)

程序段号	程序内容	说明
N330	X8	定位循环起点
N340	G71U1R1	轴向孔粗车循环
N350	G71P360Q400U−0.4W0.2F0.2	轴向孔粗车循环
N360	G00X14F0.1	孔精车程序第一段,定位到 X 起始点
N370	G01Z0	定位到 Z 起始点
N380	X12Z−1	孔倒角
N390	Z−15	加工 $\phi12mm$ 内轮廓
N400	G00X10	精车程序最后一段,X 方向快速退出至 X10
N410	S1000	精车转速
N420	G70P360Q400	精车循环
N430	Z100	Z 方向退刀
N440	G00X62	X 方向退刀
N450	M30	程序结束

表2.9.4 右侧程序清单表

右侧程序名：O2902

程序段号	程序内容	说明
N10		
N20		
N30		
N40		
N50		
N60		
N70		
N80		
N90		
N100		
N110		
N120		
N130		
N140		
N150		
N160		
N170		
N180		
N190		
N200		
N210		
N220		
N230		
N240		
N250		
N260		
N270		
N280		
N290		
N300		
N310		
N320		
N330		
N340		
N350		
N360		
N370		
N380		

情境1：掉头加工右端面时，以φ20mm外圆定位，而其表面粗糙度要求较高，怎么处理？

情境2：在加工中出现尺寸精度不合格时，可以通过什么方式来提高？

学习结果评价

完成任务仿真加工，明确检测要素，完成表2.9.5。

表2.9.5 自测尺寸、测量工具选用表

序号	检测要素	工具	自测结果	合格否	检测人员
1	$\phi12^{+0.01}_{-0.01}$mm	内径千分尺			
2	$\phi20$mm	外径千分尺			
3	$\phi26^{0}_{-0.06}$mm	外径千分尺			
4	12.5mm	游标卡尺			
5	$15^{+0.1}_{-0.1}$mm	游标卡尺			
6	18.5mm	游标卡尺			
7	$40^{+0.2}_{-0.2}$mm	游标卡尺			
8	$\phi14$mm	外径千分尺			
9	$\phi30^{0}_{-0.05}$mm	外径千分尺			
10	M16	环规			
11	6mm	游标卡尺			
12	13mm	游标卡尺			
13	16mm	游标卡尺			
14	外观无毛刺	目视检测			

知识巩固与拓展

【巩固题1】 完成图2.9.2所示复杂轴类零件的加工，毛坯的尺寸为$\phi46$mm×85mm，材料为45钢，单件生产。以左端面中心为编程原点时，基点坐标1为（36，−10.036）。以右端面中心为编程原点时，基点坐标2为（36，−36.036）。

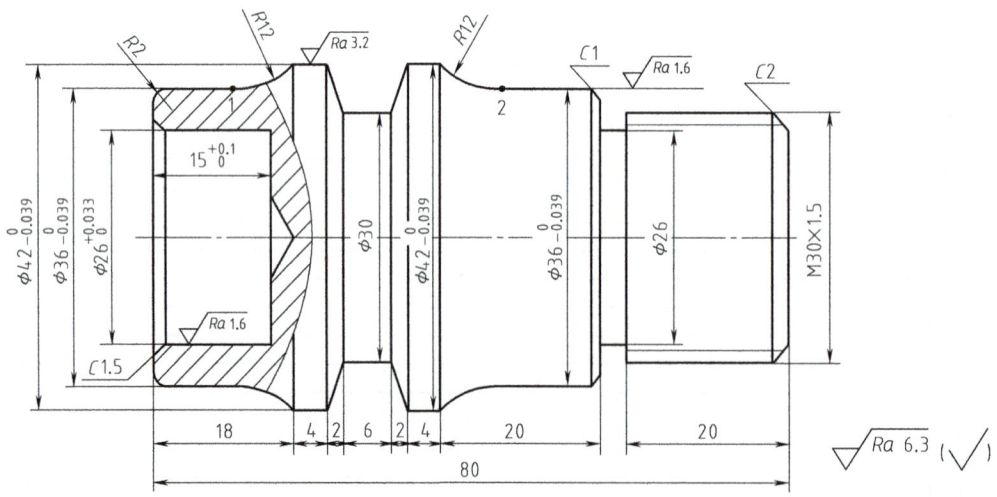

图2.9.2 巩固题1图

【巩固题2】 完成图2.9.3所示复杂轴套类零件的加工，毛坯尺寸为$\phi50$mm×90mm，材料为45钢，单件生产。

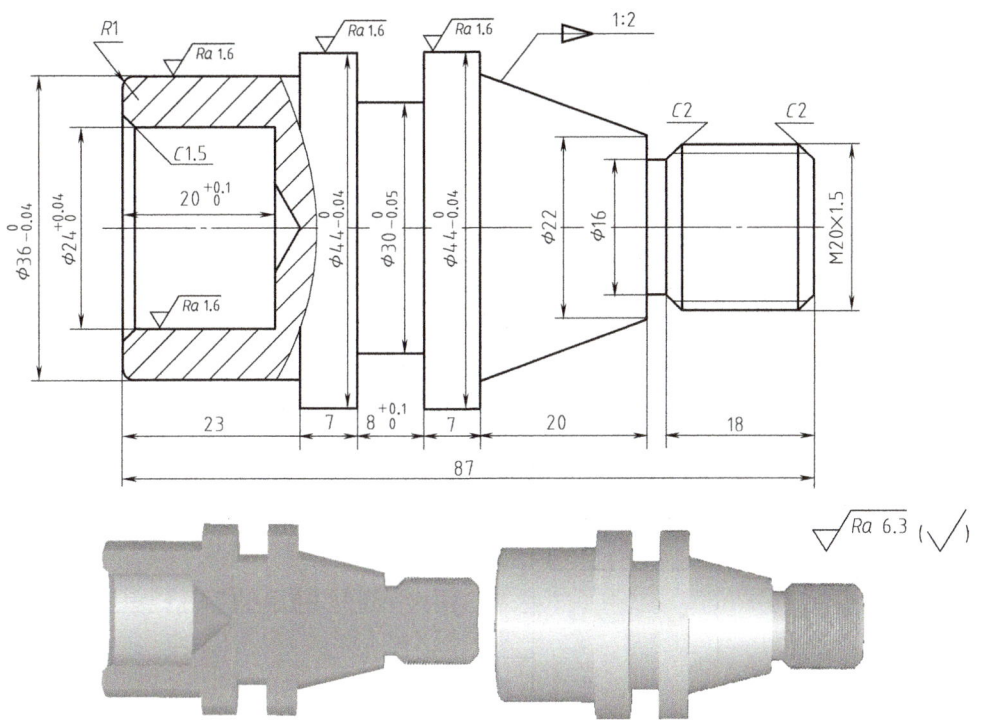

图 2.9.3　巩固题 2 图

【知识拓展】

榜样的故事 5

"工人院士"胡胜：雕刻金色时光，极致工匠精神

胡胜：数控车高级技师、全国技术能手、中华技能大奖获得者、国家级技能大师。

1. 潜心技术研究，20 年成就"工人院士"

1999 年，胡胜刚刚 25 岁，领导把他带到一台车床前并告诉他，这是从德国进口的、价值 200 多万元的车削中心，但因无人会操作，已"沉睡"了 3 年多。胡胜翻阅资料、请教专家，苦心琢磨，从早晨到晚上，一个键一个键进行摸索，一个多月后开动了设备。

2006 年，参加全国数控大赛的人约有 11 万，选手们在 7h 内按照比赛提供的图样做出一套零部件，以检验选手识图、编写程序、合理使用工具的能力，连续 7h 的比赛，强度可想而知。最终胡胜脱颖而出，捧得冠军奖杯。

胡胜带领其团队完成了被国人誉为"争气机"的空警 2000 预警机关键零部件的加工生产，此机在新中国成立 60 周年阅兵中首次公开露面。

胡胜先后在机载火控、机载预警、舰载火控、星载等一系列具有国际先进水平的重点科研项目中，承担多项任务，攻克了毫米波雷达的波纹管一次车削成形、机载火控雷达反射面加工变形等技术难题。他还提出了 30 多项技术革新和合理化建议，尤其在数控车的宏程序编程模块、车铣一次性加工成形等方面研究出许多独特的方法，大大提高了生产率，节约科研经费近千万元。2015 年胡胜被誉为"工人院士"。

2. 言传身教，"创新大船"行以致远

康玉荣是胡胜的徒弟之一，在胡胜精心教导下，康玉荣发挥擅长编程的优势，将原来需要手动输入的程序改为自动操作，把人从机器旁边"解放"出来。胡胜还将自己的工作经验、加工技巧进行归纳，编写了《天线数控加工作业指导书》等 20 余本册子，与同事们共享。

任务 2.10　数控车中级职业技能训练

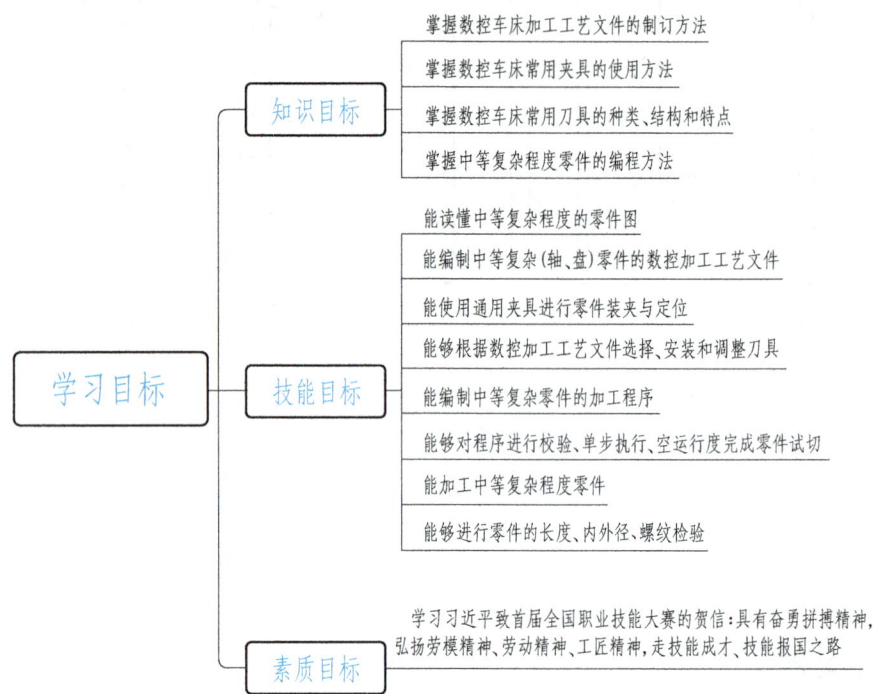

任务导入

本任务主要完成数控车中级职业技能训练，数控车铣加工职业技能等级要求（中级）见附录 B。

案例：图 2.10.1 所示为球形三角螺纹轴，零件材料为硬铝 2A12，毛坯尺寸为 $\phi30\text{mm} \times 80\text{mm}$，未注倒角为 $C0.5$，单件生产。请制订工艺及编程，并填写表 2.10.1，按零件图完成加工操作。

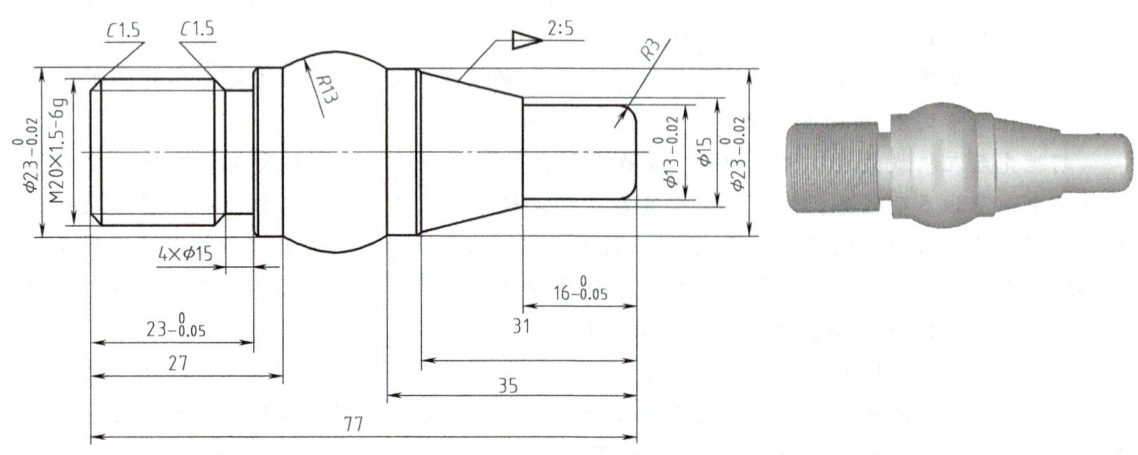

图 2.10.1　球形三角螺纹轴

表 2.10.1 数控车床工艺简卡

职业	数控车工	考核等级	HNCT0001	姓名		得分	
	数控车床工艺简卡			准考证号			
				机床编号			
工序名称及加工程序号	工艺简图（标明定位、装夹位置）（标明程序原点和对刀点）			工步序号及内容		选用刀具	
				1.			
				2.			
				3.			
				4.			
				5.			
				1.			
				2.			
				3.			
				4.			
				5.			
监考人		检验员		考评人			
日期							

任务分析

该零件加工部位由外圆柱面、外圆锥面、圆弧及外螺纹等表面组成，其中多个直径尺寸与轴向尺寸有较高的尺寸精度和表面粗糙度要求。零件材料为硬铝 2A12，切削加工性能较好，无热处理和硬度要求。

通过以上分析，采取以下工艺措施：

① 关于零件图样上带公差的尺寸，为保证加工零件的合格性，编程时应取其平均值。
② 由于左、右端面为多个尺寸的设计基准，因此在加工相应工序前，应该先车左、右端面。
③ 加工外螺纹时须掉头装夹。

任务实施

完成本任务中图 2.10.1 所示球形三角螺纹轴的数控车削程序编制与仿真加工。

1）选择毛坯：零件材料为硬铝 2A12，毛坯的尺寸为 $\phi30mm\times80mm$。

2）确定装夹方案：加工右端面时以 $\phi30mm$ 外圆定位，用自定心卡盘夹紧外圆。掉头加工左端面时以 $\phi13mm$ 外圆定位，用自定心卡盘夹紧外圆，零件左端钻中心孔，并用尾座顶尖顶紧，以提高工艺系统的刚性。

3）量具选择：由于表面尺寸和表面质量无特殊要求，轮廓尺寸用游标卡尺或千分尺测量，螺纹用环规测量。

4）刀具选择：根据加工要求，确认该零件加工需要 5 把刀具。将所选定的刀具参数填入表 2.10.2 中，以便于编程和操作管理。

5）确定加工顺序及走刀路线：加工顺序按由粗到精、由内到外的原则确定，一次装夹尽可能加工出尽可能多的加工表面。本零件的数控车床工艺简卡见表 2.10.3。

6）确定切削用量：

根据被加工表面质量、工件材料和刀具材料，通过查表，确定切削用量，填写表 2.10.4，粗车外轮廓单边余量 0.2mm。

表 2.10.2 数控加工刀具卡

产品名称或代号				零件名称	球形三角螺纹轴	零件图号	
序号	刀具号	刀具规格名称	数量	加工表面		刀尖半径/mm	备注
1	T01	75°外圆车刀	1	端面、外圆柱面、锥面、圆弧		0.2	
2	T02	35°外圆车刀	1	精车外轮廓面		0.2	
3	T03	ϕ5mm 中心钻	1	钻 ϕ5mm 中心孔			
4	T04	4mm 外切槽刀	1	退刀槽			
5	T05	60°螺纹刀	1	M20×1.5 外螺纹			
编制		审核		批准	年 月 日	共 页	第 页

表 2.10.3 数控车床工艺简卡

职业	数控车工	考核等级	HNCT0001	姓名		得分	
		数控车床工艺简卡		准考证号			
				机床编号			
工序名称及加工程序号	工艺简图			工步序号及内容		选用刀具	
车轴右端外轮廓 O2101				1. 车右端面		T01	
				2. 粗车轴右端外轮廓		T01	
				3. 精车轴右端外轮廓		T02	
				4. 精车 R13mm 外轮廓		T02	
车轴左端外轮廓及螺纹 O2102				1. 车左端面		T01	
				2. 钻 ϕ5mm 中心孔		T03	
				3. 粗车轴左端外轮廓		T01	
				4. 精车轴左端外轮廓		T02	
				5. 切退刀槽		T04	
				6. 车削外螺纹		T05	
监考人		检验员		考评人			
日期							

锥面大端直径 D 的计算：_____。

螺纹编程尺寸计算：该螺纹大径尺寸为 $\phi 20_{-0.318}^{-0.038}$mm，取螺纹编程大径为 ϕ19.822mm。

7) 填写数控加工工艺卡片：完成表 2.10.4。

表 2.10.4 数控加工工艺卡

工步号	工步作业内容	刀具号	刀具规格 /mm	主轴转速 /(r/min)	进给速度 /(mm/r)	背吃刀量 /mm	备注
1							
2							
3							
4							
5							
6							
7							
8							
9							
10							
11							
12							
编制		审核		批准	年 月 日	共 页	第 页

8) 确定工件坐标系：以工件端面与轴心线的交点 O 为工件原点，建立工件坐标系。
9) 编写程序：完成表 2.10.5，程序名为 O2101；完成表 2.10.6，程序名为 O2102。

表 2.10.5 右侧程序清单

右侧程序名：O2101

程序段号	程序内容	说明
N10	M03S500	主轴正转
N20	T0101	调用 1 号刀具
N30	G00X32	离开工件安全距离
N40	Z0	走到 Z0 准备车端面
N50	G01X-1F0.1	车端面
N60	G00Z2	离开端面
N70	X32	粗车循环定位
N80	G71U1R1	轴向粗车循环
N90	G71P100Q200U0.4W0.2	轴向粗车循环
N100	G00X0	精车程序第一段，定位到 X 起始点
N110	G01Z0	定位到 Z 起始点
N120	X6.99	走刀至 X6.99
N130	G03X12.99Z-3R3	加工 R3 圆弧
N140	G01Z-16	加工 ϕ13mm 外轮廓
N150	X15	走刀至 X15
N160	X21Z-31	加工 2:5 锥面
N170	X21.99	走刀至 X21.99
N180	X22.99Z-31.5	倒角
N190	Z-35	加工 ϕ23mm 外轮廓
N192	X29	走刀至 X29
N194	X-50	加工 X29 外轮廓
N200	X32	精车程序最后一段，X 方向快速退出至 X32
N210	G00X100	X 方向退刀
N220	Z100	Z 方向退刀
N230	T0202	换 2 号精加工外圆车刀
N240	G00X32Z2	精加工定位
N250	G70P100Q200S800	精加工循环
N260	G00Z-35	走刀至 Z-35
N270	G01X22.99F0.05	定位 R13 圆弧起点
N280	G03X22.99Z-50R13	加工 R13 圆弧
N290	G00X100	X 方向退刀
N300	Z100	Z 方向退刀
N310	M05	主轴停止
N320	M30	程序结束

表 2.10.6 左侧程序清单

左侧程序名：O2102

程序段号	程序内容	说明
N10		
N20		
N30		
N40		
N50		
N60		
N70		
N80		
N90		
N100		
N110		
N120		
N130		

(续)

程序段号	程序内容	说明
N140		
N150		
N160		
N170		
N180		
N190		
N200		
N210		
N220		
N230		
N240		
N250		
N260		
N270		
N280		
N290		
N300		
N310		
N320		
N330		
N340		
N350		
N360		
N370		
N380		
N390		
N400		
N410		
N420		
N430		
N440		
N450		
N460		
N470		
N480		

学习结果评价

完成任务仿真加工，明确检测要素，完成表2.10.7。

表2.10.7　质量评定表

职业	数控车工	姓名：		考核等级		总得分	
		准考证号：					

序号	考核项目	考核内容及要求	配分	评分标准	检测结果	扣分	得分
1	工艺分析	填写工序卡。工艺不合理,视情况酌情扣分(详见工序卡) (1)工件定位和夹紧不合理 (2)加工顺序不合理 (3)刀具选择不合理 (4)关键工序错误	10	每违反一条酌情扣1分,扣完为止			
2	程序编制	(1)指令正确,程序完整 (2)运用刀具半径和长度补偿功能 (3)数值计算正确、程序编写表现出一定的技巧,简化计算和加工程序	20	每违反一条酌情扣1~5分,扣完为止			

(续)

序号	考核项目	考核内容及要求		配分	评分标准	检测结果	扣分	得分
3	程序输入	(1)开机前的检查和开机顺序正确 (2)回机床参考点 (3)正确对刀,建立工件坐标系 (4)正确设置参数 (5)正确仿真校验		10	每违反一条酌情扣1~5分,扣完为止			
4	外圆	$\phi 23_{-0.02}^{0}$ mm(2处)	IT	4	一处2分,不合格不得分			
			Ra	4	一处2分,降级不得分			
		$\phi 13_{-0.02}^{0}$ mm	IT	3	不合格不得分			
			Ra	2	降级不得分			
5	槽	4×ϕ15mm	IT	2	不合格不得分			
			Ra	2	降级不得分			
6	外螺纹	M20×1.5-6g	IT	6	不合格不得分			
			Ra	4	降级不得分			
7	锥度	2:5	IT	5	不合格不得分			
			Ra	3	降级不得分			
8	圆弧	R13mm	IT	3	不合格不得分			
			Ra	2	降级不得分			
		R3mm	IT	3	不合格不得分			
			Ra	2	降级不得分			
9	长度	77mm	IT	2	超差不得分			
		$23_{-0.05}^{0}$ mm	IT	3	超差不得分			
		31mm	IT	3	超差不得分			
		$16_{-0.05}^{0}$ mm	IT	3	超差不得分			
10	倒角倒钝	共4处		4	一处1分			
11	安全文明生产	(1)着装规范、未受伤;刀具、工具、量具正确放置 (2)工件装夹、刀具安装规范 (3)正确使用量具 (4)卫生、设备保养 (5)关机后机床停放位置合理 (6)发生重大安全事故、严重违反操作规程者,取消考试			如有违反一条在总分中扣5分,扣完为止			
12	其他项目	发生重大事故(人身和设备安全事故等)和情节严重的野蛮操作等,或不输入程序的考生,由监考人决定取消其实操考核资格						

知识巩固与拓展

【**巩固题1**】 完成图2.10.2所示零件的数控加工。以左端面为编程原点时,A(34.058,-30.591),毛坯的尺寸为ϕ50mm×115mm。

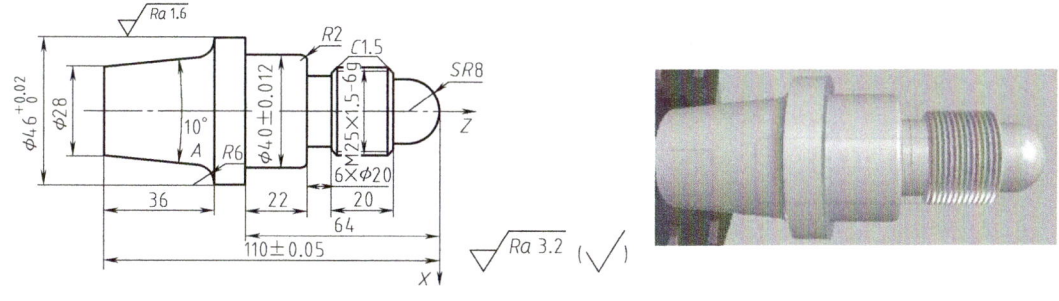

图2.10.2 巩固题1图

【巩固题 2】 完成图 2.10.3 所示零件的数控加工，毛坯为 φ50mm×75mm 铝棒。

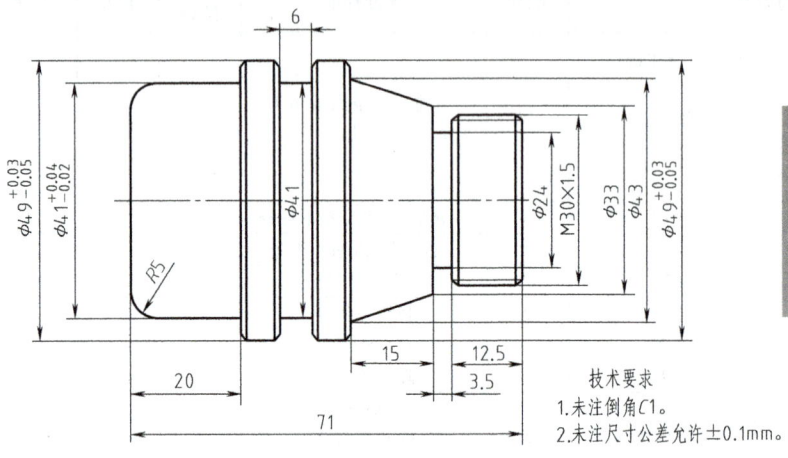

技术要求
1. 未注倒角C1。
2. 未注尺寸公差允许±0.1mm。

图 2.10.3 　巩固题 2 图

【知识拓展】

习近平致首届全国职业技能大赛的贺信

值此我国首届职业技能大赛开幕之际，我向大赛的举办表示热烈的祝贺！向各位参赛选手和广大技能人才致以诚挚的问候！

技术工人队伍是支撑中国制造、中国创造的重要力量。职业技能竞赛为广大技能人才提供了展示精湛技能、相互切磋技艺的平台，对壮大技术工人队伍，推动经济社会发展具有积极作用。希望广大参赛选手奋勇拼搏、争创佳绩，展现新时代技能人才的风采。

各级党委和政府要高度重视技能人才工作，大力弘扬劳模精神、劳动精神、工匠精神，激励更多劳动者特别是青年一代走技能成才、技能报国之路，培养更多高技能人才和大国工匠，为全面建设社会主义现代化国家提供有力人才保障。

预祝大赛取得圆满成功！

习近平

2020 年 12 月 10 日

任务 2.11　数控车 CAD/CAM 自动编程加工

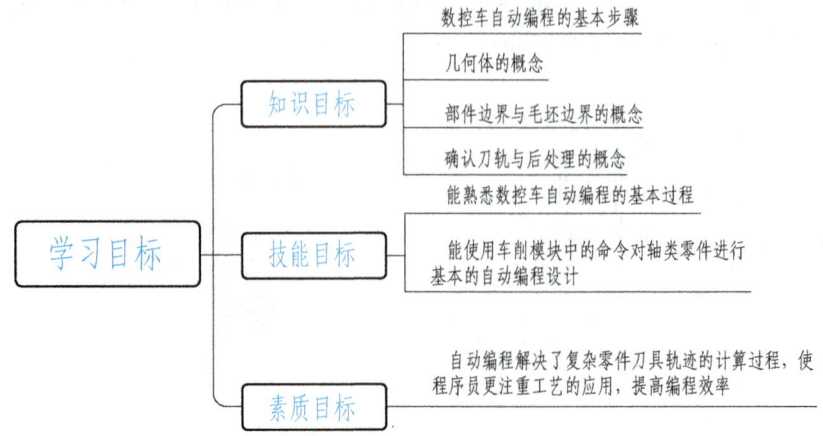

任务导入

图 2.11.1 所示零件为导杆，材料为 45 钢，毛坯的尺寸为 $\phi35mm\times70mm$，要求利用数控车完成零件外圆结构的加工任务。需对零件进行自动编程，并完成加工工艺卡，检验后填写自测尺寸、测量工具选用表。

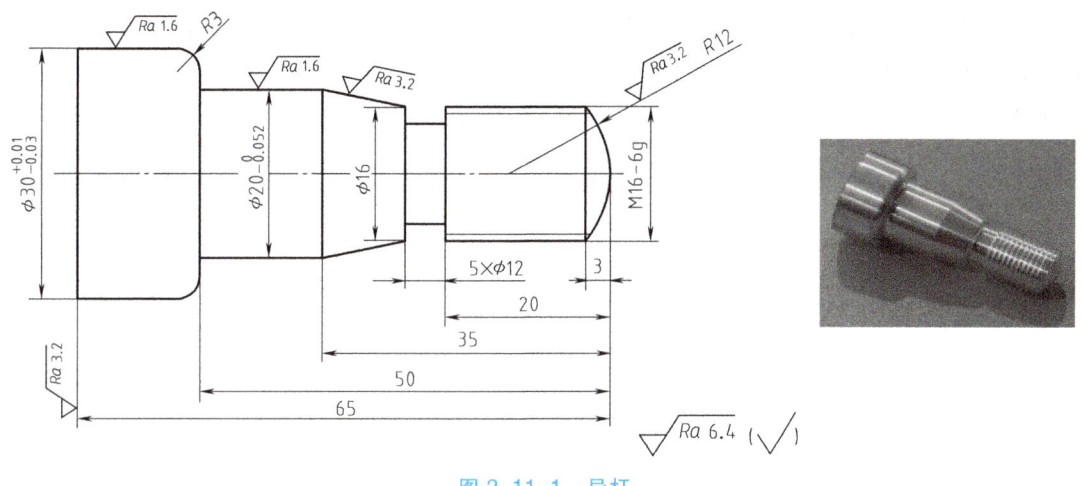

图 2.11.1　导杆

任务分析

1. 加工分析

毛坯材料为 45 钢，加工时采用自定心卡盘装夹零件左端。零件加工部位均在外部，包含外圆的粗、精车及退刀槽和外螺纹的车削加工，为减少零件编程过程中的计算量，可采用自动编程软件进行。

2. 主要技术难点

零件三维建模时一般采用基本尺寸进行，但加工中需考虑部分零件尺寸的上下偏差要求，因此在自动编程中需对其轮廓的偏差进行设置。

知识链接

1. NX 软件简介

NX 是由 Siemens PLM Software 公司推出的功能强大的三维 CAD/CAM/CAE 软件系统，其内容涵盖了产品从概念设计、工业造型设计、三维模型设计、分析计算、动态模拟与仿真、工程图输出，到生产加工成实体的全过程，应用范围涉及航空航天、汽车、专用机械、造船、通用机械、数控加工、医疗器械和电子等诸多领域。其中，软件的数控车削模块提供了轴类零件外圆与内孔的粗、精车，沟槽车削和螺纹车削等常用数控车削编程方法。

2. 使用 NX 软件编程的主要步骤

零件的自动编程在行业中可使用的软件很多，其基本过程大致相同，包括零件的 CAD 建模、CAM 编程与仿真加工和后置处理生成数控加工程序。下面针对使用 NX 软件对数控车的自动编程过程做简要介绍。

（1）进入加工环境　在使用 NX 软件完成零件的 CAD 建模后，需将环境切换至加工模块，其操作方法是选择"文件",并单击"启动"中的"加工"选项,NX软件弹出"加工环境"对话框,"要创建的 CAM 设置"选择"turning",并单击"确定"按钮,即可进入加工模块,其中"turning"代表车削加工模块,如图 2.11.2 所示。

(2) 设置坐标系原点 选择软件左侧"工序导航器"中的"几何视图",双击"MCS_SPINDLE"选项,将弹出"Turn Orient"对话框,单击 按钮,将编程原点设置为零件的右端面中心,如图 2.11.3 所示。

(3) 指定部件 单击左侧目录树"MCS_SPINDLE"选项左边的"+"符号,在展开的子目录中双击"WORKPIECE"选项,软件弹出"工件"对话框,单击 按钮,设置"指定部件"为待加工的零件,如图 2.11.4 所示。

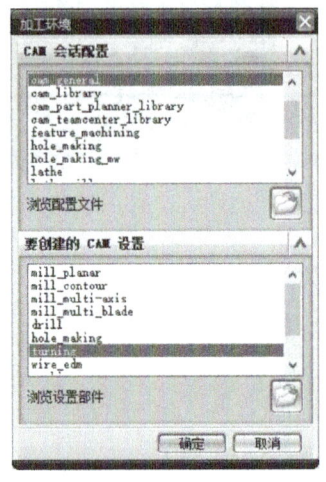
图 2.11.2 加工环境

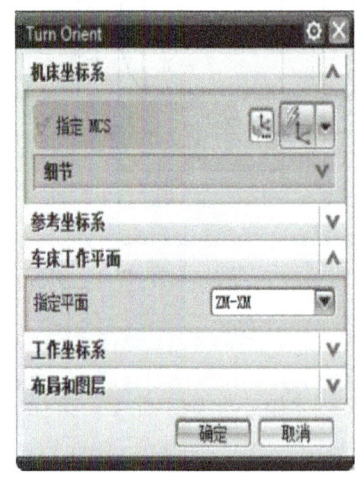
图 2.11.3 坐标系原点设置

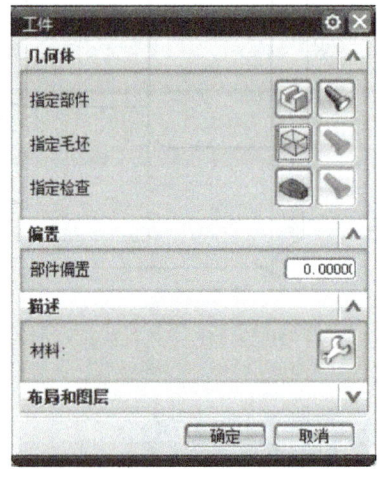
图 2.11.4 几何体设置

(4) 指定毛坯 单击左侧目录树"WORKPIECE"选项左边的"+"符号,在展开的子目录中双击"TURNING_ WORKPIECE"选项,软件弹出"Turn Bnd"对话框,单击"指定部件边界"的 按钮,可观察待加工的轮廓;若选择另一设置按钮,则可对部分有尺寸偏差要求的轮廓进行偏差设置。在"Turn Bnd"对话框中单击"指定毛坯边界"的 按钮,则弹出"选择毛坯"对话框,可对毛坯类型、安装位置及尺寸值进行设置,单击"显示毛坯"按钮可观察毛坯的设置效果,如图 2.11.5 所示。

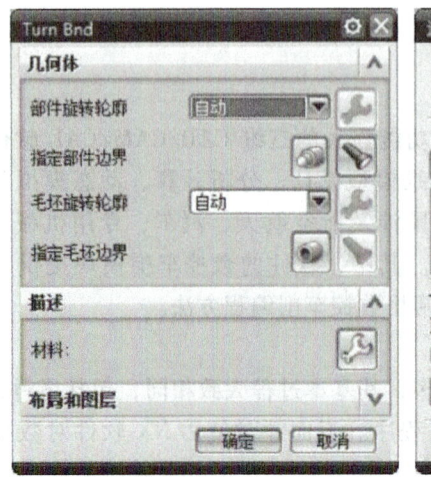
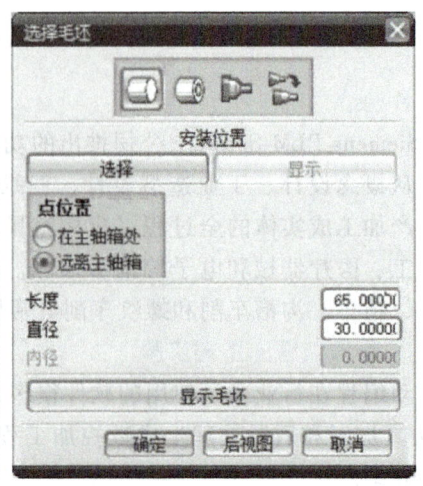
图 2.11.5 毛坯设置

（5）创建刀具　零件加工时需选择合适类型的刀具，其操作方法是选择软件上方快捷按钮中的"创建刀具"选项，软件弹出"创建刀具"对话框。"类型"选择"turning"，并从"刀具子类型"中选择合适类型的刀具，在"名称"中给刀具命名，最后单击"确定"按钮并完成后续刀具尺寸参数的设置，如图 2.11.6 所示。

（6）创建工序　零件不同的部位或结构需选择合适的加工工序，其操作方法是选择软件上方快捷按钮中的"创建工序"选项，软件弹出"创建工序"对话框。"类型"选择"turning"，选择合适的"工序子类型"，并在"位置"选项中选择合适的刀具（事先创建的刀具）、几何体（一般选择 TURNING_WORKPIECE）和方法（加工类型的归类），最后单击"确定"按钮并完成后续工艺参数的设置，如图 2.11.7 所示。

图 2.11.6　创建刀具

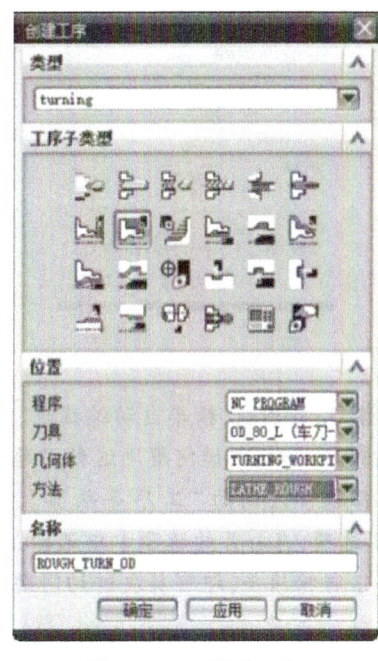

图 2.11.7　创建工序

（7）仿真加工　待当前的一个或多个工序编程完成后即可对零件进行仿真加工，通过仿真结果判断工序的设计是否符合要求。选择软件左侧目录树中待仿真的工序并选择上方快捷按钮中的"确认刀轨"选项，软件弹出"刀轨可视化"对话框。仿真时，选择"3D 动态"方式（3D 方式允许仿真后动态旋转工件，可从各个视角进行观察），"动画速度"用以控制仿真进行的快慢，单击 ▶ 按钮以开始仿真加工，如图 2.11.8 所示。

（8）后处理生成数控加工程序　当仿真加工无误后即可将选择的工序通过后处理器生成为数控加工程序，方法是选择软件左侧目录树中需处理的工序并选择上方快捷按钮中的"后处理"选项，软件弹出"后处理"对话框。在"后处理器"选项中选择合适的已知机床类型或者从"浏览查找后处理器"中选择需要的机床类型，正确设置文件扩展名并单击"确定"按钮即可生成零件工序的数控加工程序，如图 2.11.9 所示。

任务实施

完成本任务中图 2.11.1 所示导杆的数控车削程序编制与仿真加工。

1）毛坯的选择：选用毛坯的尺寸为 $\phi 35\text{mm} \times 70\text{mm}$，材料为 45 钢。

2）工序划分：根据零件的外轮廓结构和图样上的技术要求，将零件的加工工序分为粗车外圆、精车外圆、车退刀槽和车外螺纹加工。

图 2.11.8 仿真加工

图 2.11.9 后处理

情境 1：外圆粗、精车自动编程时，由于退刀槽结构的存在导致生成刀轨时刀具会在退刀槽中出现部分过切，该如何解决这种问题？

选择软件左侧的"工序导航器"中的"几何视图"，在目录树中双击"TURNING_WORKPIECE"选项，在打开的选项卡中选择"制定部件边界"中的编辑选项，通过增大退刀槽槽底轮廓的偏置值将槽填平，即可解决过切问题。

3）确定装夹方案：毛坯为圆柱棒料，使用自定心卡盘装夹毛坯外圆，并保证露出足够的长度。

4）刀具选择：根据加工工序内容，本次加工需使用外圆粗车刀、外圆精车刀、切刀和外螺纹刀。

情境 2：车退刀槽自动编程时，如果选择的刀宽和槽宽相同，则会导致生成刀轨失败，该如何解决这种问题？

车退刀槽时，切刀的刀宽应小于或等于槽宽，如果加工时选择刀宽等于槽宽的刀具，则可以在编程时将给定系统的刀宽值减少 0.01 mm，这样系统在生成刀具轨迹的计算时便不会出现问题。

5）确定切削用量：根据选定的刀具、被加工材料和粗、精加工分类分别计算各工序的切削用量。

6）填写数控加工工艺卡：将前面的内容综合成表 2.11.1。

表 2.11.1 数控加工工艺卡

工步号	工步作业内容	刀具号	刀具规格/mm	主轴转速/(r/min)	进给速度/(mm/r)	背吃刀量/mm	备注
1	粗车外圆（留 0.3 mm 的余量）	T01	90°	1090	0.2	2	
2	精车外圆	T02	93°	140 m/min	0.1	0.3	
3	车退刀槽	T03	3×15	2180	0.2	2	
4	车外螺纹	T04	60°	500	2	<0.45	（分 5 次车削）

7)确定工件坐标系：以工件右端面与轴心线的交点 O 为工件原点，建立 XOZ 工件坐标系。

8)完成零件的自动编程：使用 NX8.0 软件按照拟定的工序进行自动编程，以工序 1 为例，其生成的刀具轨迹与仿真加工效果如图 2.11.10 所示。

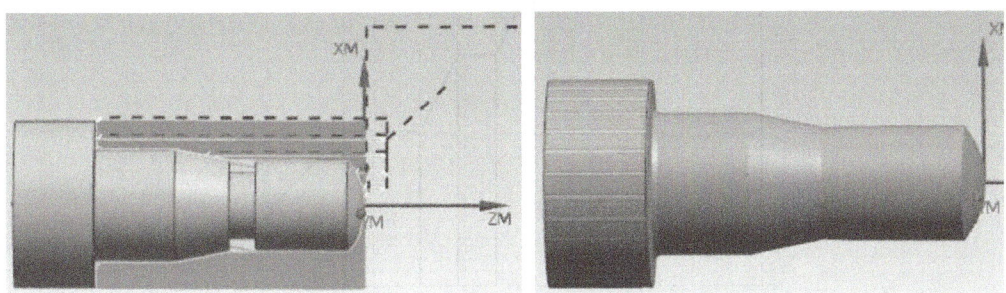

图 2.11.10　工序 1 的刀轨与仿真加工效果

学习结果评价

完成任务仿真加工，明确检测要素，完成表 2.11.2。

表 2.11.2　自测尺寸、测量工具选用表

序号	检测要素	工具	自测结果	合格否	检测人员
1	$\phi 30^{+0.01}_{-0.03}$ mm	外径千分尺			
2	$\phi 20^{\ 0}_{-0.052}$ mm	外径千分尺			
3	5mm	游标卡尺			
4	ϕ12mm	外径千分尺			
5	20mm	游标卡尺			
6	65mm	游标卡尺			
7	M16	环规			
8	外观无毛刺	目视检测			

知识巩固与拓展

【巩固题1】　图 2.11.11 所示的零件，材料为 45 钢，毛坯的尺寸为 ϕ80mm×90mm，要求使用 NX 软件完成其数控加工的自动编程。

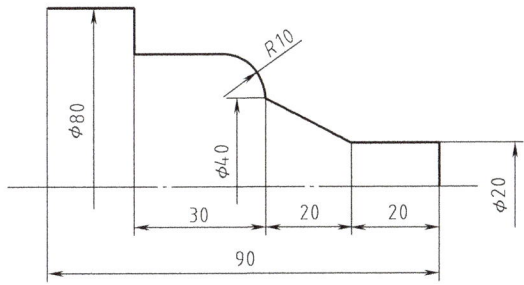

图 2.11.11　巩固题 1 图

【巩固题2】　图 2.11.12 所示的零件，材料为 45 钢，毛坯的尺寸为 ϕ160mm×130mm，要求使用 NX 软件完成其数控加工的自动编程。

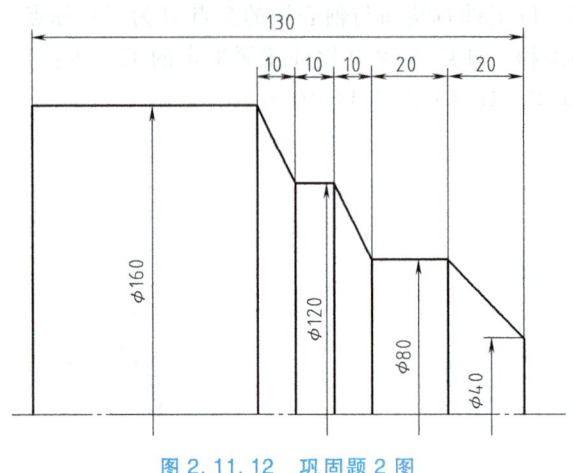

图 2.11.12　巩固题 2 图

【知识拓展】

掉头加工在自动编程中的实现方法

在数控车削加工中经常会遇到掉头加工的问题，在使用 NX 软件进行自动编程时，如果只是单纯地将坐标系原点做修改，将会导致之前所编写的工序因原点发生修改而需重新生成的问题。因此在掉头加工另一侧时，需重新创建一个新的几何体，如图 2.11.13a 所示，创建的新几何体可命名为"MCS_SPINDLE_1"，在这个新的几何体上重复工序设计前，需完成坐标系设定、部件和毛坯的指定以及刀具的创建工作，同时在掉头加工工序中所创建的刀具也需要将其属性中"工作坐标系"设置为"MCS_SPINDLE_1"，如图 2.11.13b 所示。

a)

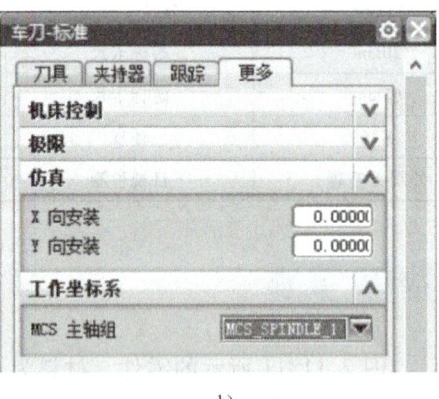
b)

图 2.11.13　掉头加工的操作

项目3　　数控铣削编程与加工

项目3以图3.1所示飞机齿轮泵为综合项目，分任务完成加工。飞机齿轮泵系统作为飞机上的动力元件，为飞机液压系统供油。齿轮泵系统由发动机通过减速器传动，在传动过程中，空间容积由大变小，形成真空，并使来自油箱的油液从进口腔不断被吸入，又不断从出口腔被推入系统油路中。由于系统油路中具有负载阻力，因而使连续推入的油液产生压力，供液压系统工作。该系统大量用于陆航部队、空军、海军主力战机机型，年需求量很大，涉及很多高精尖重要零部件，技术要求极高，加工过程需经过多次高精度加工中心铣加工、精车、精密磨等，加工难度大。为满足产品技术要求，南京机电制造二部组织多位技术专家、技能专家不断重复试验，最终试验出一套加工工艺方法，保证了技术要求。齿轮泵主要起连接前盖、后盖及密封作用。下料毛坯的尺寸为 $\phi100mm \times 40mm$，材料为7A09铝材，具体工艺规程见附录C，本部分主要完成铣部分的加工内容。

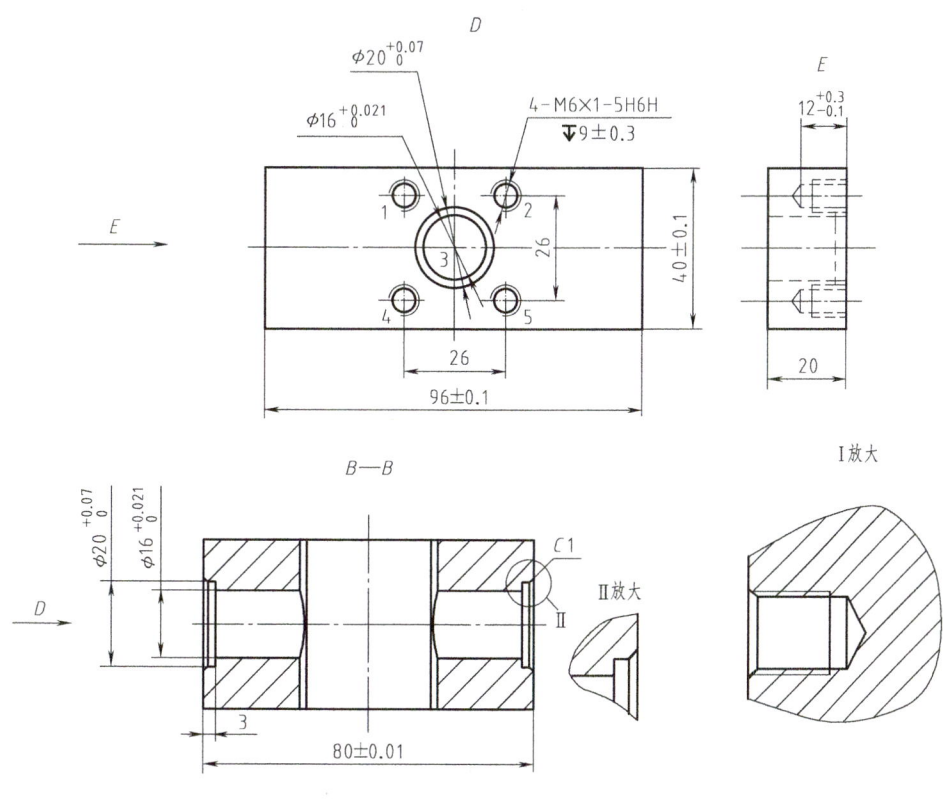

图3.1　飞机齿轮泵

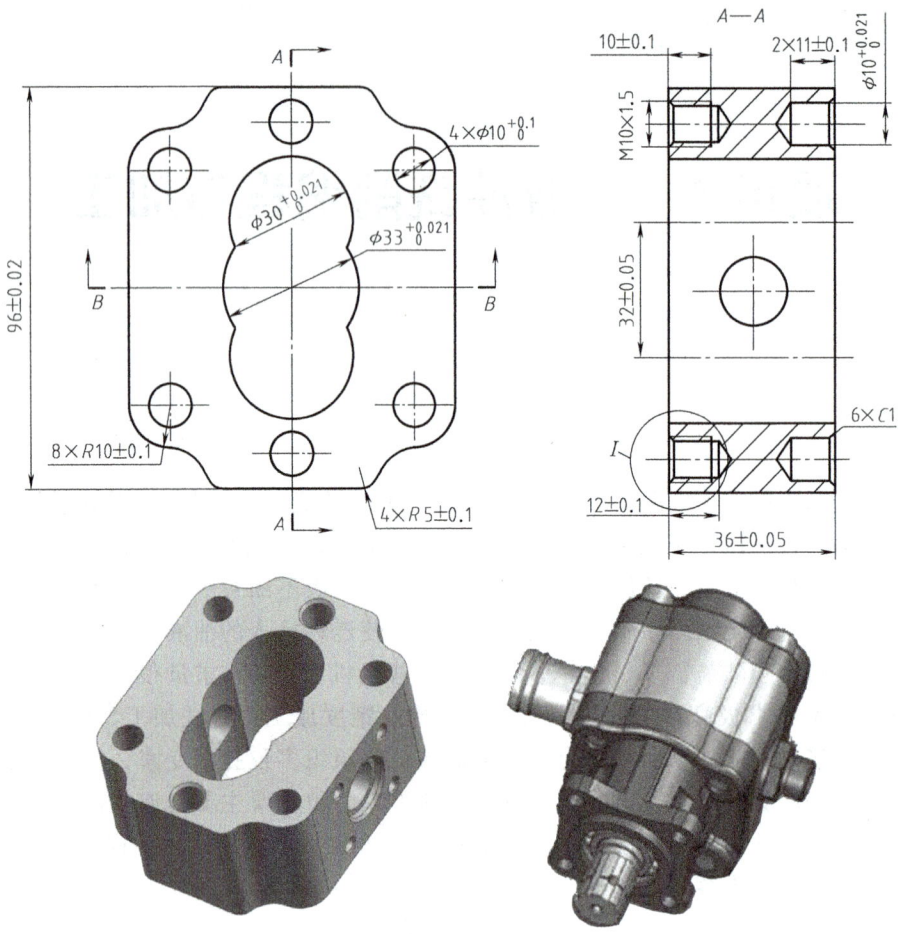

图 3.1　飞机齿轮泵（续）

任务 3.1　数控铣认知及基本操作

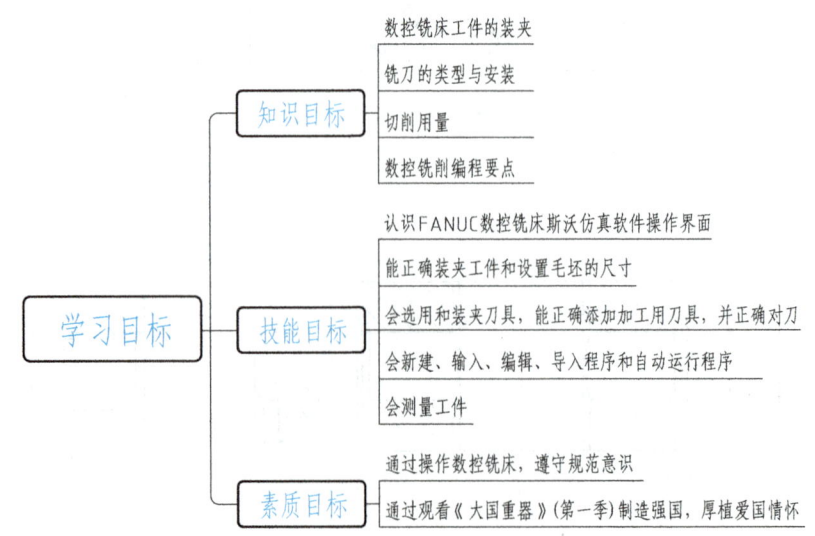

任务导入

任务 1：根据加工示意图，填写表 3.1.1 铣削加工的名称。

表 3.1.1 铣削加工

名称	加工示意图	名称	加工示意图	名称	加工示意图

任务 2：图 3.1.1 所示为阶梯板，毛坯的尺寸为 100mm×100mm×20mm，材料为 45 钢，根据提供的程序（参见表 3.1.3），利用仿真软件完成其外轮廓的加工。

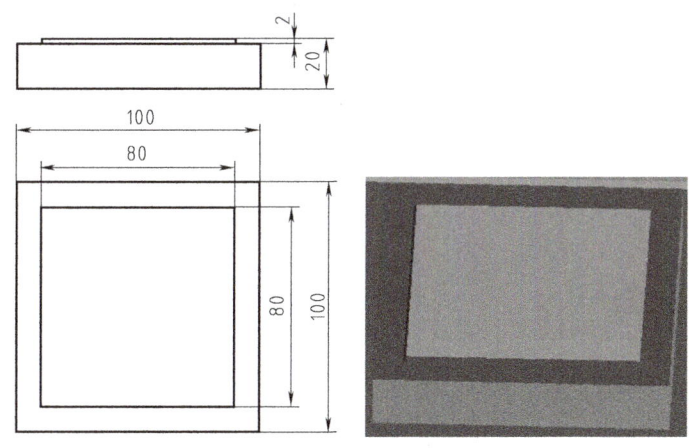

图 3.1.1 阶梯板

知识链接

数控铣床主要用于加工箱体、壳体及模具零件，可进行平面、曲面的铣削和孔的钻、扩、铰及镗等加工。按主轴及机床结构可将数控铣床分为立式数控铣床、卧式数控铣床和龙门数控铣床等，其中立式数控铣床应用较多。数控铣床通过主轴上安装不同类型的刀具来实现不同的加工工艺，一些配备了刀库和刀具自动交换装置的数控铣床，因其可自动换刀，从而实现了不同工艺的自动切换，节省了人工换刀的停机等待时间，使其生产率进一步提高，行业中称其为加工中心。当然，加工中心不仅限于自动换刀，一些数控铣床还配备了四轴或五轴联动技术，以及自动排屑和自动对刀装置等，使其功能变得更加强大。

1. 数控铣床简介

数控铣床由数控装置、床身、主轴、进给系统、工作台、刀库、液压系统、冷却系统、润滑系统、排屑器等部分组成。XH-850 数控铣床（加工中心）如图 3.1.2 所示。

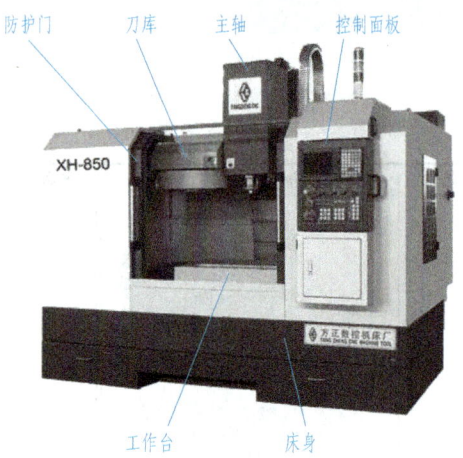

图 3.1.2　XH-850 数控铣床

2. 工件装夹

在数控铣床上加工零件，应根据零件的形状和现有生产规模选择合适的装夹方式，常用装夹方式有：

（1）机用虎钳　机用虎钳（图 3.1.3）是一种常用的通用夹具，可对形状较规则、有相互平行平面的零件进行装夹，往往配合不同尺寸的垫铁对零件露出钳口的高度进行调整。机用虎钳安装于数控铣床的工作台面上，通过锁紧螺钉和螺母与机床工作台上的 T 形槽锁紧。

 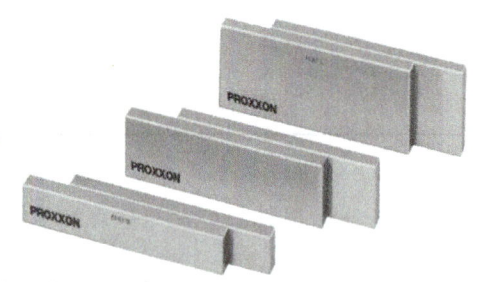

图 3.1.3　机用虎钳及调整用垫铁

（2）压板　压板（图 3.1.4）适用于装夹形状不规则或厚度较薄且不适合使用机用虎钳装夹的工件。

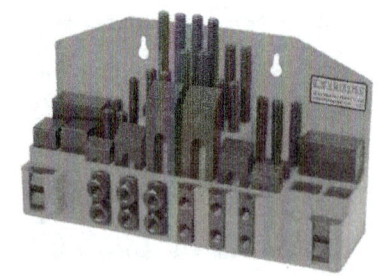 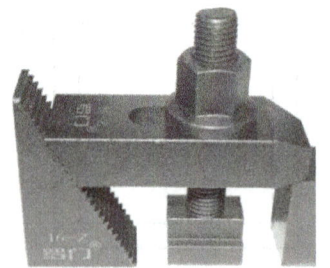

图 3.1.4　组合压板及应用图

（3）自定心卡盘　自定心卡盘（图 3.1.5）适用于装夹圆柱状零件，使用时一般配合压板将自定心卡盘固定在机床工作台面上。

（4）专用夹具　当生产中零件的形状特殊或需要进行大批量生产时往往会针对零件形状与加工要求开发专用夹具，如图 3.1.6 所示。使用专用夹具的好处在于装夹与拆卸快速且可靠，零件在夹具上的定位准确，批量生产时无须重复对刀，可有效提高产品的生产率。

3. 铣刀类型及选用

（1）数控铣床刀具类型　数控铣床用刀具按切削工艺不同可分为铣削刀具、钻削刀具和镗削刀具。

图 3.1.5 自定心卡盘

图 3.1.6 专用夹具

1)铣削刀具。包含面铣刀、立铣刀、球头刀、键槽刀、燕尾槽铣刀和锯片铣刀等,如图 3.1.7 所示。面铣刀常用于较大尺寸基准平面的加工;立铣刀用于外形或型腔的加工,以及曲面结构的开粗加工;球头刀用于曲面的精加工;键槽刀和燕尾槽铣刀属成形刀具,分别用于键槽和燕尾槽的加工;锯片铣刀常用于加工窄槽或工件的切断。

a) 面铣刀

b) 立铣刀

c) 球头刀

d) 键槽刀

e) 燕尾槽铣刀　　　　　　　　　　　　f) 锯片铣刀

图 3.1.7 常见铣削刀具

2)钻削刀具。包含钻头、铰刀和丝锥等,如图 3.1.8 所示。钻头常用于对尺寸精度和表面结构要求不高的通孔或盲孔的加工；铰刀用于钻孔或扩孔之后，通过切除较少的余量而进一步提高孔的尺寸精度和表面结构，属定尺寸刀具；丝锥用于尺寸不大的螺纹孔加工。

a) 钻头

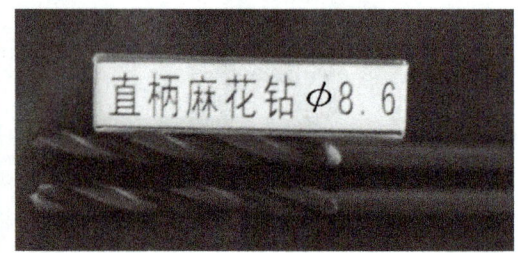

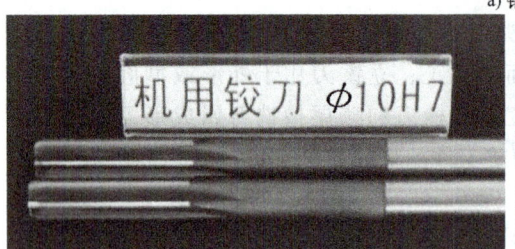
b) 铰刀

c) 丝锥

图 3.1.8 常见钻削刀具

3) 镗削刀具。常用于非标准孔的精加工，其镗头可在径向一定范围内微调，调节方便、精度高，如图 3.1.9 所示。

（2）数控铣削刀具的安装 常见的直柄铣刀通过弹簧夹头的弹性变形所产生的摩擦力锁紧于刀柄中，刀柄上安装拉钉构成铣削类刀具系统，如图 3.1.10a 所示。将刀柄安装至机床主轴时，需将刀柄上的键槽与主轴底端的键对齐，机床通过气动装置将刀柄上的拉钉拉紧，从而实现刀具系统的固定，如图 3.1.10b 所示。钻削类刀具和镗削类刀具的安装也和铣刀类似，需要通过专用刀柄与机床主轴连接，如图 3.1.10c 和 d 所示。

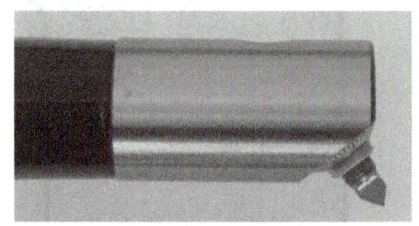

图 3.1.9 常见镗削刀具

（3）数控铣床（加工中心）的刀库 图 3.1.11 所示为常见的加工中心回转式刀库，其刀库

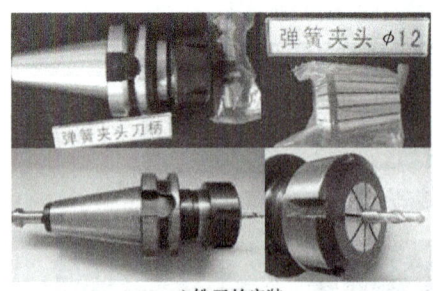
a) 铣刀的安装

b) 主轴上刀柄的安装

c) 钻削类工具系统

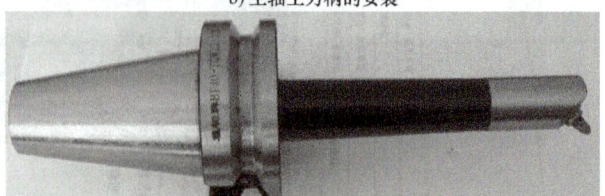
d) 镗削类工具系统

图 3.1.10 数控铣削刀具的安装

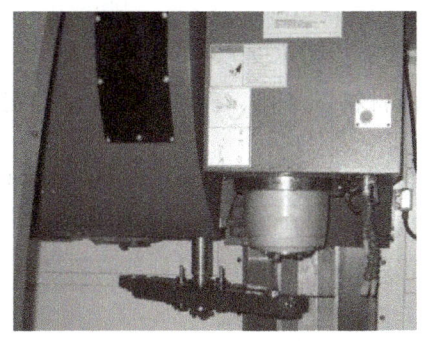

图 3.1.11　回转式刀库

容量为 24 把刀具。换刀时刀库先搜索需调用的刀具，同时旋转到取刀位置并将刀具安装至机械手一侧，然后气动装置带动机械手的另一侧把主轴上的当前刀具取下，最后机械手做回转运动，把从主轴上取下的刀具收回刀库并把调用的新刀安装于主轴上，从而完成一次卸刀和装刀操作。

（4）对刀点、换刀点和刀位点

1）对刀点。数控铣床上一般使用试切法或辅助测量装置来获得对刀点相对于机床参考点之间的位置关系，因此对刀点的选择必须方便获得或方便测量，同时尽量保证对刀点与零件的设计基准或工艺基准一致。以长方体零件为例，一般选择其上表面的中心为编程原点，此时也可以选择该编程原点为对刀点。使用试切法获得的对刀点误差相对较大，为了进一步提高对刀精度，一般使用光电寻边器和 Z 向对刀器来获得对刀点的精确位置，如图 3.1.12 所示。

使用光电寻边器时需将内部安装好电池，其工作原理是使其内部的电池与机床床身和工件之间形成一个导通的回路，检测寻边器的标准球边缘是否与工件接触，当两者接触时寻边器上的指示灯点亮并发出蜂鸣声，利用该装置可以设定对刀点在机床 X 和 Y 方向的位置。使用 Z 向对刀器时应先将对刀器上表面活动凸台与端面校准并使刻度盘指针归零，然后将该装置放置于零件的上表面，并通过电子手轮控制机床 Z 轴运动，使刀具的刀尖逐渐靠近 Z 向对刀器的上表面凸台，当刀尖与凸台接触并下压凸台至其表面与对刀器端面平齐时（此时刻度指针指向零），则刀尖与零件的上表面距离值为标准的 50mm，利用该装置可以设定对刀点在机床 Z 方向的位置。

a) 光电寻边器　　　　b) Z 向对刀器

图 3.1.12　数控铣床对刀装置

2）换刀点。换刀点是零件程序开始加工或是加工过程中更换刀具的相关点。数控铣床上一般设定换刀点在零件上表面以上一定的安全距离，并且以不妨碍人工换刀操作为宜；加工中心因为是自动换刀，一般换刀点位于其 Z 轴的参考点位置，换刀时机床需通过 Z 轴回参考点来实现换刀操作。

3）刀位点。刀位点是指在加工程序编制中，用以表示刀具位置的点，由于铣削类刀具的形状为圆柱，为方便对刀操作，一般设定刀位点为刀具最下端的中心位置。

4. 切削用量的选用

数控铣削切削用量包含背吃刀量 a_p、进给量 f、切削速度 v、切削宽度 a_w 和主轴转速 n。其中，进给量和切削速度应根据被加工材料、刀具材料以及粗、精加工类型来确定，一般可通过刀具手册获取。

1）背吃刀量 a_p。如图 3.1.13 所示，在数控铣削中，对于立铣刀，背吃刀量代表刀具沿轴向一次切入工件中的深度，单位为 mm。选择背吃刀量时应遵循如下要求：

① 粗加工时，尽可能使背吃刀量等于粗加工余量，同时背吃刀量不应超过刀具的半径。
② 精加工时，背吃刀量等于精加工余量。
③ 加工锻铸件时，应考虑硬皮层的影响，避免刀具在硬皮层中进给，以免加速刀具的磨损。
④ 毛坯表面高低不平时，背吃刀量不宜太大。
⑤ 机床或工件刚性差时，应采用较小的背吃刀量。

2）进给量 f。从铣削刀具的切削手册中直接获取的进给量为每齿进给量，其单位为 mm/z，用 f 表示；在数控编程时，刀具运动速度为进给速度，其单位为 mm/min，用 F 表示。两者之间有如下关系：

$$F = nfz$$

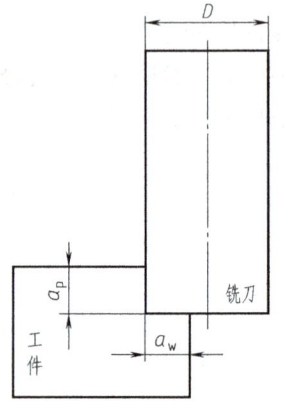

图 3.1.13 切削用量示意图

式中　n——机床的主轴转速，单位为 r/min；
　　　z——刀具的齿数，即刀具切削刃的数量。

选择进给量时应遵循如下要求：
① 机床或工件刚性差时，应采用较小的进给量。
② 精加工时，为提高表面质量，应选用较小的进给量。
③ 被加工材料较硬时，应选用较小的进给量。

3）切削速度 v。切削速度代表切削刃相对于工件被加工面的线速度，单位为 m/min。切削速度与刀具寿命、刀具的材料以及工件材料的硬度和脆性都有很大的关系。粗加工时，应选择较小的切削速度配合较大的进给量和背吃刀量，以获得较快的材料切除速度；精加工时应选择较大的切削速度配合较小的进给量和背吃刀量，以获得较高的表面质量。

4）切削宽度 a_w。如图 3.1.13 所示，在数控铣削中，对于立铣刀，切削宽度代表刀具沿径向一次切入工件中的深度，单位为 mm。选择切削宽度时应遵循如下要求：

① 粗加工时，切削宽度一般取刀具直径的 50%~75%。
② 精加工时，切削宽度即为轮廓精加工余量，一般取 0.1~0.5mm。
③ 使用球头刀精加工时，应考虑残留高度对切削宽度的影响。

5）主轴转速 n。主轴转速表示机床主轴每分钟的转动速度，其单位为 r/min。其计算公式如下：

$$n = \frac{1000v}{\pi D}$$

式中　D——铣刀的直径，单位为 mm。

编程人员计算的切削用量将会以数控加工工艺卡和程序清单的形式反映出来，见表 3.1.2 和表 3.1.3。

表 3.1.2　数控加工工艺卡片

工步号	工步作业内容	刀具号	刀具规格 /mm	主轴转速 /(r/min)	进给速度 /(mm/min)	背吃刀量 /mm	备注
1	粗铣外轮廓（留 0.3mm 的余量）	T01	φ16	1710	2050	1.7	
2	精铣外轮廓	T01	φ16	2190	1030	0.3	

表 3.1.3 程序清单

程序名：O3101

程序段号	程序内容	说明
N10	G54G90	设定 G54 坐标系和绝对坐标方式
N20	S1710M03	主轴正转
N30	G00G43Z50H01	下刀至安全高度，建立刀具长度补偿
N40	X-70Y-70	轮廓外侧定位
N50	Z3	快速接近
N60	G01Z-2F50	下刀至切削深度
N70	G01G41X-40Y-60D01F2050	建立刀具半径补偿
N80	Y40	切入零件轮廓
N90	X40	走刀至 X40
N100	Y-40	走刀至 Y-40
N110	X-60	切出零件轮廓
N120	G40X-70Y-70	取消刀具半径补偿
N130	G00G49Z50	抬刀至安全高度，取消刀具长度补偿
N140	M05	主轴关闭
N150	M30	程序结束

5. 数控铣削编程要点

（1）安全高度 如图 3.1.14 所示，数控铣削刀具在做快速定位时必须在零件上表面一定高度内进行，以防刀具在行进过程中与夹具或零件表面发生碰撞（干涉），这一高度称为安全高度，该平面称为安全平面。通常在数控铣编程时，如果零件上表面已是自身最高面，且比周围的夹具要高，则可以取安全高度值为 50mm。

（2）外轮廓加工的下刀 外轮廓加工时，刀具从安全面高度下降到切削高度时，应离开工件边缘一定距离（该位置应距离工件至少一个刀具半径），不能直接贴着工件轮廓直接下刀，以免发生危险。然后进行轮廓切削，下刀过程如图 3.1.15 所示。图中刀具的下刀过程包含 4 个步骤，具体如下：

① 快速定位至轮廓外侧；
② 快速接近；
③ 按给定速度进给至加工深度；
④ 按给定速度切入零件。

其中，第②步和第③步中，刀具由安全高度快速接近工件表面并转而以给定速度进给至加工深度的转折平面称为接近平面，一般取工件表面以上 3~5mm 作为接近平面的位置。

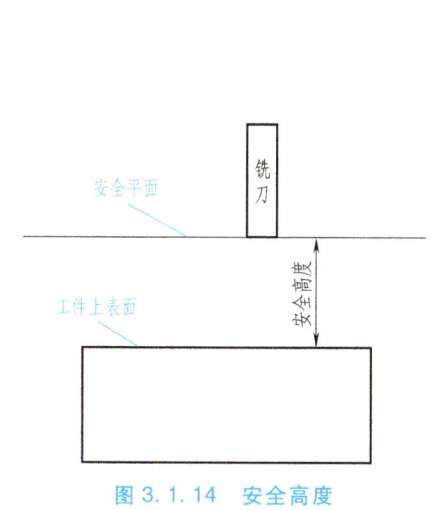

图 3.1.14 安全高度

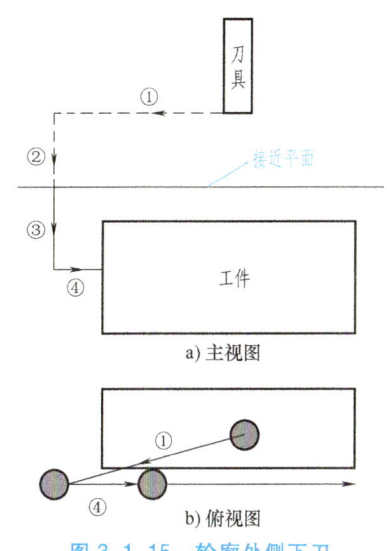

图 3.1.15 轮廓外侧下刀

（3）型腔加工的下刀　型腔加工的下刀方式包含垂直下刀、螺旋下刀和斜下刀三种方式，其走刀轨迹如图3.1.16所示。三种下刀方式的适用性如下：

① 垂直下刀。该方法适合键槽铣刀加工或者是对型腔最后的余量进行精加工。

② 螺旋下刀。由于立铣刀底部切削刃的构造使其不可以做较大背吃刀量的垂直下刀，为保护刀具，粗加工型腔时需使用走螺旋线的方式（类似于沿盘山公路下山）让刀具逐渐下刀至切削深度，以减缓刀具轴向的冲击。这种下刀方式编程较麻烦，适合自动编程。

③ 斜下刀。粗加工型腔时可使用走斜线的方式（类似于下楼梯）让刀具逐渐下刀至切削深度，以减缓刀具轴向的冲击。这种下刀方式编程简单，非常适合手工编程，同时也适合自动编程。

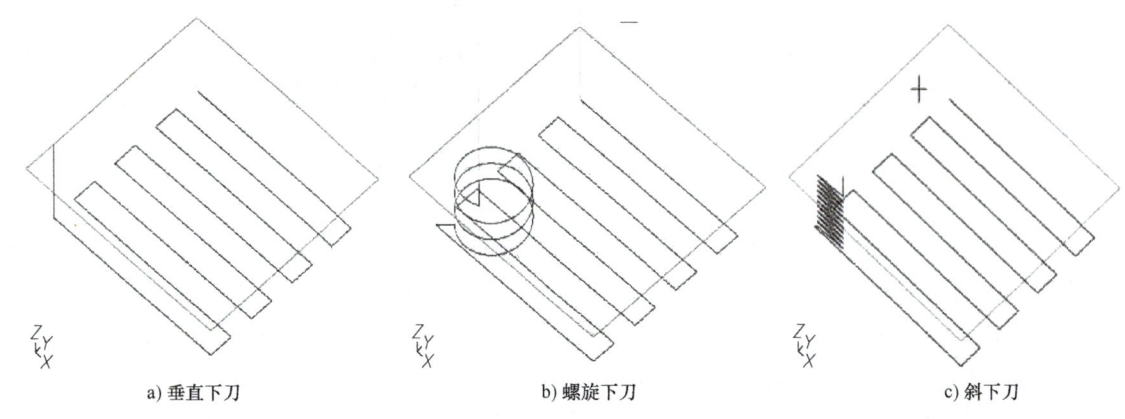

a) 垂直下刀　　　　b) 螺旋下刀　　　　c) 斜下刀

图3.1.16　型腔加工的下刀方式

（4）轮廓加工的切入与切出　轮廓铣削时，如果从轮廓切入点的法向直接垂直切入工件，零件表面会因受法向力而发生微小的弹性变形，当刀具离开后弹性变形恢复，从而出现接刀痕。为避免接刀痕产生，轮廓铣削时应沿轮廓的延长线、切线方向或相切圆弧的方式切入和切出工件，如图3.1.17所示。

如图3.1.17a所示利用圆弧插补方式铣削外整圆时的加工路线为：从点1切入直线插补到点2，沿顺时针整圆插补到点2，再从点2直线插补到点3退出。当整圆加工完毕时，不要在切点处直接退刀，而应让刀具沿切线方向多运动一段距离，以免取消刀补时，刀具与工件表面相碰，造成工件报废。

铣削内轮廓表面时，也要遵循从切向切入切出的原则，最好安排从圆弧过渡到圆弧的切入切出路线，这样可以提高内轮廓表面的加工精度和加工质量。如图3.1.17b所示，从点A开始切向逆时针圆弧切入到点B，依次直线插补到点C、点D、点E、点F，逆时针加工一圈回到点B处，沿着逆时针圆弧切出到点A处。

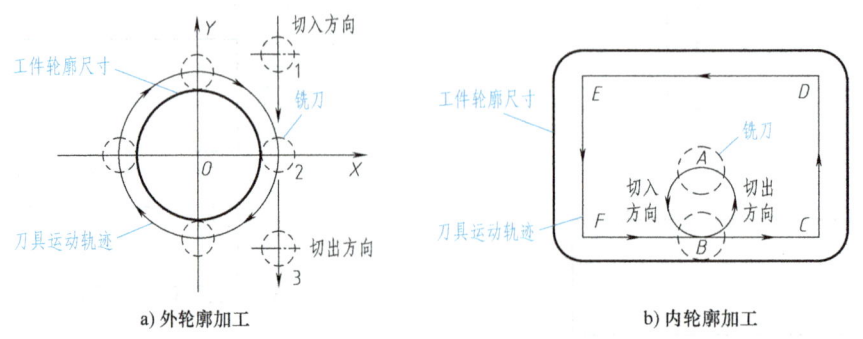

a) 外轮廓加工　　　　b) 内轮廓加工

图3.1.17　轮廓加工的切入与切出

（5）顺铣与逆铣　数控铣削时，当刀具沿轮廓进给时，分顺铣和逆铣两种走刀方式。当铣刀与工件接触部分的线速度方向与刀具相对于工件的进给方向相反时为顺铣，反之为逆铣，如图 3.1.18 所示。

对于丝杠与螺母之间存在间隙的机床，如果采用顺铣加工，会造成进给机构的窜动，因此使用逆铣加工比较合适；由于现代的数控机床均进行了消隙处理，因此可以使用顺铣进行加工。顺铣加工时刀刃磨损小，刀具寿命长，表面加工质量好；当工件表面有硬化层或加工薄壁零件时，应采用逆铣加工。

小贴士：在数控编程时如何才能快速地判断自己的走刀路线是不是顺铣加工呢？

当加工外轮廓时，顺时针的走刀路线为顺铣；当加工内轮廓时，逆时针的走刀路线为顺铣。

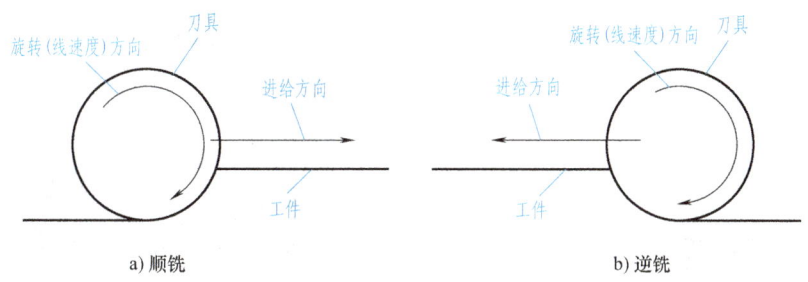

图 3.1.18　顺铣与逆铣

（6）刀具几何参数的选择　数控铣削时，为保证切削效率和刀具的刚性，应尽可能选择较大直径尺寸的刀具。当零件存在凹轮廓时，为了防止过切的发生，刀具的半径应小于零件最小凹轮廓的半径。

任务实施

利用仿真软件完成本任务中图 3.1.1 所示阶梯板的外轮廓加工。

1. 任务 2 分析

1）毛坯的选择：如图 3.1.1 所示，毛坯的尺寸为 100mm×100mm×20mm，材料为 45 钢。
2）工序划分：粗铣外轮廓。
3）确定装夹方案：机用虎钳。
4）刀具选择：φ16mm 立铣刀。
5）确定切削用量：$F=2050$mm/min，$n=1710$r/min。
6）确定工件坐标系：以工件上表面中心作为编程原点。
7）参考程序：见表 3.1.3，程序名为 O3101。

2. 机床仿真加工操作步骤

1）打开服务器，打开斯沃软件，选择数控系统为 FANUC 0iM 铣床系统，并单击运行按钮。

2）单击急停按钮，解除急停状态。

3）回零（回参考点）。单击（REF：回参考点）→ Z（Z 轴回零）→ X（X 轴回零）→ Y（Y 轴回零）→回参考点完毕。

回参考点后，在"JOG"模式下，使 X、Y 和 Z 轴负方向移动一定距离，以防机床超程。

4）调整仿真图形显示精度（按 ），选择速度控制，将显示精度调至最高。

5）选择工件毛坯。单击左侧工具条 按钮，选择"工件装夹"，"装夹方式"选择"工艺板装夹"，然后单击"确定"按钮，完成工件装夹的设置，如图 3.1.19 所示，如果选择"平口钳装夹"方式，还需调整工件露出钳口的尺寸，该方法较麻烦，一般仿真时不用。

单击左侧工具条 按钮，选择"设置毛坯"，设定工件大小（图 3.1.20），然后单击"确定"按钮，完成毛坯大小选择。

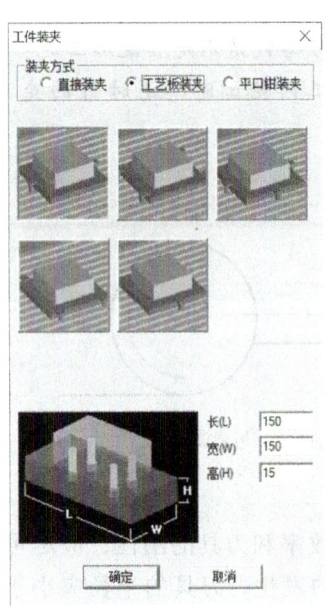
图 3.1.19　工件装夹设置

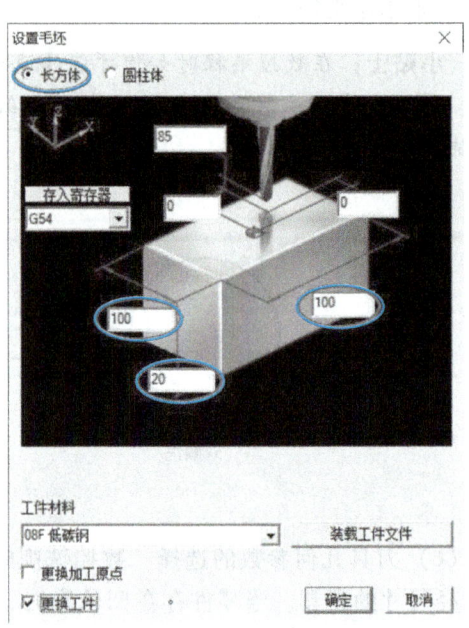
图 3.1.20　工件大小设置

6）选择刀具。单击左侧工具条 按钮，出现刀具库管理对话框，如图 3.1.21 所示。

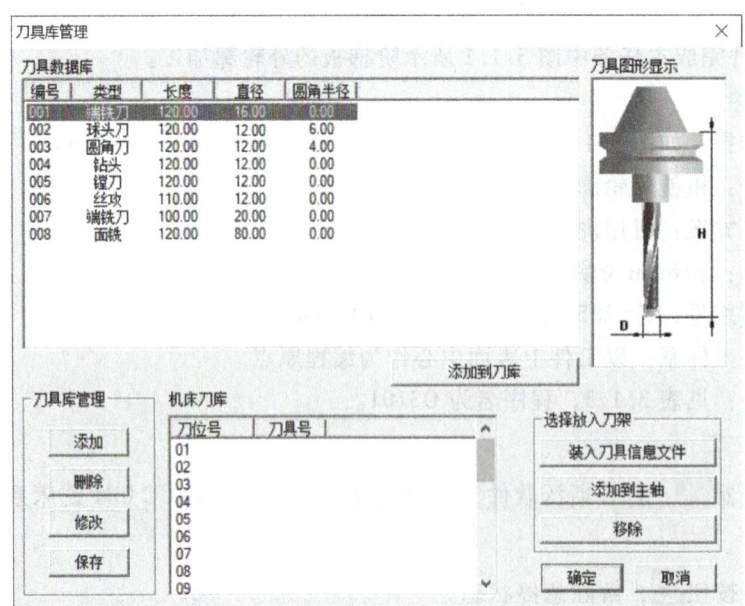
图 3.1.21　刀具库管理

选择刀具类型为"端铣刀"的一把刀具，双击刀具选项并设置其直径值为 16mm，再将该刀具添加到刀库中的主轴刀位，单击"确定"即完成选刀。

7）T01刀（φ16mm铣刀）对刀。采用快速对刀法，即快速定位刀具至毛坯上表面中心，如图3.1.22所示。按数控面板"OFFSET SETTING"键，选择软键盘"坐标系"，在刀补界面内，将光标移动到"G54"的"X"数据侧，输入X0后按"测量"软键，完成X方向对刀。依照该方法，继续输入Y0和Z0后按"测量"软键，完成Y和Z方向的对刀，如图3.1.23a所示。

按数控面板软键的向左翻页键，再选择软键"补正"，将光标移动到番号为001行的"（形状）H"选项，输入0并按下数控面板按键"INPUT"，完成刀具长度值的设置。依照该方法，继续输入"（磨耗）H"值为0，"（形状）D"值为16，"（磨耗）D"值为0，完成T01刀补值的设置，如图3.1.23b所示。

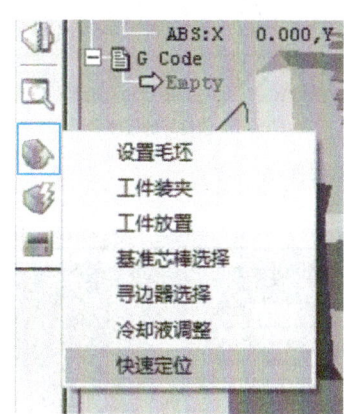
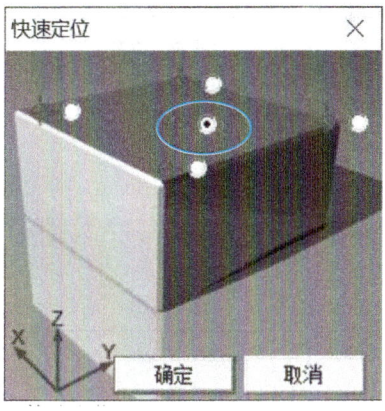

图3.1.22 快速定位

a) G54对刀　　　　　　　　　　b) 设置刀补值

图3.1.23 刀具参数输入

8）打开程序保护锁，置于O状态。

9）程序输入。

① 置模式选择按钮在EDIT模式位置→按 PROG 键，如图3.1.24a所示。

② 输入新建程序名"O3101"→按 INSERT 键插入，新程序名创建好，如图3.1.24b所示。

③ 选择仿真软件上方菜单命令"文件"→"打开"，在弹出的对话框中选择"否"，如图3.1.25a所示，在接下来的程序打开对话框中"文件类型"选择NC代码文件，选择事先创建好的记事本文件（该记事本文件为数控加工程序，保存时应选择另存为"所有文件"，文件扩展名为".CNC"），程序输入完成，如图3.1.25b所示。

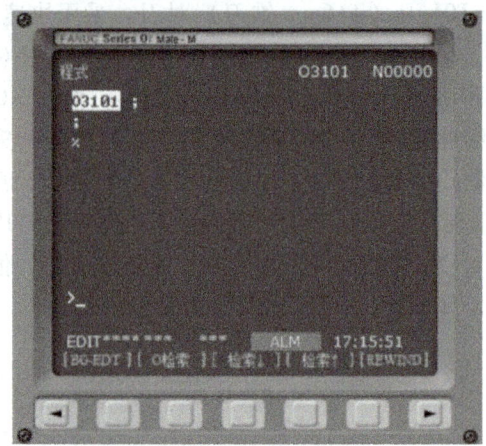

a) 输入程序名　　　　　　　　　b) 创建好的程序名

图 3.1.24　创建程序名

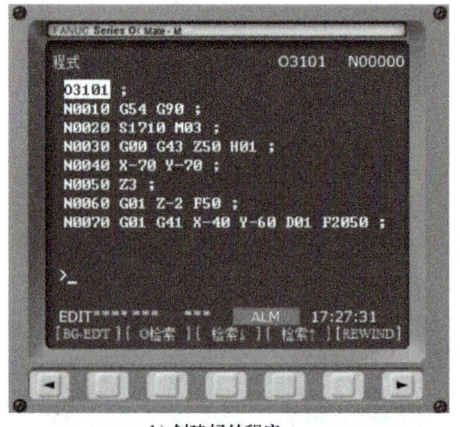

a) 打开程序文件　　　　　　　　b) 创建好的程序

图 3.1.25　输入程序

10）加工零件。置模式选择按钮在 AUTO 模式 位置→按程序启动按钮 循环启动，程序将自动运行直至完毕。

11）测量工件。置模式选择按钮在 AUTO 模式，单击工具条中测量按钮 →单击特征线按钮 ，完成测量。

12）工件模拟加工完成，如图 3.1.26 所示。

学习结果评价

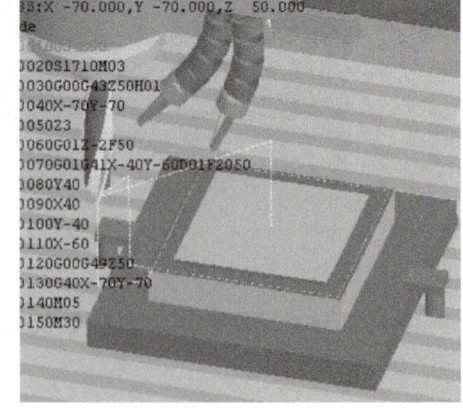

图 3.1.26　模拟加工完成的零件

完成任务仿真加工，明确检测要素，完成表 3.1.4。

表 3.1.4　自测尺寸、测量工具选用表

序号	检测要素	工具	自测结果	合格否	检测人员
1	2mm	游标卡尺			
2	80mm×80mm	游标卡尺			
3	外观无毛刺	目视检测			

知识巩固与拓展

【巩固题1】 根据提供的数控加工程序O3102，在数控铣仿真软件上加工图3.1.27所示零件。其中，编程原点为零件上表面中心，刀具为φ16mm立铣刀，需加工零件上表面的外轮廓，毛坯的尺寸为φ50mm×35mm。

```
N0010 G54G90;
N0020 S1710M03;
N0030 G00G43Z50H01;
N0040 X50Y50;
N0050 Z3;
N0060 G01Z-5F50;
N0070 G01G41X15Y30D01F2050;
N0080 Y0;
N0090 G02I-15J0;
N0100 G01Y-30;
N0110 G40X50Y-50;
N0120 G00G49Z50;
N0130 M05;
N0140 M30;
```

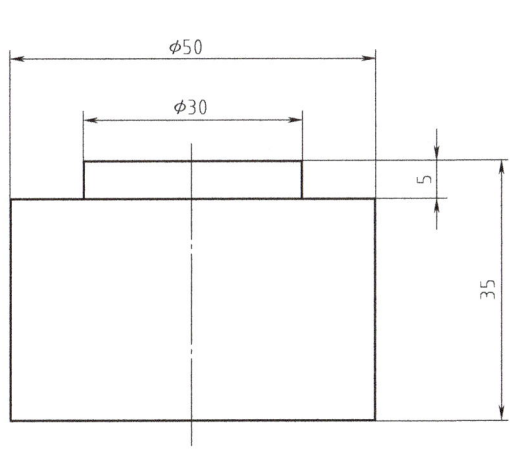
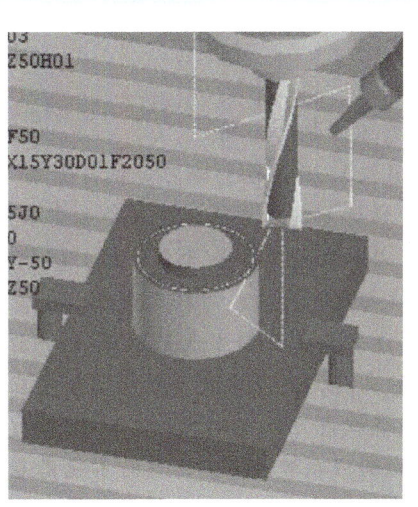

图3.1.27 铣圆柱

【巩固题2】 图3.1.1所示零件的材料为45钢，请通过查表，计算零件粗铣与精铣过程的切削用量（a_p、f、v、a_w、n和F）。

提示：1）刀具：粗、精铣外轮廓均采用φ20mm、YC30S硬质合金三刃刀具。

2）a_p：粗铣为1.8mm，精铣为0.2mm。a_w：粗铣为9.8mm，精铣为0.2mm。

【知识拓展1】

观看《大国重器》（第一季）第六集 制造强国，厚植爱国情怀。

【知识拓展2】

1. 数控铣床上刀柄的分类

数控铣床上的刀柄用于连接机床主轴与刀具，目前主要有 BT、SK、CAPTO 和 HSK 等几种规格，在我国，BT 和 HSK 刀柄使用较多。BT 刀柄的锥度为 7∶24，它通过刀柄的 7∶24 锥面与机床主轴孔的 7∶24 锥面接触定位连接。当主轴转速达 10000r/min 后，由于离心力的作用，主轴系统的端部将出现较大变形，其径向圆跳动将逐渐增大，刀柄与主轴锥孔间将出现明显的间隙，严重影响刀具的切削特性，因此 BT 刀柄一般不能用于高速切削，大多数厂家的推荐最高转速为 8000r/min，用于主轴最高转速为 8000r/min 的数控铣床或加工中心上，其外观如图 3.1.28a 所示。HSK 刀柄是一种新型的高速锥型刀柄，采用锥面与端面双重定位的方式，在足够大的拉紧力作用下，HSK 刀柄的 1∶10 空心工具锥柄和主轴 1∶10 锥孔之间在整个锥面和支承平面上产生摩擦，提供封闭结构的径向定位。HSK 刀柄非常适合高速切削，多用于主轴最高转速为 10000r/min 及以上的高速铣机床或加工中心，其外观如图 3.1.28b 所示。

a) BT刀柄　　　　　　　　　　　　b) HSK刀柄

图 3.1.28　数控铣床上的刀柄

2. 铣刀刀柄的结构

如图 3.1.29 所示，铣刀刀柄自上而下分别为拉钉、刀柄、弹簧夹头、铣刀。

1) 拉钉是夹紧与松开刀具的主要零件，通过螺纹联接与刀柄紧固在一起。

2) 刀柄的锥度一般为 7∶24，该锥度是通用标准（全球通用），主要是为了适配机床，刀柄规格都是一样的；刀柄上面有一个键槽，该槽与主轴上面的键配合，作用是传递转矩。

3) 弹簧夹头。如图 3.1.30 所示，弹簧夹头是一种装置在铣床上，用来装钳钻头或铣刀的筒形的夹具，不同的铣刀刀柄直径对应不同内径的弹簧夹头。

4) 直柄铣刀：直柄立铣刀的柄部为圆柱形，区别于锥形铣刀，它的主切削刃在圆柱面上，副切削刃在端面上，工作时不能沿着铣刀的轴向做进给运动。

图 3.1.29　铣刀刀柄　　　　　　　　图 3.1.30　弹簧夹头

任务 3.2　平面轮廓加工（G00、G01、G02/G03 指令应用）

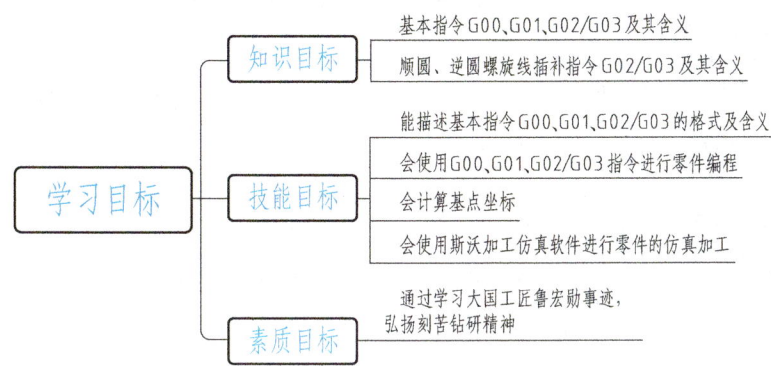

任务导入

图 3.2.1 所示为图 3.1 飞机齿轮泵上的特性标记，请按要求完成字母的数控铣削加工程序，并计算各点坐标值和填写程序单。

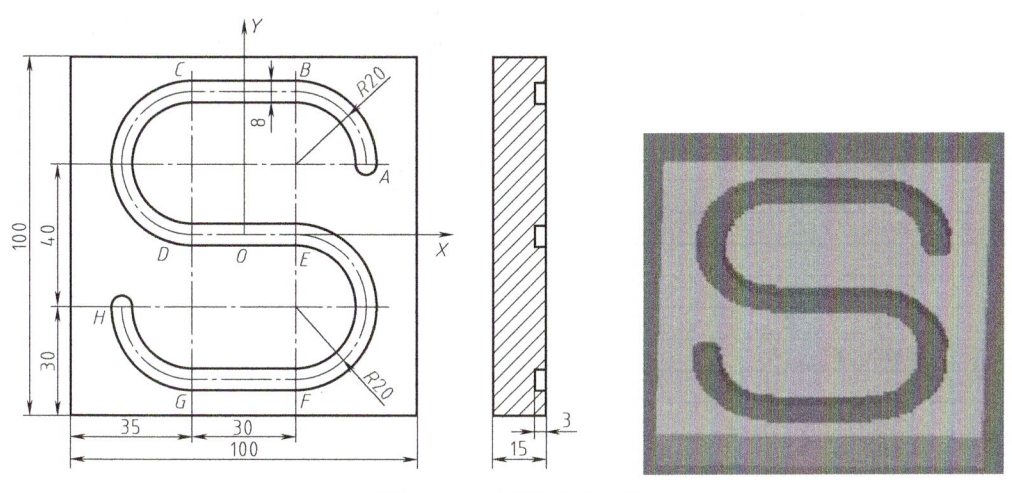

图 3.2.1　特性标记加工件

任务分析

该零件为硬铝材料，加工深度为 3mm，零件形状为方正形，编程原点选择上表面的中心点，有利于编程，选用 φ8mm 的键槽刀一次加工成形。

知识链接

1. FANUC 0i M 系列数控系统 G 指令功能

FANUC 0i M 系列有 MA、MB、MC 三种数控系统，对于具有不同系统的铣床，其指令的形式有所不同，程序格式也不同。实际使用时，应根据所使用的机床数控系统规定的指令和程序格式进行编程，见表 3.2.1。本任务主要介绍 FANUC 0i MA 数控系统。

表 3.2.1　FANUC 0i M 系列数控系统 G 指令功能、编程格式及含义

G 指令	编程格式	含　义
G00	G00X __ Y __ Z __ ;(也可以是 A __ B __ C __)	快速定位指令,指定终点坐标位置值或增量值
G01	G01X __ Y __ Z __ F __ ;(也可是 A __ B __ C __)	直线插补指令
G02 G03	G17G02/G03X __ Y __ I __ J __ F __ ; G17G02/G03X __ Y __ R __ F __ ; G18G02/G03Z __ X __ K __ I __ F __ ; G18G02/G03Z __ X __ R __ F __ ; G19G02/G03Y __ Z __ J __ K __ F __ ; G19G02/G03Y __ Z __ R __ F __ ;	G02 为顺圆插补指令,G03 为逆圆插补指令
	G17G02/G03X __ Y __ I __ J __ Z __ F __ ; G17G02/G03X __ Y __ R __ Z __ F __ ; G18G02/G03Z __ X __ K __ I __ Y __ F __ ; G18G02/G03Z __ X __ R __ Y __ F __ ; G19G02/G03Y __ Z __ J __ K __ X __ F __ ; G19G02/G03Y __ Z __ R __ X __ F __ ;	G02 为顺圆螺旋线插补指令,G03 为逆圆螺旋线插补指令
G04	G04X __ ;(单位为 s) G04P __ ;(单位为 μs)	暂停指令
G09	G09X __ Y __ Z __ ;(也可是 A __ B __ C __)	准确停止指令,非模态指令
G15	G15;	取消极坐标模式
G16	例:G17G90G16; 　　G01X __ Y __ F __ ; 例:G18G90G16; 　　G01Z __ X __ F __ ; 例:G19G90G16; 　　G01Y __ Z __ F __ ;	激活极坐标功能。在 XY 平面进行直线插补,X 指定极长,Y 指定极角;在 ZX 平面进行直线插补,Z 指定极长,X 指定极角;在 YZ 平面进行直线插补,Y 指定极长,Z 指定极角
G17	G17	指定加工平面为 XY 平面
G18	G18	指定加工平面为 ZX 平面
G19	G19	指定加工平面为 YZ 平面
G20	G20	指定寸制单位
G21	G21	指定米制单位
G28	G28X __ Y __ Z __ ;	经过指定的中间点坐标值,自动返回参考点
G29	G29X __ Y __ Z __ ;	经过 G28 指定的中间点坐标,自动返回加工点
G33	G33Z __ F __ ;	镗削螺纹指令,Z 为终点值,F 为导程值
G40	G40;	取消刀具半径补偿
G41	G41D __ ;	建立刀具长度左补偿,D 指定半径补偿地址号
G42	G42D __ ;	建立刀具长度右补偿,D 指定半径补偿地址号
G43	G43H __ ;	建立刀具长度正补偿,H 指定刀具长度补偿地址号
G44	G44H __ ;	建立刀具长度负补偿,H 指定刀具长度补偿地址号
G49	G49;	取消刀具长度补偿
G50	G50;	取消比例缩放功能
G51	G51X __ Y __ Z __ P __ ;	激活比例缩放功能,X、Y、Z 为缩放中心绝对坐标,P 指定缩放倍率
G50.1	G50.1X __ Y __ ;	取消可编程镜像功能,X、Y 指定镜像的坐标轴
G51.1	G51.1X __ Y __ ;	激活可编程镜像功能,X、Y 指定镜像的位置值和坐标轴
G52	G52X __ Y __ Z __ ;或 G52X0Y0Z0;	局部坐标系设定,X、Y、Z 指定局部坐标系的原点坐标值;或取消局部坐标系
G53	G53;	选择机床坐标系
G54~G59	G54;或 G55~G59	工件坐标系偏置激活
G60	G60X __ Y __ Z __ ;	单方向定位
G61	G61;	准确停止方式,模态指令
G62	G62;	自动拐角倍率
G63	G63;	攻螺纹方式
G64	G64;	切削方式,模态指令

(续)

G指令	编程格式	含 义
G65	G65P__L__;(自变量指定)	非模态宏程序调用,P指定调用的程序,L指定重复次数
G66	G66P__L__;(自变量指定)	宏程序模态调用
G67	G67;	宏程序模态调用取消
G68	G68X__Y__Z__R__;	坐标旋转,X、Y、Z指定坐标旋转中心,R指定旋转角度
G69	G69;	取消坐标旋转
G73	G73X__Y__Z__R__Q__F__K__;	啄孔循环指令,有断屑动作,X、Y、Z指定孔底坐标位置,R指定返回参考平面,Q指定每次钻削深度,F指定进给速度,K指定循环次数
G74	G74X__Y__Z__R__P__F__K__;	攻左旋螺纹循环指令,P指定暂停时间
G76	G76X__Y__Z__R__Q__F__K__;	精镗孔循环指令,Q指定径向方向回退量
G80	G80;	取消固定循环指令
G81	G81X__Y__Z__R__F__K__;	钻浅孔循环指令,工进快退
G82	G82X__Y__Z__R__P__F__K__;	钻盲孔循环指令,孔底暂停,工进快退
G83	G83X__Y__Z__R__Q__F__K__;	钻深孔循环指令,适用于脆性工件,每次回退到R平面
G84	G84X__Y__Z__R__F__K__;	攻右旋螺纹循环指令,孔底反转,返回后正转
G85	G85X__Y__Z__R__F__K__;	镗孔、铰孔循环指令,工进工退
G86	G86X__Y__Z__R__F__K__;	镗孔循环,工进快退,孔底停转,返回后正转
G87	G87X__Y__Z__R__Q__P__F__K__;	背镗孔循环指令,Q指定径向偏移量,主轴准停,孔底准停,R平面在工件的背面
G88	G88X__Y__Z__R__P__F__K__;	镗孔循环指令,工进,孔底停转,手动返回
G89	G89X__Y__Z__R__P__F__K__;	镗孔循环指令,工进工退,孔底暂停
G90	G90__;	指定绝对坐标编程
G91	G91__;	指定增量坐标编程
G92	G92X__Y__Z__;	工件坐标系设定,非断电记忆模式
G94	G94F__;	F指定进给速度,单位为mm/min
G95	G95F__;	F指定进给速度,单位为mm/r
G96	G96S__;	恒线速度控制,S指定线速度,单位为m/min
G97	G97S__;	取消恒线速度控制
G98	G98__;	固定循环返回到初始Z平面
G99	G99__;	固定循环返回到R指定的Z值参考平面

2. 快速定位指令G00

(1)功能 快速定位指令G00的功能是使刀具以厂家设定的最大速度,按点位控制方式从当前点快速移动到目标点,无运动轨迹要求,不需要特别规定进给速度。

(2)格式 G00X__Y__Z__;

其中,X、Y、Z为目标点坐标值。

(3)说明

① 不同的数控系统点位运动的路径有所不同。

② G00指令不能用于切削加工。

③ G00的路径应防止刀具与工件或夹具干涉。

(4)案例 如图3.2.2所示,刀具从A点到B点快速移动的程序段为:G00X100Y200;

3. 直线插补指令G01

(1)功能 直线插补指令G01的功能是使刀具以给定的进给速度从当前点以直线的形式移动至目标点。

(2)格式 G01X__Y__Z__F__;

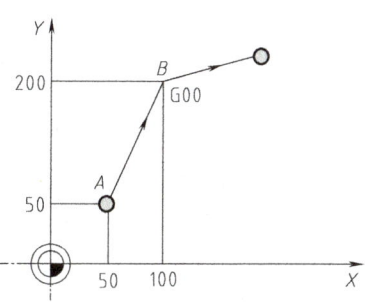

图3.2.2 G00指令

137

其中，X、Y、Z为目标点坐标值。

(3) 说明

① 可以通过G01指令插补空间直线。

② F的单位为mm/min。

(4) 案例　如图3.2.3所示，坐标系原点O是程序起始点，下刀2mm，要求刀具中心由O点快速移动到P1点，然后沿直线移动到P2、P3、P4、P5、P6点，实现直线插补，再快速返回程序起始点O，请用G01指令编写相应的程序段。

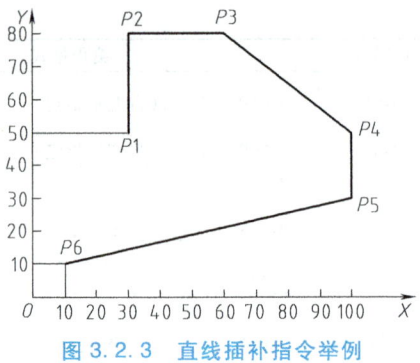

图3.2.3　直线插补指令举例

```
N10 G54G90;              (建立工件坐标系，采用绝对编程)
N20 M03S800;             (起动主轴正转，转速为800r/min)
N30 G00Z50;              (抬刀至安全高度)
N40 G00X30Y50;           (快速定位到P1点)
N50 G00Z2;               (快速接近工件)
N60 G01Z-2F50;           (下刀至加工深度)
N70 G01Y80F120;          (直线插补P1—P2)
N80 X60;                 (直线插补P2—P3)
N90 X100Y50;             (直线插补P3—P4)
N100 Y30;                (直线插补P4—P5)
N110 X10Y10;             (直线插补P5—P6)
N120 G00Z50;             (快速抬刀)
N130 G00X0Y0;            (快速返回到O点)
N140 M05;                (主轴停转)
N150 M30;                (程序结束)
```

4. 圆弧插补指令G02和G03

(1) 功能　圆弧补插指令G02/G03的功能是使刀具按给定进给速度沿圆弧方向顺时针（G02）或逆时针（G03）插补，G02/G03指令是模态指令。

(2) 格式（以XY平面为例）　G02(G03)G17 X__ Y__ I__ J__ F__;（圆心编程）

或　　　　　　　　　　　　G02(G03)G17 X__ Y__ R__ F__;（半径编程）

(3) 说明

① 立式铣床在G17平面插补圆弧，为默认值，可省略。

② X、Y、Z为圆弧终点坐标；I、J、K为圆心坐标相对圆弧起点的增量，即圆心的坐标减去圆弧起点的坐标，I=X$_{圆心}$-X$_{起点}$，J=Y$_{圆心}$-Y$_{起点}$，K=Z$_{圆心}$-Z$_{起点}$。

③ R为圆弧的半径，整圆不能使用半径编程。

④ R的符号：圆心角<180°为正，圆心角≥180°为负。

(4) 案例　如图3.2.4a所示，对A→B圆弧加工路线编程：

半径编程：G02X30Y10R20.62F50;

圆心编程：G02X30Y10I5J-20F50;

如图3.2.4b所示，从A点顺时针转一周编程：

绝对编程：G90G02X20 Y0 I-20J0 F100;

相对编程：G91G02X0 Y0 I-20J0 F100;

(5) 练习　如图3.2.4a所示，对B→A圆弧加工路线编程：

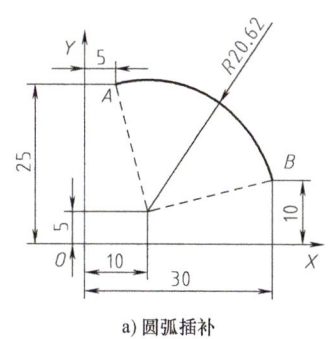 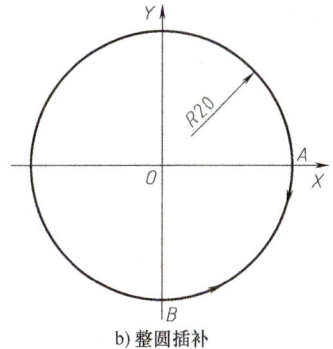

a) 圆弧插补　　　　　　　　　b) 整圆插补

图 3.2.4　圆弧编程

半径编程：_____；

圆心编程：_____；

如图 3.2.4b 所示，从 B 点逆时针转一周编程：

绝对编程：_____；

相对编程：_____；

5. 顺圆、逆圆螺旋线插补指令 G02 和 G03

1）在 Z 方向上进行螺旋线插补，格式：

G17G02/G03X __ Y __ I __ J __ Z __ F __；或 G17G02/G03X __ Y __ R __ Z __ F __；

2）在 Y 方向上进行螺旋线插补，格式：

G18G02/G03Z __ X __ K __ I __ Y __ F __；或 G18G02/G03 Z __ X __ R __ Y __ F __；

3）在 X 方向上进行螺旋线插补，格式：

G19G02/G03Y __ Z __ J __ K __ X __ F __；或 G19G02/G03Y __ Z __ R __ X __ F __；

如在 XY 平面上进行圆弧插补的同时，在 Z 方向上有一个轴向移动，由这两个运动合成为 Z 方向的螺旋线进给，如图 3.2.5 所示。

6. 尺寸单位选择指令 G20 和 G21

G20 指令为英制输入（in）；G21 指令为米制输入（mm）。接通电源时，默认为米制输入。G20、G21 为同组模态代码，彼此可以互相注销。

7. 工件坐标系偏置激活（零点偏移）指令 G54~G59

G54~G59 这 6 个工件坐标系是通过运行程序前，输入每个工件坐标系的原点到机床参考点的偏置值而建立的。在执行程序时，就可以按工件坐标系中的坐标值来运动了。

编程示例：如图 3.2.6 所示，用 CRT/MDI 在参数设置方式下设置两个加工坐标系：

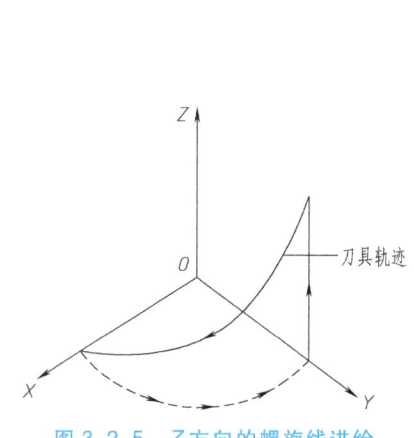

图 3.2.5　Z 方向的螺旋线进给

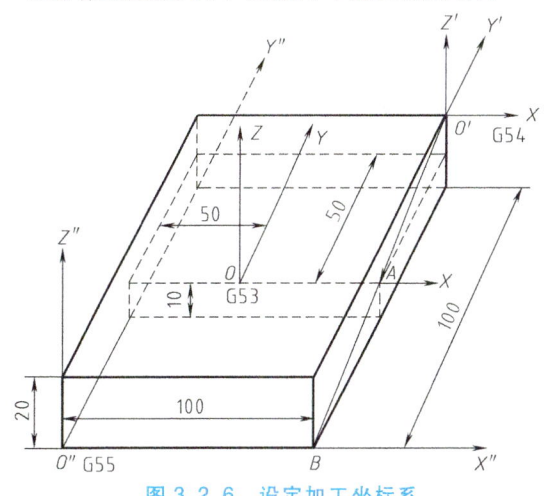

图 3.2.6　设定加工坐标系

G54: X50 Y50 Z10;
G55: X−50 Y−50 Z−10;

完成本任务中图3.2.1所示特性标记加工件的程序编制与仿真加工。

1）毛坯的选择：选用毛坯的尺寸为100mm×100mm×15mm；材料为硬铝。
2）工序划分
① 加工次数的确定：加工深度为3mm，可以一次下刀成形。
② 下刀方式的确定：键槽铣刀采用垂直下刀方式进行。
③ 加工工艺路线：S字母的加工路线是A→B→C→D→E→F→G→H。
3）确定装夹方案：毛坯轮廓形状规整，适合选择平口虎钳装夹，露出高度5mm左右。
4）刀具选择：选用φ8mm硬质合金键槽刀，可获得较高的表面质量和加工精度。
5）确定切削用量：工序的划分与切削用量的选择见表3.2.2。

表3.2.2　数控加工工艺卡

工步号	工步作业内容	刀具号	刀具规格/mm	主轴转速/(r/min)	进给速度/(mm/min)	背吃刀量/mm	备注
1	铣键槽	T01	φ8	4000	480	3	

6）确定工件坐标系：以工件上表面中心O为工件原点，建立XYZ工件坐标系。完成图3.2.1各基点坐标计算，见表3.2.3。

表3.2.3　各基点坐标值

基点	A	B	C	D
坐标				
基点	E	F	G	H
坐标				

7）编写程序：完成表3.2.4。

表3.2.4　程序单

程序名：O3201

程序段号	程序内容	说明
N5	G54G90	采用绝对尺寸编程方式,选择第一工件坐标系
N10	M03S4000	主轴正转,转速为4000r/min
N20	G00Z50	刀具升至50mm安全高度
N30	X35Y20	快速移到A点上方
N40	Z2	Z轴迅速到达工件坐标系2mm外,接近工件
N50	G01Z−3F50	Z轴直线切削,下刀至深度3mm,速度为50mm/min
N60	G03X15Y40R20F480	加工R20mm的逆圆,插补到B点
N70	G01X−15	沿X轴直线插补到C点
N80	G03Y0R20	加工R20mm的逆圆,插补到D点
N90	_____	沿X轴直线插补到E点
N100	_____	加工R20mm的顺圆,插补到F点
N110	_____	沿X轴直线插补到G点
N120	_____	加工R20mm的顺圆,插补到H点
N130	G00Z50	向上提刀至Z=50mm的安全高度
N140	M05	主轴停止
N150	M30	程序结束

学习结果评价

完成任务仿真加工，明确检测要素，完成表 3.2.5。

表 3.2.5 自测尺寸、测量工具选用表

序号	检测要素	工具	自测结果	合格否	检测人员
1	3mm	游标卡尺			
2	φ40mm 半圆（2 处）	R 规			
3	R20mm	R 规			
4	外观无毛刺	目视检测			

知识巩固与拓展

【巩固题 1】 编写图 3.2.7 所示 CNC 字样的数控铣削加工程序，材料为硬铝 2A12，毛坯的尺寸为 80mm×50mm×15mm。

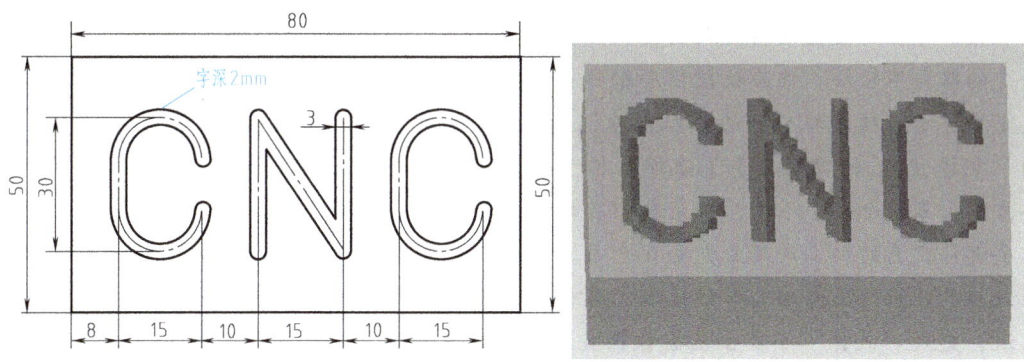

图 3.2.7 CNC 字样

【巩固题 2】 如图 3.2.8 所示，根据尺寸要求，在 96mm×48mm 的硬铝板上加工出 POS 字样，刀具为 φ4mm 的键槽铣刀。

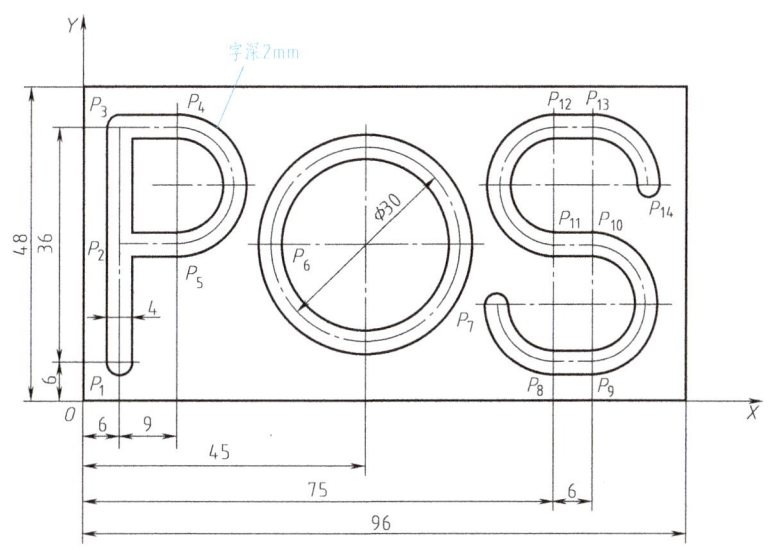

图 3.2.8 POS 字样

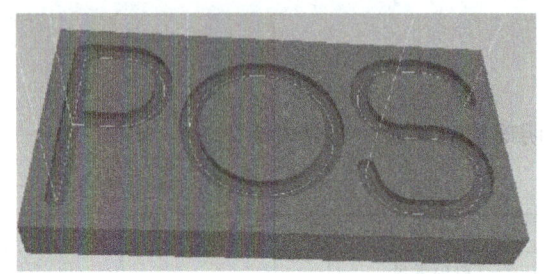

图 3.2.8　POS 字样（续）

【知识拓展】

榜样的故事 6

大国工匠鲁宏勋：为空空导弹装"眼睛"的人

鲁宏勋：中国空空导弹研究院铣工高级技师、中国航空工业集团公司首席技能专家、中华技能大奖获得者。

1. 对话数控机床的"翻译官"

从钳工专业的技校生到高级数控机床的"翻译官"，鲁宏勋 30 多年走的路并不轻松。作为数控程序编程员和高级技师，他让机床变成了服务于各项急难任务的"机器人"，他自称是让机器和人对话的"翻译官"。他曾经接手了导弹结构十分复杂的部件，上面有着各方向上百余个大小不等、相交或相贯的孔，最小直径不足 3mm，要求精度非常之高。作为重要部件，它的加工周期至少要 6 个月，成为严重牵制生产任务交付完成的瓶颈。他尝试使用新刀具、采用高速加工等新技术，再加上工序的新改进，把原来的十道精加工工序压缩到三道，更是"教会"了多台设备都能实现对这个零件的加工。终于，加工周期缩短了两个半月，产品顺利交付。

2. 航空技工炼成"大国工匠"

高考不利，与大学梦擦肩而过。但鲁宏勋赶上了导弹院首届技校招生，以第一名的成绩考入技校。跟着连续十几年的劳模老车工师傅和前辈学技艺，上夜大，学外语，学编程，从来没停止过学习新知识，尝试去创新。他在数控机床上编出了导弹院第一个加工程序，做出了第一个数控加工零件，成为院里第一个较全面掌握数控机床操作和编程的技术工人。

空中格斗，导弹"一招制敌"。一个国家的空空导弹的实力直接影响着航空器的威力。"每一颗导弹发射都决定生死存亡，分毫不能有差。技术工人的工作就是要把导弹设计人员图纸上的部件变成实际装机的部件，设计提出的精度就是我们的任务。"鲁宏勋说。1990 年，26 岁的他荣获了原航空航天部一等功。在颁奖大会上，他是唯一的技术工人。

3. "航空鲁班"从中国走向世界

对于一个担负着国家重大任务的集体来讲，只有每一个人都成功了，才能有集体的成功。鲁宏勋班可谓是高技术工人的"梦之队"，其中不乏全国技术能手及一位世界技能大赛金牌获得者。

在有"技能奥林匹克"之称的世界技能大赛赛场上，鲁宏勋连续三届被聘为数控铣项目中国技术指导专家教练，全程负责中国选手的选拔和集训。在 2015 年巴西圣保罗举办的第 43 届世界技能大赛上，一举夺金，实现了金牌零的突破。

任务 3.3　外轮廓加工（G41/G42/G40、G43/G44/G49 指令应用）

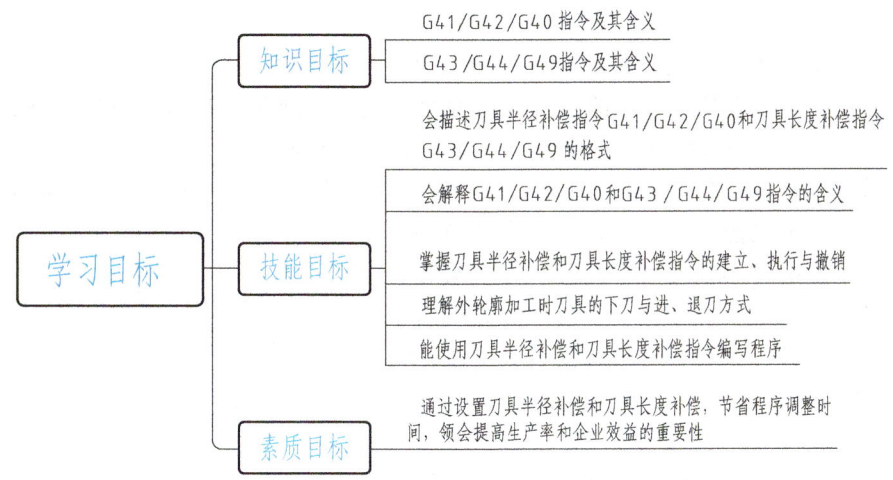

任务导入

图 3.3.1 所示为图 3.1 所示飞机齿轮泵的外轮廓，假设前几道工序加工完成后毛坯的尺寸为 85mm×100mm×40mm。由于零件外轮廓加工深度较深，需分多次下刀才可以完成加工，本任务主要完成外轮廓一次下刀 2mm 的加工，其对应的企业工序卡见附录 C 的第 30 号工序。

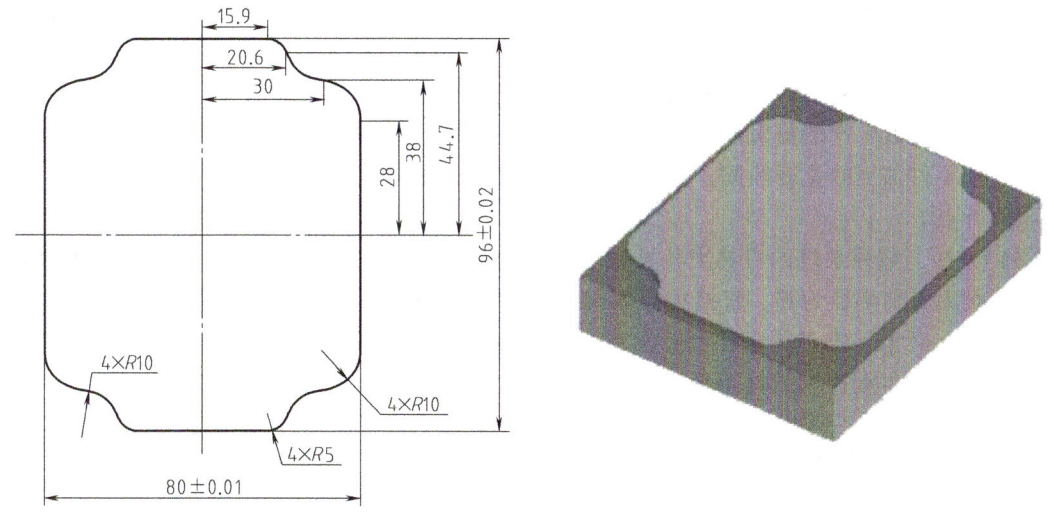

图 3.3.1　飞机齿轮泵外轮廓

任务分析

1. 加工分析

零件轮廓比较规整，铣削上表面外轮廓一圈，用虎钳就能牢固装夹。零件在总长和总宽上有精度要求，需要通过粗、精加工两个工步来保证相关尺寸的精度。

2. 主要技术难点

粗加工时，尽量一次走刀完成毛坯粗加工，企业提供的刀具大小不一，合理选择合适尺寸的刀具，一次完成粗加工是加工该零件的关键所在。

1. 刀具半径补偿指令 G41、G42、G40

（1）含义　刀具半径补偿是指数控装置使刀具中心偏移零件轮廓一个指定的刀具半径值。刀具实际不是一个点，它是有直径的，直接编程会出现过切或欠切现象。解决方法：直接计算实际刀具中心的轨迹，但计算麻烦，或使用刀具半径补偿指令。

在数控铣床上进行轮廓的铣削加工时，由于刀具半径的存在，刀具中心（刀心）轨迹和工件轮廓不重合。如果数控系统不具备刀具半径自动补偿功能，则只能按刀心轨迹进行编程，即在编程时给出刀具的中心轨迹，如图 3.3.2 所示的虚线轨迹。其计算相当复杂，尤其当刀具磨损、重磨或换新刀而使刀具直径变化时，必须重新计算刀心轨迹，修改程序，这样既烦琐，又不易保证加工精度。当数控系统具备刀具半径补偿功能时，数控编程只需按工件轮廓进行，如图 3.3.2 所示粗实线轨迹，数控系统会自动计算刀心轨迹，使刀具偏离工件轮廓一个半径值，即进行刀具半径补偿。

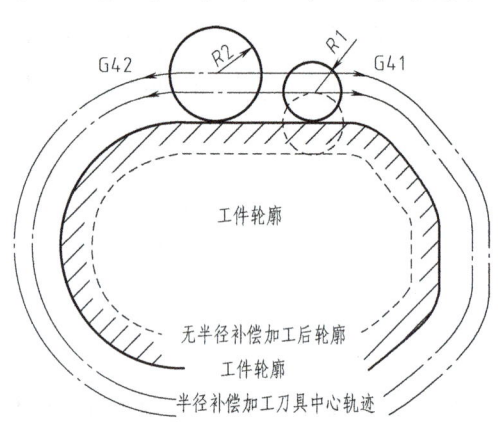

图 3.3.2　铣刀半径补偿

（2）意义　刀具半径补偿在不改变数控加工程序的基础上，解决了因刀具磨损、更换或零件尺寸公差调整对数控加工产生的影响，数控加工操作工只需在机床面板上对相关刀具的刀补值进行重新设定即可适应生产要求。在企业中，每个工种所负责的工作都是不同的，数控加工程序的编写是由数控编程员负责的，一般数控加工操作工并没有程序修改的权限，否则很容易导致程序误修改，而造成生产的损失。在使用刀具半径补偿后，数控加工操作工在不更改程序的情况下便可实现零件加工的重新匹配，解决了程序修改带来的潜在风险，这也反映了企业中人员各司其职的特点。

（3）方法　数控系统的刀具半径补偿就是将计算刀具中心轨迹的过程交由 CNC 系统执行，编程员假设刀具的半径为零，直接根据零件的轮廓形状进行编程，因此这种编程方法也称为对零件的编程，而实际的刀具半径则存放在一个可编程刀具半径偏置寄存器中。在加工过程中，CNC 系统根据零件程序和刀具半径自动计算刀具中心轨迹，完成对零件的加工。当刀具半径发生变化时，不需要修改零件程序，只需修改存放在刀具半径偏置寄存器中的刀具半径值，或者选用存放在另一个刀具半径偏置寄存器中的刀具半径所对应的刀具即可。

现代 CNC 系统一般都设置有若干（16、32、64 或更多）个可编程刀具半径偏置寄存器，并对其进行编号，专供刀具补偿使用，可将刀具补偿参数（刀具长度、刀具半径等）存入这些寄存器中。进行数控编程时，只需调用所需刀具半径补偿参数所对应的寄存器编号即可，加工时，CNC 系统将该编号对应的刀具半径偏置寄存器中存放的刀具半径取出，对刀具中心轨迹进行补偿计算，生成实际的刀具中心运动轨迹。

铣削加工刀具半径补偿分为刀具半径左补偿（用 G41 定义）和刀具半径右补偿（用 G42 定义），使用非零的 D 代码选择正确的刀具半径偏置寄存器号，如图 3.3.3 所示。

注意：在仿真加工中 D 输入的是刀具的直径，实际机床操作输入为刀具的半径。

根据 ISO 标准：

G41——刀具半径左补偿，即刀具中心轨迹沿前进方向位于零件轮廓左边。

G42——刀具半径右补偿，即刀具中心轨迹沿前进方向位于零件轮廓右边。

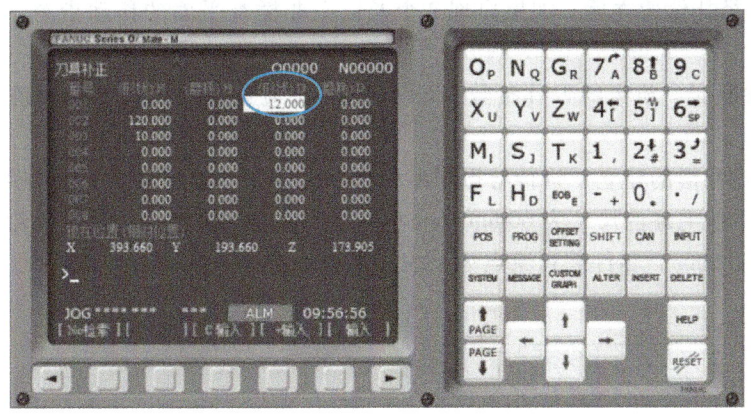

图 3.3.3　D 代码设置的刀具半径补偿值

G40——取消刀具半径补偿。

D 代码——刀具半径补偿值寄存器号。

刀具半径补偿只能在一个平面中进行，如通过 G17、G18、G19 完成平面的选择。

（4）格式　以立式数控铣床为例，它的插补平面为 G17，指令格式为：

G17G00/G01G41/G42X ＿ Y ＿ D ＿；

小提示：编写程序时，注意检查程序格式由以下 5 部分组成，不能缺少。

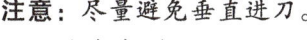

（5）进刀/退刀方式的确定　如图 3.3.4 所示，进刀/退刀方式：

1）进刀：侧向（轮廓的延长线）进刀或沿切线方向进刀。

2）退刀：侧向（轮廓的延长线）退刀或沿切线方向退刀。

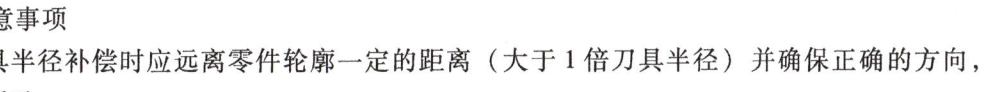

图 3.3.4　进刀/退刀方式

注意：尽量避免垂直进刀。

（6）注意事项

建立刀具半径补偿时应远离零件轮廓一定的距离（大于 1 倍刀具半径）并确保正确的方向，如图 3.3.5 所示。

图 3.3.6 中刀具补偿起刀点设置方向不对，由走刀轨迹可以看出它会在切入点发生过切。

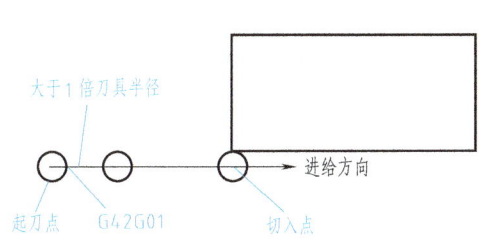

图 3.3.5　建立刀具半径补偿合理的方式

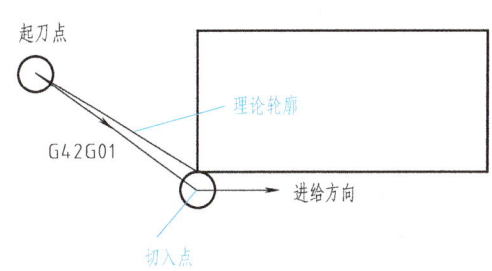

图 3.3.6　建立刀具半径补偿不合理的方式

1）刀具半径补偿的建立和取消均以 G00 或 G01 指令进行（推荐 G01），不能和 G02 或 G03 指令一起使用。

2）使用 G40 指令时，最好是在铣刀已远离工件的情况下。

3）在刀具半径补偿建立后，如果出现 2 个及以上非插补平面的移动指令，刀具将出现过切或欠切。

4）使用 D 参数时，机床的刀具参数（OFFSET）中应设置好刀具的半径值（仿真软件输入直径值）。

（7）刀具半径补偿的建立、执行与撤销编程　以图 3.3.7 为例说明刀具半径补偿的建立、执行与撤销过程。零件毛坯的尺寸为 60mm×60mm×15mm，材料为硬铝，用刀具半径补偿完成零件的加工，下刀深度 5mm，零件编程原点为上表面中心，选用 ϕ12mm 的端铣刀。

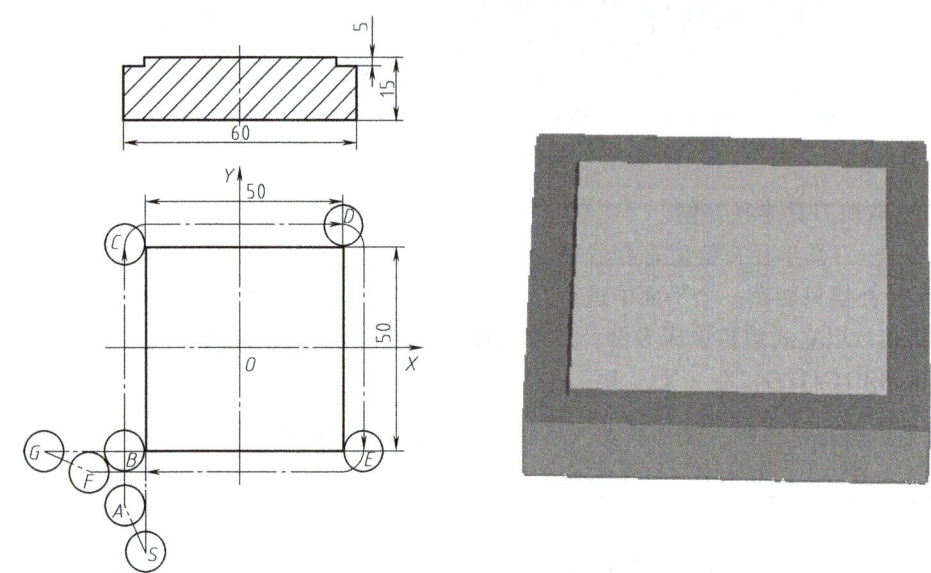

图 3.3.7　刀具半径补偿案例

零件加工路线为：$S \to A \to B \to C \to D \to E \to F \to G$。

图 3.3.7 各基点坐标见表 3.3.1。

表 3.3.1　各基点坐标值

基点	S	A	B	C
坐标	(-25,-70)	(-25,-50)	(-25,-25)	(-25,25)
基点	D	E	F	G
坐标	(25,25)	(25,-25)	(-50,-25)	(-70,-25)

注：S、A、F、G 点坐标读者可以根据具体情况自定，只要离开工件一定安全距离即可。

1）刀具半径补偿的建立。如图 3.3.7 所示，刀具从位于轮廓外的开始点 S 以切削进给速度向工件运动，到达 A 点，刀具从 S 点到 A 点偏置了刀具半径的距离，建立了刀具半径补偿。刀具半径补偿的建立与撤销必须用 G00/G01 指令完成，程序如下，程序名为 O3301：

N10 G54G90；
N20 M03S900；
N30 G00Z50；
N40 G00X-25Y-70；　　（刀具运动到开始点 S）
N50 G00Z3；　　（Z 方向下刀接近工件）
N60 G01Z-5F50；　　（Z 方向下刀切削工件 5mm）
N70 G17G41Y-50D01F200；　　（插补到 A 点，建立刀具左补偿，刀具半径补偿值寄存在 01 号寄存器中）

2) 刀具半径补偿的执行。除非用 G40 取消，一旦刀具半径补偿建立后就一直有效，刀具始终保持正确的刀具中心运动轨迹。刀具将从 A 点沿着顺时针方向走刀一圈到 F 点，程序如下：

　　N80 Y25；　　（直线插补 A—B—C）
　　N90 X25；　　（直线插补 C—D）
　　N100 Y-25；　（直线插补 D—E）
　　N110 X-50；　（直线插补 E—F）

3) 半径补偿的撤销

当工件轮廓加工完成，要从切出点 F 切向退出 G 点，这时就要取消刀具半径补偿，恢复到未补偿的状态，程序如下：

　　N120 G01G40X-70；（直线插补到 G 点，取消刀具半径补偿）
　　N130 G00Z50；
　　N140 M05；
　　N150 M30；

2. 刀具长度补偿指令 G43、G44、G49

为了简化零件的数控加工编程，应使数控程序与刀具形状和刀具尺寸尽量无关。现代 CNC 系统除了具有刀具半径补偿功能外，还具有刀具长度补偿功能。刀具长度补偿使刀具垂直于走刀平面（比如 XY 平面，由 G17 指令指定）偏移一个刀具长度修正值，如图 3.3.8 所示，因此在数控编程过程中，一般无须考虑刀具长度。刀具长度补偿的实质是将刀具相对于工件的坐标由刀具长度基准点（刀具安装定位点）移到刀位点上，如图 3.3.9 所示。

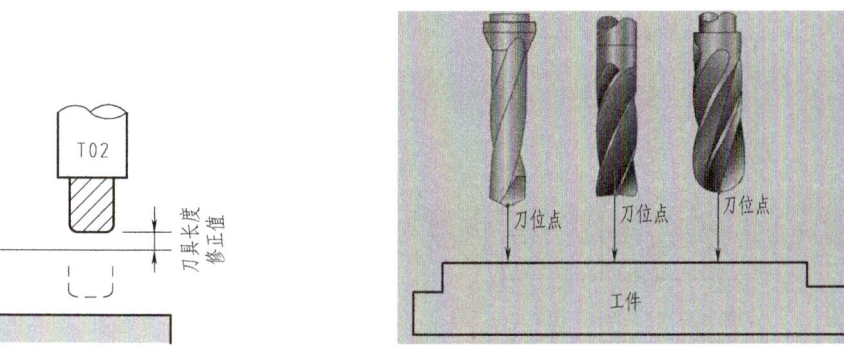

图 3.3.8　刀具长度修正　　　　　　图 3.3.9　刀具刀位点

刀具长度补偿要视情况而定。一般而言，刀具长度补偿对于二坐标和三坐标联动数控加工是有效的，但对于刀具摆动的四、五坐标联动数控加工，刀具长度补偿则是无效的。在进行刀位计算时可以不考虑刀具长度，但在后处理计算过程中必须考虑刀具长度。

（1）格式

　　G43/G44 G00Z__ H__；（建立刀具长度补偿）
　　G49 G00Z__；（取消刀具长度补偿）

其中，G43 为刀具长度正补偿，G44 为刀具长度负补偿，G49 取消刀具长度补偿，Z 为补偿轴的终点值，H 为刀具长度偏移量的存储器地址，由 CRT/MDI 操作面板预先设在偏置存储器中，如图 3.3.10 所示。刀具长度补偿只能在刀具的长度方向（Z 轴方向）进行。

G43——正向偏置，Z 实际值=Z 指令值+（H××）。

G44——负向偏置，Z 实际值=Z 指令值-（H××）。

H××是指编号为××寄存器中的刀具长度补偿量。

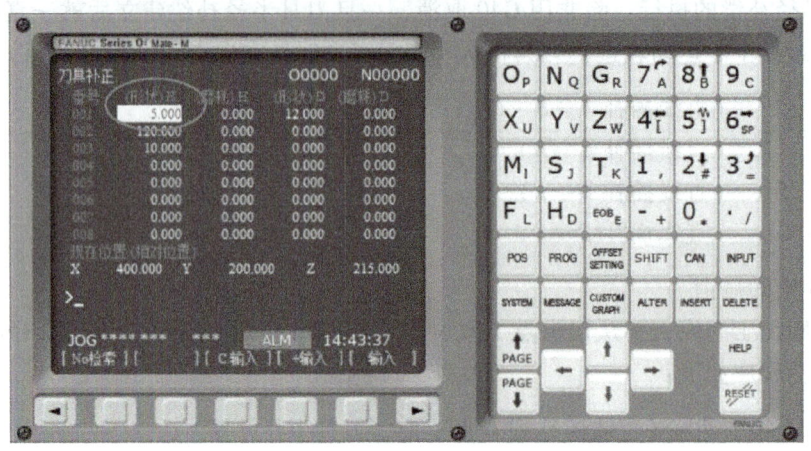

图 3.3.10　H 代码设置的刀具长度补偿值

如："G91G00G43Z-150H01;"（图 3.3.11）表示：

指令移动量　　　　　　－150
长度补偿量 H01　　　　5
实际刀具移动量 A　　　－145

如："G91G00G44Z-150H01;"（图 3.3.12）表示：

指令移动量　　　　　　－150
长度补偿量 H01　　　　5
实际刀具移动量 B　　　－155

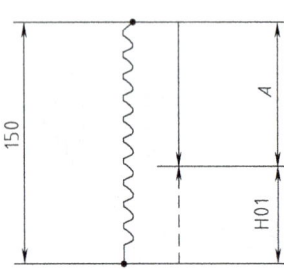

图 3.3.11　G43 含义

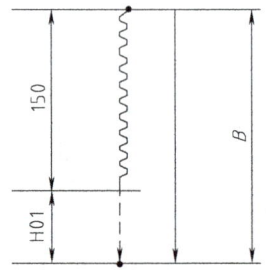

图 3.3.12　G44 含义

（2）作用

1）使刀具在轴向的实际位移量比程序给定值增加或减少一个偏置量。

2）刀具长度尺寸变化时，可以在不改动程序的情况下，通过改变偏置量达到加工尺寸。

3）利用该功能，还可在加工深度方向上进行分层铣削，即通过改变刀具长度补偿值的大小，多次运行程序实现。

（3）注意事项

1）机床通电后，默认为 G49 指令有效，即取消长度补偿状态。

2）使用 G43 或 G44 指令进行补偿时，只能有 Z 轴的移动量，若有其他轴向的移动，则会出现报警。

3）G43、G44、G49 为一组模态指令，可相互注销。若要取消刀具长度补偿，除用 G49 指令外，也可以用 H00 的方法，这是因为 H00 的偏置量固定为 0。

4）使用 G43 命令时，在对应的"（形状）H"参数中输入负值可实现负补偿的功能。

5）刀具长度补偿的建立和取消应在安全高度进行，且必须用 G00 或 G01 指令。

图 3.3.7 零件建立刀具长度补偿和取消刀具长度补偿的程序如下：

N10 G54G90；
N20 S1000M03；
N30 G43Z50H01；（建立刀具长度补偿）
……
N280 G00G49Z50；（取消刀具长度补偿）
N290 M05；
N300 M30；

小验证：假设 H01=2，请分别用 G43 和 G44 指令加工图 3.3.7 零件外轮廓，并验证：
① 使用 G43 指令时，外轮廓深度测量值=＿＿＿＿＿＿。
② 使用 G44 指令时，外轮廓深度测量值=＿＿＿＿＿＿。

小思考：使用刀具长度补偿，可不可以实现零件加工所需深度？

任务实施

完成本任务中图 3.3.1 飞机齿轮泵外轮廓的数控铣削程序编制与仿真。
1）毛坯的选择：选用毛坯的尺寸为 85mm×100mm×40mm，材料为硬铝。
2）工序划分：下刀深度 2mm，根据零件的尺寸，选择 φ16mm 的铣刀，其最大背吃刀量不超过 8mm，可以一次下刀至加工深度。

小思考：根据该零件的结构特点，粗、精加工安排在一道工序完成，粗加工一般选用顺铣还是逆铣？刀具选用左补偿还是右补偿？

建议：粗加工采用顺铣，根据加工路线刀具选用左补偿。
工艺路线：如图 3.3.13 所示，刀具从安全高度定位至下刀点 A，完成下刀至加工深度，从 A 点至 B 点建立刀具半径左补偿，然后从 B 点至 C 点以 1/4 圆弧切入零件轮廓，刀具将从 C 点沿着顺时针方向经 1 点到 16 点，插补一圈回到 C 点，当零件轮廓加工完成，刀具从 C 点以 1/4 圆弧切出至 D 点，并从 D 点至 A 点取消刀具半径补偿，恢复到未补偿的状态。
注意：A、B、C、D 点坐标，读者可以根据具体情况自定。

工件加工路线为：A→B→C→1～16→C→D→A
表 3.3.2 为图 3.3.13 各基点坐标，请填空。

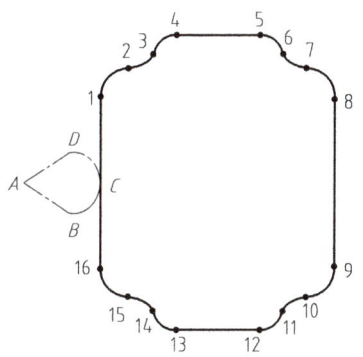

图 3.3.13 外轮廓加工走刀路线

表 3.3.2　各基点坐标值

基点	A	B	C	D	1
坐标	(-66,0)	(-50,-10)	(-40,0)	(-50,10)	(-40,28)
基点	2	3	4	5	6
坐标	(-30,38)	(-20.6,44.7)	(-15.9,48)	(15.9,48)	(20.6,44.7)
基点	7	8	9	10	11
坐标	(30,38)	(40,28)			
基点	12	13	14	15	16
坐标					

3）确定装夹方案：毛坯轮廓形状规整，适合选择平口虎钳装夹，露出高度5mm。

4）刀具选择：选用φ16mm铝用硬质合金铣刀，可获得较高的表面质量和加工精度。铝用铣刀具有较大的前角和较深且光滑的容屑槽，减少了积屑瘤的产生，排屑顺畅，可避免断刀。

5）确定切削用量：

粗加工：主轴转速为2300r/min，进给速度为700mm/min。

精加工：主轴转速为3000r/min，进给速度为500mm/min。

6）填写数控加工工艺卡：将前面的内容综合成表3.3.3。

表3.3.3 数控加工工艺卡

工步号	工步作业内容	刀具号	刀具规格/mm	主轴转速/(r/min)	进给速度/(mm/min)	背吃刀量/mm	备注
1	粗加工轮廓留单边余量0.2mm	T01	φ16	2300	700	1.8	
2	精加工轮廓至图样尺寸	T01	φ16	3000	500	0.2	

7）确定工件坐标系：以工件上表面中心为工件原点，建立XYZ工件坐标系。

8）编写程序：完成零件精加工程序的编写，并填写表3.3.4，程序名为O3302。

表3.3.4 程序单

程序名：O3302

程序段号	程序内容	说明
N10	G54G90	设定坐标系和绝对坐标方式
N20	S2300M03	主轴正转
N30	G00G43Z50H01	下刀至安全高度,建立刀具长度补偿
N40	G00X-66Y0	轮廓外定位至A点
N50	Z3	快速接近工件
N60	G01Z-2F50	下刀至切削深度
N70	G01G41X-50Y-10D01F700	直线插补到B点,建立刀具半径补偿
N80	G03X-40Y0R10	插补到C点,R10mm圆弧方式切入零件轮廓
N90	G01Y28	直线插补到1点
N100	G02X-30Y38R10	圆弧插补到2点
N110	G03X-20.6Y44.7R10	圆弧插补到3点
N120	G02X-15.9Y48R5	圆弧插补到4点
N130	G01X15.9	直线插补到5点
N140	G02X20.6Y44.7R5	圆弧插补到6点
N150	G03X30Y38R10	圆弧插补到7点
N160	G02X40Y28R10	圆弧插补到8点
N170	_____	直线插补到9点
N180	_____	圆弧插补到10点
N190	_____	圆弧插补到11点
N200	_____	圆弧插补到12点
N210	_____	直线插补到13点
N220	_____	圆弧插补到14点
N230	_____	圆弧插补到15点
N240	_____	圆弧插补到16点
N250	_____	直线插补到C点
N260	G03X-50Y10R10	圆弧插补到D点,圆弧方式切出零件轮廓
N270	G01G40X-66Y0	圆弧插补到C点,取消刀具半径补偿
N280	G00G49Z50	抬刀至安全高度,取消刀具长度补偿
N290	M05	主轴关闭
N300	M30	程序结束

学习结果评价

完成任务仿真加工,明确检测要素,完成表 3.3.5。

表 3.3.5　自测尺寸、测量工具选用表

序号	检测要素	工具	自测结果	合格否	检测人员
1	80±0.01mm	外径千分尺			
2	96±0.01mm	外径千分尺			
3	R4mm、R5mm、R10mm	R规			
4	外观无毛刺	目视检测			

情境1:图 3.3.14 所示为使用 ϕ8mm 刀具加工后的零件,零件四周存在一些毛坯残留,在不改变刀具和程序的情况下应如何解决?

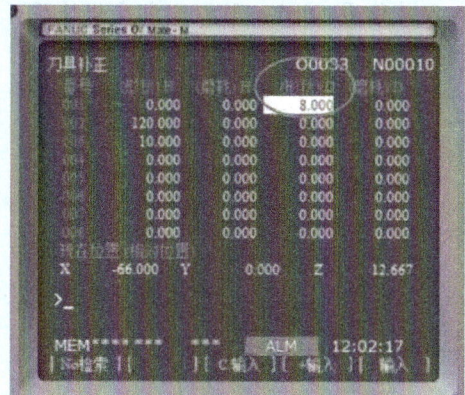 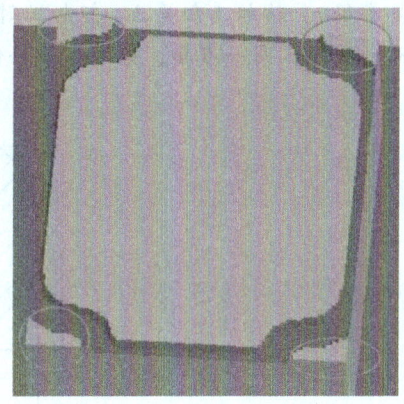

图 3.3.14　ϕ8mm 刀具加工零件

刀具因磨损、重磨、换新刀而引起刀具直径改变后,不必修改程序,只需在刀具参数设置(OFFSET)中输入变化后刀具参数。如图 3.3.15 所示,1 为未磨损刀具,2 为磨损后刀具,两者直径不同,只需将刀具参数表中的刀具半径 r_1 改为 r_2,即可适用同一程序。

合理使用刀具半径补偿功能可以去除零件加工中外围残留的部分,当零件加工受刀具直径的限制而不能将四周的余量全部一次性切除时,可以在完成零件轮廓的粗、精加工后适当增加刀补值,此时刀具中心将与零件轮廓之间保持更大的偏置,这样零件四周的残留便被轻松去除,同时也免去了为残留部分单独编写加工程序的不便。同理,使用 ϕ8mm 刀具加工工件后,刀具参数设置(OFFSET)中输入变化的刀具参数20mm,加工后零件如图 3.3.16 所示,零件四周的残留几乎去除。

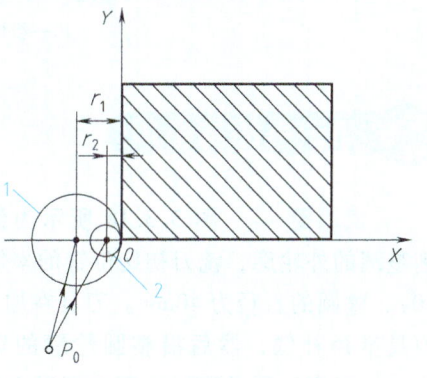

图 3.3.15　刀具直径变化,加工程序不变
1—未磨损刀具　2—磨损后刀具

如图 3.3.1 所示,请使用刀具半径补偿功能,在 CRT/MDI 操作面板设置偏置存储器中增加刀具(形状)D 值,发现(能/不能)_____去除零件加工中外围残留部分。

情境2:如果需要在粗加工中给出 0.2mm 的轮廓加工余量用于精加工,在不改变刀具和程序的情况下应如何解决?

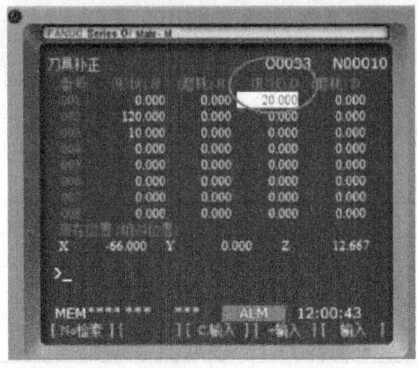

图3.3.16 φ20mm 刀具加工零件

用同一程序、同一尺寸的刀具,利用刀具半径补偿,可进行粗、精加工。如图3.3.17所示,刀具半径 r,精加工余量 Δ。粗加工时,输入刀补值 $D=r+\Delta$,则加工出虚线轮廓;精加工时,用同一程序,同一刀具,但输入刀补值 $D=r$,则加工出实线轮廓。

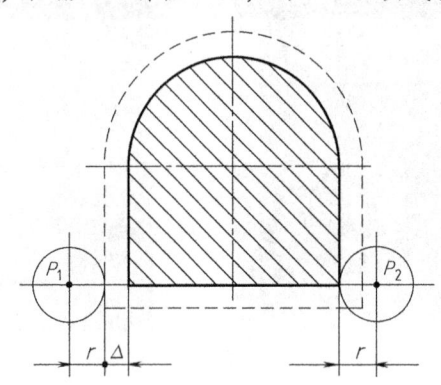

图3.3.17 利用刀具半径补偿进行粗、精加工
P_1—粗加工刀心位置　P_2—精加工刀心位置

知识巩固与拓展

【巩固题1】 图3.3.18所示为使用铣刀铣削整圆的外轮廓,铣刀初始位置的坐标为(-10,10),整圆的直径为40mm。刀具在加工前须建立刀具半径补偿,然后沿整圆轮廓的切线方向切入,加工完后再沿整圆轮廓的切线方向切出,最后取消刀具半径补偿回到初始位置,请完成该整圆轮廓的数控加工程序。

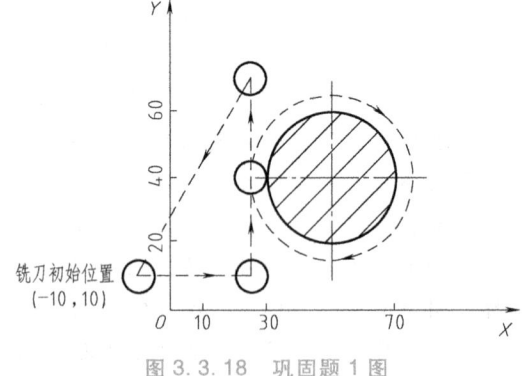

图3.3.18 巩固题1图

　　N10 G54G90;
　　N20 M03S800;
　　N30 G00G43Z50H01;
　　N40 X-10Y10;
　　N50 G00Z2;
　　N60 G01Z-2F50;
　　N70 G01G41X＿Y＿D01F100;　　(建立刀具半径左补偿)

```
N80  G01X __ Y __;              （刀具沿整圆轮廓的切线方向切入）
N90  G02X __ Y __ I __ J __;    （插补整圆轮廓）
N100 G01X __ Y __;              （刀具沿整圆轮廓的切线方向切出）
N110 G01G __ X __ Y __;         （取消刀具半径补偿回到初始位置）
N120 G00G49Z50;
N130 M05;
N140 M30;
```

【巩固题 2】 如图 3.3.19 所示，毛坯的尺寸为 80mm×60mm×15mm，刀具直径为 12mm，要求完成零件外轮廓的加工，采用刀具半径补偿和长度补偿指令编写加工程序。图中若以零件上表面中心为编程原点，切点 A（23.66，20）、B（32.32，5）。

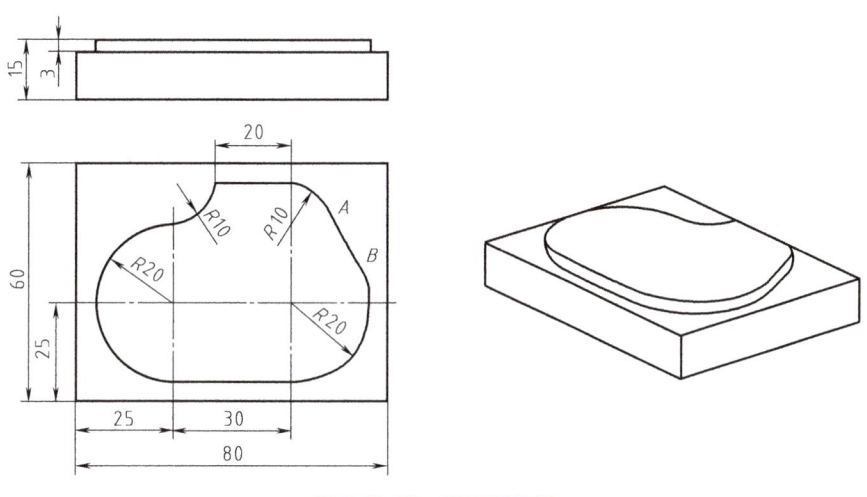

图 3.3.19 巩固题 2 图

任务 3.4 型腔加工（G41/G42/G40 指令应用）

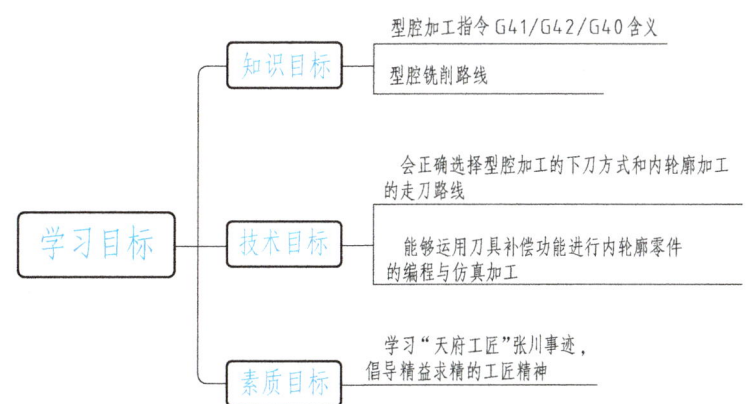

任务导入

图 3.4.1 所示为型腔，已知毛坯尺寸为 100mm×100mm×15mm，材料为 45 钢，按单件生产安排其数控加工工艺，试编写出该型腔加工程序并仿真加工出该工件。

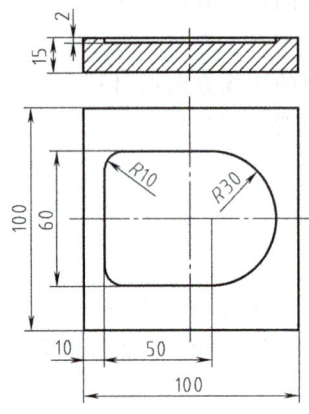
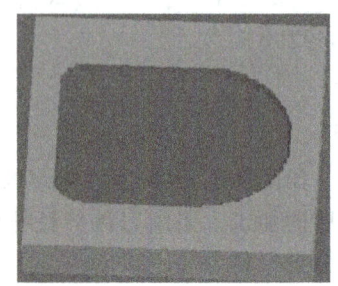

图 3.4.1 型腔

任务分析

该零件为 45 钢，加工深度为 2mm，深度上可以一次加工完成。型腔宽 60mm，由于圆弧 R10mm 的限制，要多次加工去除毛坯，因此确定铣削型腔的进给路线是关键。

知识链接

铣削型腔方案：铣削型腔一般有三种方案，如图 3.4.2 所示。无论采取哪种进给路线，都要切净内腔区域的全部面积，不留死角，不伤轮廓，同时尽量减少重复进给的搭接量。

第一种方案为用行切方式加工内轮廓的走刀路线，如图 3.4.2a 所示，这种走刀能切除内腔中的全部余量，不留死角，不伤轮廓。在减少每次进给重叠量的情况下，行切法的走刀路线较短，但在两次走刀的起点和终点间留有残留高度，影响表面粗糙度。

第二种方案是采用环切方式加工，如图 3.4.2b 所示，这种走刀能使表面粗糙度较小，但刀位计算略显复杂，走刀路线也比行切法长。

第三种方案的走刀路线，先用行切法，后沿轮廓切削一周，如图 3.4.2c 所示，这种走刀能光整轮廓表面，获得较好的效果。

对比三种方案，第一种方案最差，第三种方案最好。为保证工件轮廓表面加工后的粗糙度要求，最终轮廓应安排在最后一次走刀中连续加工出来。编程时，刀具先快速定位在 S 点，选上述方式中的一种加工零件。

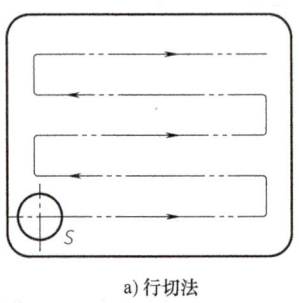
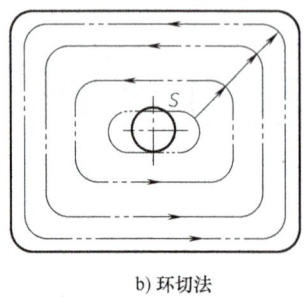
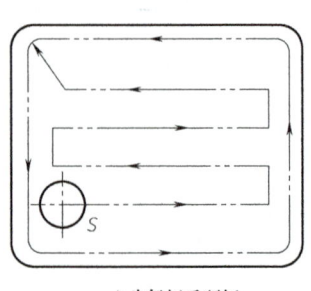

a) 行切法　　　　　　　　b) 环切法　　　　　　　　c) 先行切后环切

图 3.4.2 铣削型腔的三种进给路线

任务实施

完成本任务中图 3.4.1 型腔的数控铣削程序的编制与仿真。

1) 毛坯的选择:毛坯的尺寸为 100mm×100mm×15mm。

2) 工序划分:

① 下刀方式的确定。型腔铣削的下刀主要有 Z 向垂直下刀、斜下刀和螺旋下刀三种方式,本任务中加工深度为 2mm,手工编程时采用斜下刀完成一个背吃刀量的进给,如图 3.4.3a 所示。

② 工艺方案。

深度方向加工选择:加工深度为 2mm,材料为 45 钢,深度方面可以一次下刀加工完成。

铣削方向选择:一般采用顺铣,即在铣削内轮廓时采用沿内轮廓逆时针的铣削方向比较好。

铣削路线:自动编程一般采用第三种方案的走刀路线,先行切后环切法进行铣削,去除多余材料。本任务考虑到手工编程复杂,在铣削内轮廓表面时,遵循从切向切入切出的原则,采用从圆弧切入过渡到圆弧切出的路线,以保证加工面的光滑和减少接刀痕的生成,走刀路线如图 3.4.3b 所示。从 A 点处斜下刀至 B 点,走直线 BO 建立刀补,圆弧切入走刀至 C 点,沿着 D 点、E 点、F 点、G 点、H 点、I 点、C 点逆时针加工一周,圆弧切出到 O 点,直线插补 OJ 取消刀补,回到 A 点,多余余量采用刀具半径补偿的方式来解决。

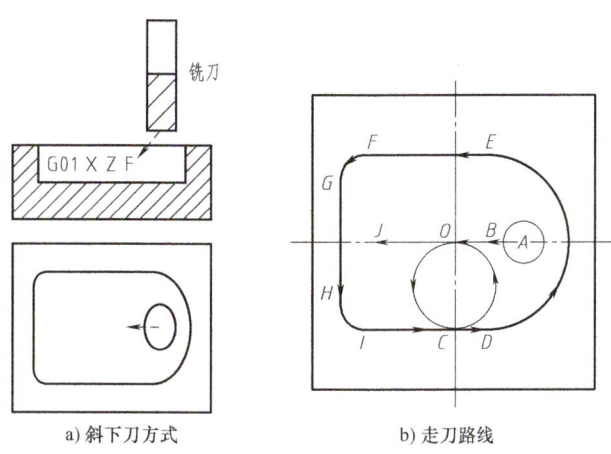

a) 斜下刀方式　　b) 走刀路线

图 3.4.3　型腔走刀路线

将图 3.4.3b 中部分基点坐标填入表 3.4.1 中。

表 3.4.1　部分基点坐标值

基点	A	B	C	D	E
坐标	(30,0)	(15,0)	(0,−30)	_____	_____
基点	F	G	H	I	J
坐标	_____	_____	_____	_____	(−30,0)

3) 确定装夹方案:毛坯轮廓形状规整,适合选择平口虎钳装夹,露出高度 5mm。

4) 刀具选择:选用 ϕ12mm 的硬质合金立铣刀。

5) 确定切削用量:背吃刀量 $a_p = 2$mm;进给量 $f = 0.2$m/z;切削速度 $v = 62$m/min;切削宽度 $a_w = 12$mm;齿数 $z = 3$;主轴转速 $n = $ _____ r/min;进给速度 $F = $ _____ mm/min。

6) 填写数控加工工艺卡:将前面的内容综合成表 3.4.2 所示数控加工工艺卡。

表 3.4.2　数控加工工艺卡

工步号	工步作业内容	刀具号	刀具规格/mm	主轴转速/(r/min)	进给速度/(mm/min)	背吃刀量/mm	备注
1	粗加工外轮廓	T01	φ12				
2	精加工轮廓至图样尺寸	T01	φ12				

7）确定工件坐标系：以工件上表面中心为工件原点，建立 XYZ 工件坐标系。

8）编写程序：完成表 3.4.3，程序名为 O3401。

表 3.4.3　程序单

程序名：O3401

程序段号	程序内容	说明
N10	G54G90	设定坐标系和绝对坐标方式
N20	M03S_____	主轴正转
N30	G00G43Z50H01	下刀至安全高度
N40	G00X30Y0	走刀至工件上表面 A 点
N50	Z1	快速接近工件
N60	G01X15Z-2F_____	斜下刀至切削深度 2mm，走到 B 点
N70	G01G41X0Y0D01	建立刀具半径补偿，走到中心点 O
N80	_____	R15mm 的圆弧切入，走到 C 点
N90	_____	直线插补到 D 点
N100	_____	R30mm 圆弧插补到 E 点
N110	_____	直线插补到 F 点
N120	_____	R10mm 圆弧插补到 G 点
N130	_____	直线插补到 H 点
N140	_____	R10mm 圆弧插补到 I 点
N150	_____	直线插补到 C 点
N160	_____	R15mm 的圆弧切出，走到 O 点
N170	_____	取消刀补，走到 J 点
N180	G01X30Y0	直线插补到 A 点
N190	G00G49Z50	快速抬刀至安全高度
N200	M05	主轴停转
N210	M30	程序结束

学习结果评价

完成任务仿真加工，明确检测要素，完成表 3.4.4。

表 3.4.4　自测尺寸、测量工具选用表

序号	检测要素	工具	自测结果	合格否	检测人员
1	R10mm	R 规			
2	R30mm	R 规			
3	60mm	游标卡尺			
4	2	游标卡尺			
5	10	游标卡尺			
6	外观	目视检测			

知识巩固与拓展

【巩固题 1】　完成图 3.4.4 所示型腔的加工，零件上下表面、外轮廓已在前面工序（步）完成，材料为 45 钢。毛坯的尺寸为 100mm×100mm×40mm。

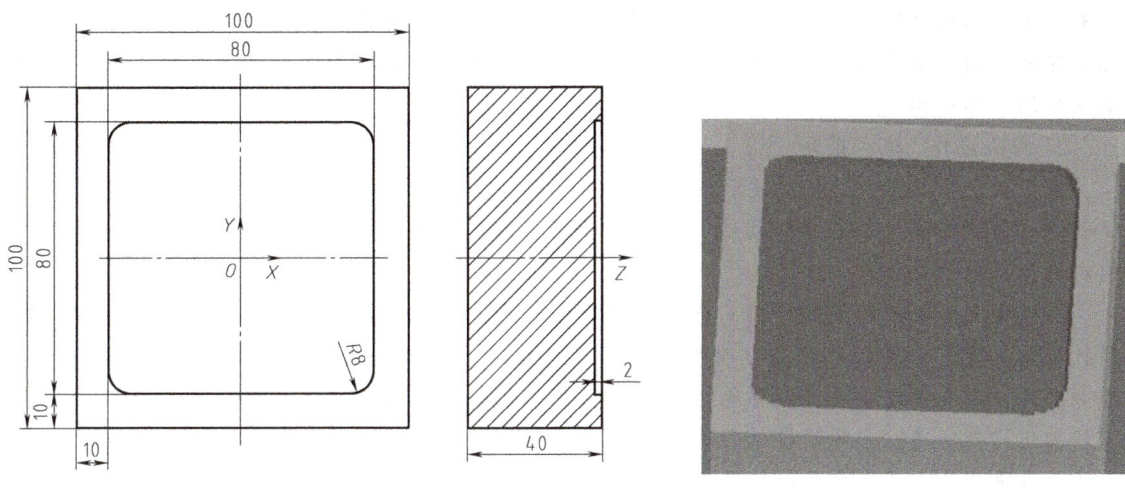

图 3.4.4 巩固题 1 图

【巩固题 2】 如图 3.4.5 所示,毛坯的尺寸为 200mm×200mm×40mm,加工深度为 3mm,采用刀具补偿编写程序并完成型腔的仿真加工。

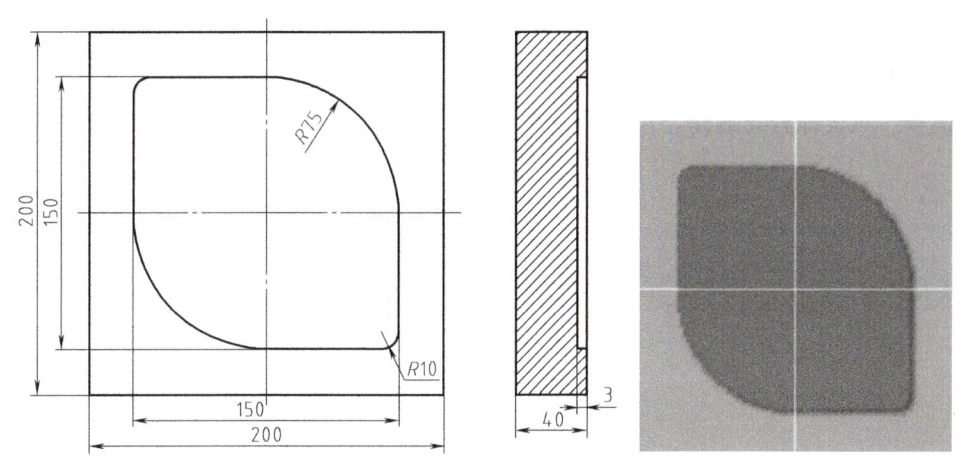

图 3.4.5 巩固题 2 图

【知识拓展】

榜样的故事 7

"天府工匠"张川——匠人之心,与梦同行

张川:航空工业特级技能专家、全国技术能手、国家级技能大师工作室领办人。

1. 主动请缨、勇担重任、爱岗敬业、无私奉献

20 世纪 90 年代末期,航空工业成都飞机工业(集团)有限责任公司(简称成飞)正在加工的后机身整体铝合金超大框遇到了一系列难题——切削参数需实时调整,刀具状态靠人工监控,零件变形要随时校正……

时间不等人,交付节点迫在眉睫。技术厂长现场督战,带领技术人员、保障人员随时配合,现场设备 24h 三班倒作业。27m 机床上,主操作人员张川主动请缨,饿了吃两口盒饭,累了就在机床旁边的行军床上打个盹。他当时年仅 23 岁,已经是公司青工技能比武数控铣的第一名。关键时刻显身手!预期一个月才能完成的大框,硬是让这个意志坚定、技术过硬的年轻人,在不到10天的时间内顺利完成精加工任务。不久之后，该整体框顺利装上飞机，在场的专家都竖起大拇指，纷纷称赞，认为该零件体积最大，且技术复杂、加工难度大，当之无愧为该型飞机的"第一框"。

2. 团队协作、技术提升

多年的现场积累，让张川逐渐成长为成飞数控操作领域的首席技师。2009年，以张川为核心的"技师带头人工作室"团队，开展关键技术攻关的协同及复合型高技能人才培养模式创新与标准化作业体系构建工作。

在一型飞机研制的关键时刻，整体框加工又遇到了难题，相比10年前的"第一框"，我国数控加工没有任何经验可循，难度增加了数倍以上。张川成立了攻关小组，从变形控制、冷却方式、刀具优化、参数调整等方面入手，制订了标准化操作手册，将精益制造理念引入了精细化排产。通过一周的持续努力，他们终于啃下了这块硬骨头。同时，团队进行了经验总结和成果固化，并在专业厂范围内进行了推广应用，整机近千项零件的加工过程中未发生一起因技能操作造成的质量问题。这种勇挑重担、精益求精的工作态度正是"第一框"精神的传承。

3. 传承工匠精神，收获累累硕果

近20年的时间里，张川和他的团队凭借着锐意进取、精益求精的工匠精神，完成了一次又一次的攻关。

张川大师和他的技能大师工作室以"工匠精神"为牵引，从点到面推动着成飞数控加工技术的进步，以实际行动迎接"中国智造"。

任务3.5　内外轮廓深层铣削加工（M98/M99指令应用）

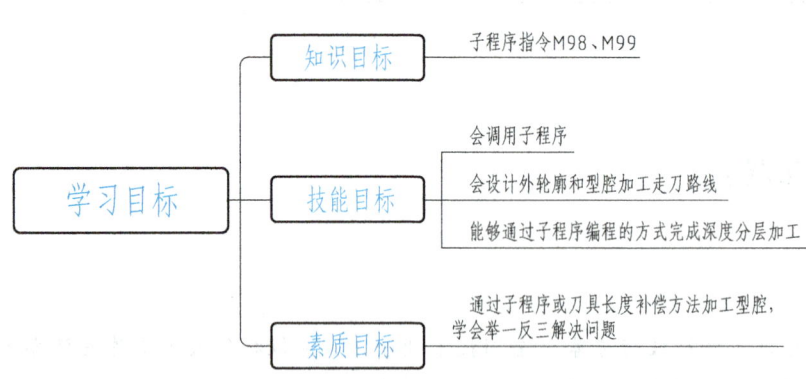

图3.5.1所示为图3.1飞机齿轮泵的内、外轮廓，任务3.3已学习2mm深度的外轮廓加工，本任务主要完成36mm深度的内轮廓加工，前面工序已加工毛坯至85mm×100mm×40mm。其对应的企业工序卡见附录C齿轮泵壳体工艺路线的第35号工序。

项目3 数控铣削编程与加工

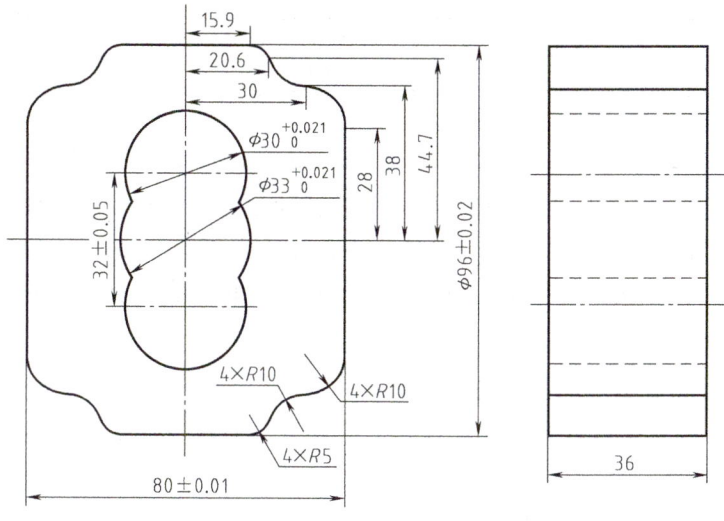

图 3.5.1 飞机齿轮泵内、外轮廓

任务分析

1. 加工分析

毛坯的材料为硬铝 2A12，零件轮廓是对称图形，选定零件坯料上表面中心为程序原点，零件轮廓比较方正，用虎钳夹持即可。

2. 主要技术难点

深度上需要分层铣削。

知识链接

子程序调用指令 M98、M99 在任务 2.6 中已有详细说明。

任务实施

完成本任务中图 3.5.1 所示飞机齿轮泵内、外轮廓的数控铣削程序编制与仿真加工。

1）毛坯的选择：毛坯的尺寸为 85mm×100mm×40mm，材料硬铝 2A12。

2）工序划分：采用 19 次分层铣削完成内轮廓加工，每次加工深度 2mm。

型腔铣削路线：遵循从切向切入切出的原则，型腔的走刀路线如图 3.5.2 所示，图中以 A 点为圆心的圆是刀具截面轮廓。从 A 点处斜下刀至 B 点，走直线 BO 建立刀补，圆弧切入走刀至 C 点，沿着 D 点、E 点、F 点、G 点、C 点逆时针加工一周，圆弧切出到 O 点，直线插补 OH 取消刀补，回到 A 点。

将图 3.5.2 中部分基点坐标填入表 3.5.1 中。其中，D 点的坐标通过 AutoCAD 软件画图后，查询得到为（-13.51, -9.47）。

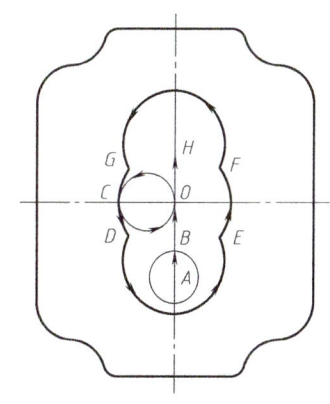

图 3.5.2 型腔的走刀路线

表 3.5.1　部分基点坐标

基点	A	B	C	D
坐标	(0,-21)	(0,-16)	(-16.5,0)	(-13.51,-9.47)
基点	E	F	G	H
坐标	_____	_____	_____	(0,16)

3) 确定装夹方案：选用平口虎钳装夹，在虎钳的底面上放置两块平行垫铁后，将工件放入钳口，使工件上底面高于钳口零件高度 36mm 以上，且工件的基准面与钳口紧贴。转动虎钳手柄夹紧工件，同时用铜棒轻微敲击工件，使其与固定钳口的表面紧贴，用百分表检查工件的上表面是否上翘。

小思考：零件高度是 36mm，为什么毛坯的高度是 40mm？

实际加工中，为了避免翻转装夹带来的重复定位误差，毛坯材料的选用大于零件尺寸，加工后，再进行翻转装夹加工至尺寸。

4) 刀具选择：选用 φ15mm 立铣刀，粗、精铣内轮廓。

5) 确定切削用量：

① 粗加工：主轴转速为 2000r/min；进给速度为 150mm/min。

② 精加工：主轴转速为 3000r/min；进给速度为 100mm/min。

6) 填写数控加工工艺卡：将前面的内容综合成表 3.5.2 所示数控加工工艺卡。

表 3.5.2　数控加工工艺卡

工步号	工步作业内容	刀具号	刀具规格/mm	主轴转速/(r/min)	进给速度/(mm/min)	背吃刀量/mm	备注
1	粗加工内轮廓	T01	φ15	2000	150	2	
2	精加工内轮廓至图样尺寸	T01	φ15	3000	100	0.2	

7) 确定工件坐标系：以工件上表面中心为工件原点，建立 XYZ 工件坐标系。

8) 编写程序：完成零件精加工程序编写，程序单见表 3.5.3，内轮廓加工主程序的程序名为 O3501，内轮廓加工子程序的程序名为 O3502。

表 3.5.3　程序单

程序名：O3501（内轮廓加工主程序）

程序段号	程序内容	说明
N10	G54G90	设定坐标系和绝对坐标方式
N20	M03S3000	主轴正转
N30	G00G43Z50H01	下刀至安全高度
N40	G00X0Y-21	走刀至工件上表面 A 点
N50	Z3	快速接近工件
N60	G01Z0F50	下刀至工件上表面
N70	_____	调用 19 次子程序 O3502
N80	G00G49Z50	快速抬刀至安全高度
N90	M05	主轴关闭
N100	M30	程序结束

程序名：O3502（内轮廓加工子程序）

程序段号	程序内容	说明
N10	G91G01Y5Z-2F100	增量值编程，斜下刀至切削深度 2mm，走到 B 点
N20	G90G01G41X0Y0D01	绝对值编程，建立刀具半径补偿，走到中心点 O
N30	G03X-16.5R-8.25	R8.25mm 的圆弧切入，走到 C 点
N40	_____	R16.5mm 圆弧插补到 D 点
N50	_____	R15mm 圆弧插补到 E 点

(续)

程序名:O3502(内轮廓加工子程序)

程序段号	程序内容	说明
N60	_____	R16.5mm 圆弧插补到 F 点
N70	_____	R15mm 圆弧插补到 G 点
N80	_____	R16.5mm 圆弧插补到 C 点
N90	_____	R8.25mm 的圆弧切出,走到 O 点
N100	_____	取消刀补,走到 H 点
N110	_____	直线插补到 A 点
N120	M99	子程序结束

小提示：
1）编程时采用刀具半径补偿指令,加工前设置好半径补偿值。
2）为保证工件轮廓表面质量,最终轮廓应安排在最后一次走刀中连续加工完成。
3）型腔加工时,未切削掉的余料,通过修改刀补,重新调用程序可以切削余料。

学习结果评价

完成任务仿真加工,明确检测要素,完成表 3.5.4。

表 3.5.4　自测尺寸、测量工具选用表

序号	检测要素	工具	自测结果	合格否	检测人员
1	$\phi 33^{+0.021}_{0}$ mm	内径表测量			
2	$\phi 30^{+0.021}_{0}$ mm	内径表测量			

知识巩固与拓展

【巩固题 1】　分别用子程序和刀具长度补偿方法完成图 3.5.1 所示零件的外轮廓深层铣削。

【巩固题 2】　已知毛坯的尺寸为 80mm×80mm×20mm,材料为 45 钢,先进行加工工艺分析,然后完成图 3.5.3 所示零件的加工。

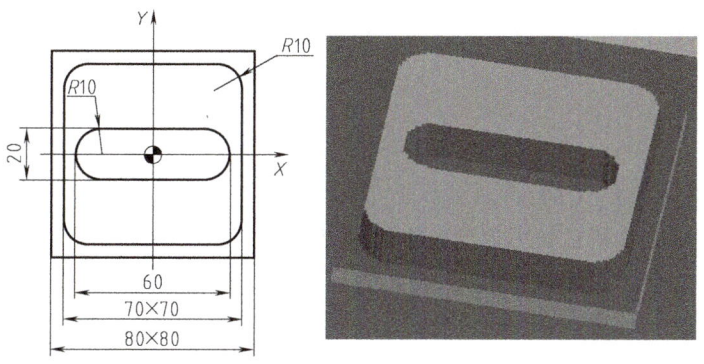

图 3.5.3　巩固题 2 图

任务 3.6　相同结构零件加工（G68/G69 指令应用）

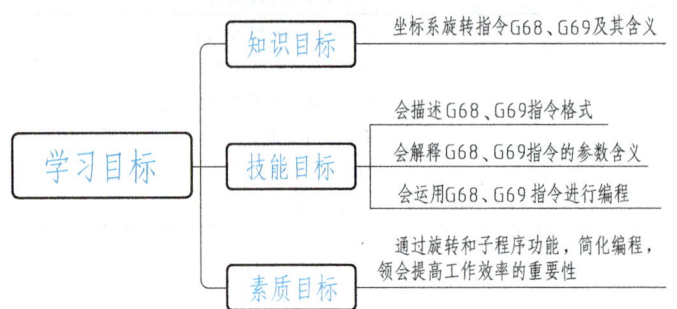

任务导入

图 3.6.1 所示零件为限位挡块，为飞机伺服阀系统的组成部分，主要用于发动机燃料系统接收电信号，起限位作用。毛坯的尺寸为 110mm×110mm×20mm，材料为硬铝。请进行加工工艺分析，然后完成零件的加工。

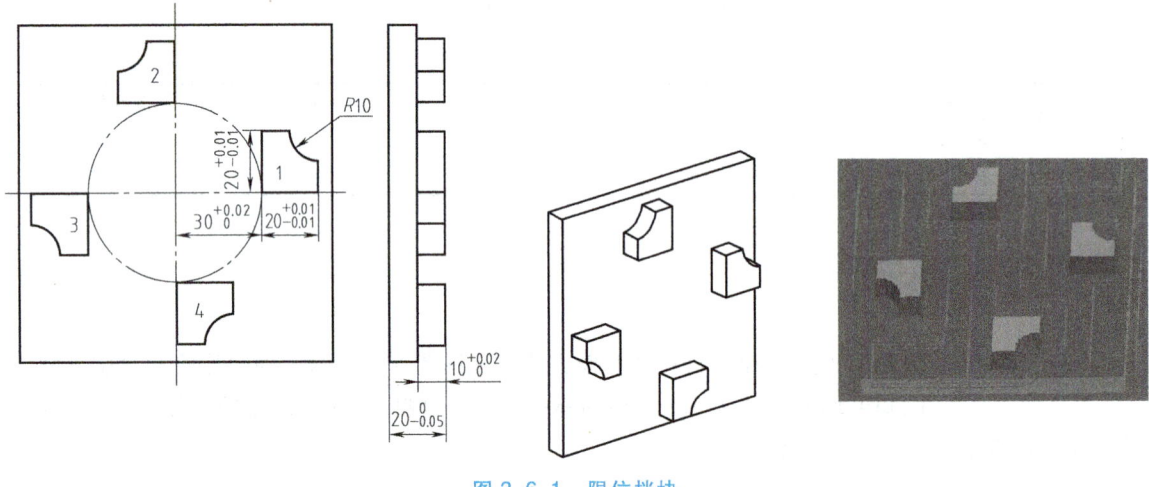

图 3.6.1　限位挡块

任务分析

4 个限位挡块以挡块中心为对称，仅用子程序指令不能完成。

知识链接

坐标系旋转指令 G68、G69

（1）功能　图 3.6.2 所示长方形型腔结构重复，呈中心对称，不能直接使用子程序编程。解决办法：G68、G69 指令可使编程图形按指定的旋转中心及旋转方向转过一定角度进行加工，再调用子程序加工。

（2）格式

G17G68X＿＿Y＿＿R＿＿；（坐标系开始在 XY 平面旋转）

项目3 数控铣削编程与加工

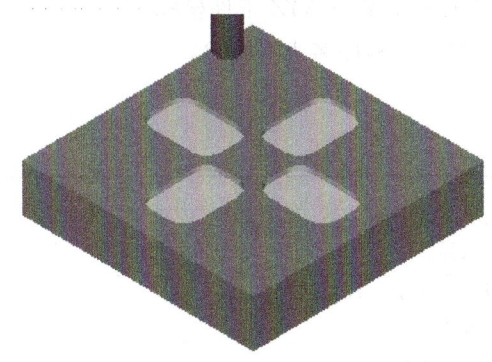
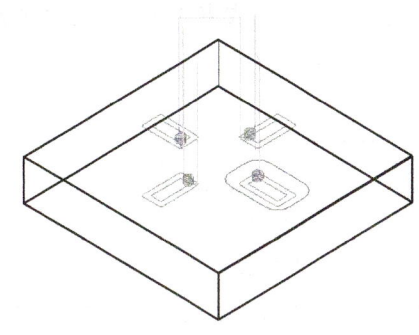

图 3.6.2 型腔

G18 G68 X__ Z__ R__；（坐标系开始在 XZ 平面旋转）
G19 G68 Y__ Z__ R__；（坐标系开始在 YZ 平面旋转）
……
G69；（取消坐标系旋转功能）

（3）含义　G68 为激活旋转功能；G69 为取消旋转功能。

X__ Y__ Z__ 指定旋转中心的绝对坐标位置。

R__ 指定旋转角度，逆时针为正，顺时针为负，一般为绝对值。

该指令可使编程图形按指定的旋转中心及旋转方向转过一定角度，如图 3.6.3 所示。

（4）使用说明

① 坐标系围绕自身原点旋转，则 X、Y 均为 0。

② R 参数一般使用绝对方式进行编程（由数控系统参数决定）。

③ G68、G69 指令为模态指令，两者为同组指令，可相互注销，G69 指令为默认状态，它与 G68 指令成对出现。

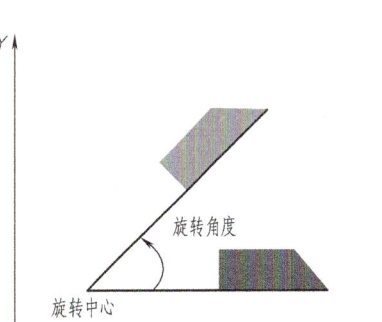

图 3.6.3 旋转功能

任务实施

完成本任务中图 3.6.1 所示限位挡块的数控铣削程序编制与仿真加工。

1）毛坯的选择：选用毛坯的尺寸为 110mm×110mm×20mm。

2）工序划分：加工深度为 10mm，采用分层铣削方式分 4 次加工完成，每次下刀深度为 2.5mm。

3）确定装夹方案：毛坯形状规整，采用虎钳装夹。

4）刀具选择：选用 φ20mm 硬质合金铣刀，尽可能多地加工毛坯。

5）确定切削用量：背吃刀量 a_p = 2.5mm；进给量 f = 0.2m/z；切削速度 v = 62m/min；切削宽度 a_w = 20mm；齿数 z = 3；主轴转速 n = _____ r/min；进给速度 F = _____ mm/min。

6）填写数控加工工艺卡：将前面的内容综合成表 3.6.1 所示数控加工工艺卡。

表 3.6.1 数控加工工艺卡

工步号	工步作业内容	刀具号	刀具规格/mm	主轴转速/(r/min)	进给速度/(mm/min)	背吃刀量/mm	备注
1	粗加工外轮廓	T01	φ20				
2	精加工轮廓至图样尺寸	T01	φ20				

7）确定工件坐标系：以工件上表面中心为工件原点，建立 XYZ 工件坐标系。

8）编写程序：完成表 3.6.2，主程序名为 O3601，子程序名为 O3602。

表 3.6.2 程序单

主程序名：O3601

程序段号	程序内容	说明
N10	G54G90M03S1000	设定坐标系和绝对坐标方式，主轴正转
N20	G00G43Z50H01	下至安全高度
N30	X80Y0	快速移动至起刀点(80,0)
N40	Z2	刀具下降接近工件
N50	G01Z0F50	下刀至 Z0
N60	M98P43602	调用 4 次子程序 O3602 加工图形 1
N70	Z2	抬刀离开工件表面
N80	G68X0Y0R90	以工件坐标系原点为旋转中心，逆时针旋转 90°
N90	G01Z0F50	下刀至 Z0
N100	M98P43602	调用 4 次子程序 O3602 加工图形 2
N110	Z2	抬刀离开工件表面
N120	G68X0Y0R180	以工件坐标系原点为旋转中心，逆时针旋转 180°
N130	G01Z0F50	下刀至 Z0
N140	M98P43602	调用 4 次子程序 O3602 加工图形 3
N150	＿＿＿＿＿＿＿＿	抬刀离开工件表面
N160	＿＿＿＿＿＿＿＿	以工件坐标系原点为旋转中心，逆时针旋转 270°
N170	＿＿＿＿＿＿＿＿	下刀至 Z0
N180	＿＿＿＿＿＿＿＿	调用 4 次子程序 O3602 加工图形 4
N190	＿＿＿＿＿＿＿＿	G69 表示取消旋转功能
N200	G00G49Z50	刀具快速移动至安全高度 Z50
N210	M05	主轴停转
N220	M30	程序结束

子程序名：O3602

程序段号	程序内容	说明
N10		
N20		
N30		
N40		
N50		
N60		
N70		
N80		
N90		

情境：请完成多余毛坯的加工，如图 3.6.4 所示。

a) 有余量图

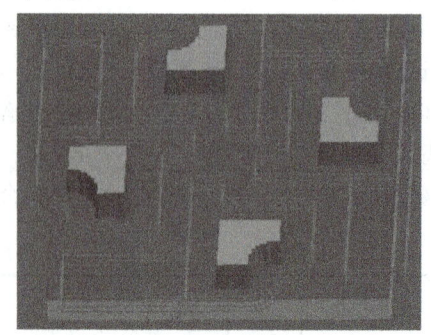
b) 去除毛坯图

图 3.6.4 除毛坯

学习结果评价

完成任务仿真加工，明确检测要素，完成表3.6.3。

表 3.6.3　自测尺寸、测量工具选用表

序号	检测要素	工具	自测结果	合格否	检测人员
1	20±0.01mm（2处）	游标卡尺			
2	$10^{+0.02}_{0}$mm	游标卡尺			
3	60mm	游标卡尺			
4	R10	R规			
5	外观无毛刺	目视检测			

知识巩固与拓展

【巩固题1】　已知毛坯的尺寸为100mm×100mm×20mm，加工零件图如图3.6.5所示，用坐标旋转和子程序调用方法加工零件。

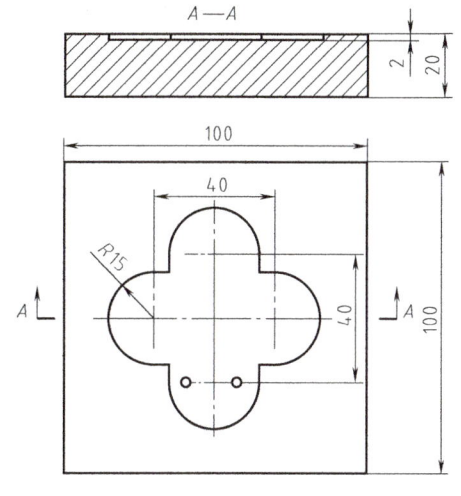

图 3.6.5　巩固题1图

【巩固题2】　如图3.6.6所示，毛坯的尺寸为100mm×100mm×10mm，要求用子程序和坐标系旋转方法完成零件上键槽的加工，键槽刀直径为6mm，槽深为2mm，切削刃数为2。

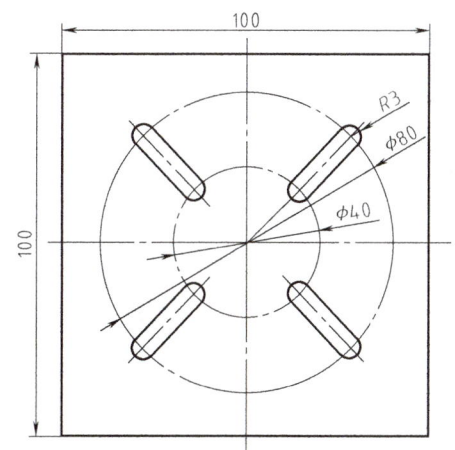

图 3.6.6　巩固题2图

任务 3.7 钻孔、镗孔、攻螺纹加工（G73~G89 指令应用）

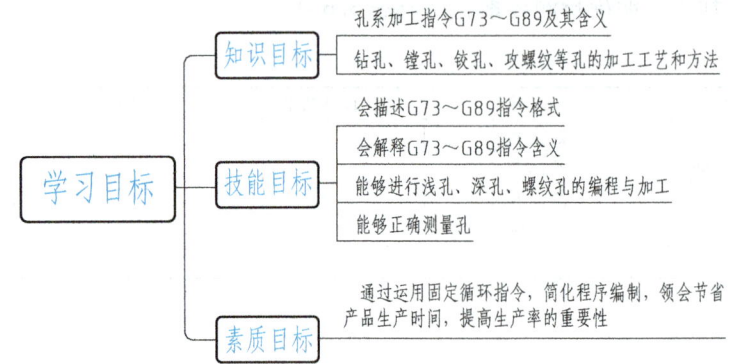

任务导入

图 3.7.1 所示为图 3.1 飞机齿轮泵侧孔，假设仿真加工毛坯的尺寸为 96mm×40mm×20mm。其对应的企业工序卡见附录 C 齿轮泵壳体工艺路线的第 025 号工序，请完成 $\phi16$mm 孔和 4 个 M6 螺纹孔及螺纹加工。

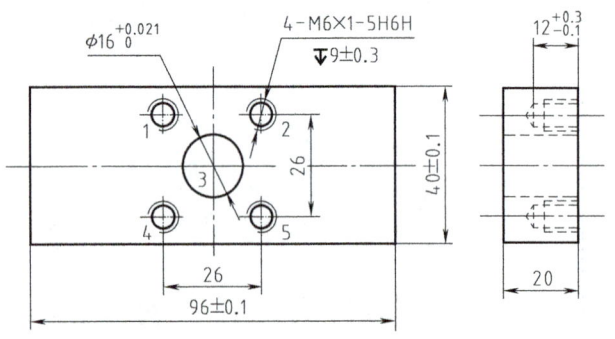

图 3.7.1 飞机齿轮泵侧孔

任务分析

1. 加工分析

如图 3.7.1 所示，除了尺寸精度和表面粗糙度要求较高的孔 $\phi16^{+0.021}_{\ \ 0}$mm 外，还有 4 个 M6 的螺纹孔需要加工。本任务主要涉及钻削、镗削、铰削、攻螺纹等孔加工。

2. 主要技术难点

由于所有孔都在实体上加工，可能出现钻偏的现象，应根据各孔精度和要求，选取各孔的加工方案。

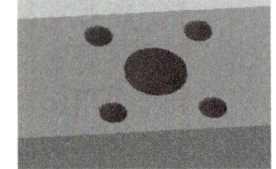

知识链接

1. 孔加工概述

图 3.7.2a 所示为带孔系的零件，在机械零件中，带孔零件一般占零件总数的 50%～80%，

孔加工是常用的加工工序，现代 CNC 系统一般都配备钻孔、镗孔和攻螺纹加工循环功能。

1) 钻孔是指用钻头在实体材料上加工出孔的操作。尺寸精度和表面粗糙度不高，适用于不做精度要求的孔。

2) 镗孔指对锻出、铸出或钻出孔的进一步加工。尺寸精度和表面粗糙度较高，适用于有尺寸精度和粗糙度要求的孔。

3) 铰孔是指铰刀从工件孔壁上切除微量金属层，以提高其尺寸精度和孔表面质量。一般先用 0.5~0.7mm 孔径大小的钻头钻出底孔，再用扩孔钻进行扩孔。

4) 攻螺纹是指光孔加工完毕后，进行螺纹的加工，如图 3.7.2b 所示。

孔加工固定循环指令为模态指令，使用完孔加工固定循环指令后，必须使用 G80 指令取消固定循环，恢复到正常操作状态。G80 为系统初始化状态。孔加工固定循环一般由图 3.7.3 中 6 个动作组成。

a) 孔系

b) 螺纹孔加工

图 3.7.2 孔加工

图 3.7.3 孔加工固定循环动作组成
1—定位　2—快速进给到 R 点　3—孔加工　4—孔底的动作
5—退回到 R 点　6—快速进给到初始点平面

2. 常用的孔加工固定循环指令格式及应用

FANUC 数控系统的孔加工固定循环功能包括 12 种固定循环功能指令和 1 种取消固定循环功能指令，见表 3.7.1。

表 3.7.1 孔加工固定循环功能

G 指令	孔加工动作 （-Z 方向）	在孔底的动作	刀具返回方式 （+Z 方向）	用途
G73	间歇进给	—	快速	高速啄式钻孔
G74	切削进给	暂停—主轴正转	切削进给	攻左旋螺纹孔
G76	切削进给	主轴准停—刀具位移	快速	精镗孔
G80	—	—	—	取消固定循环
G81	切削进给	—	快速	钻孔、钻中心孔
G82	切削进给	暂停	快速	钻孔、锪孔、镗阶梯孔、孔口倒角
G83	间歇进给	—	快速	啄式钻孔
G84	切削进给	暂停—主轴反转	切削进给	攻右旋螺纹孔
G85	切削进给	—	切削进给	精镗孔、铰孔
G86	切削进给	暂停	快速	镗孔
G87	切削进给	暂停	快速	反镗孔
G88	切削进给	暂停—主轴停	手动	镗孔
G89	切削进给	暂停	切削进给	精镗阶梯孔

常用的孔加工固定循环指令格式及应用如下：

G90/G91 G98/G99 G73~G89 X__Y__Z__R__Q__P__F__L__;

其中：

① G90/G91：G90 为绝对坐标，G91 为增量坐标。

② G98/G99：两个模态指令控制孔加工循环结束后刀具是返回初始平面还是参考平面，G98 为刀具返回初始平面，为默认方式，G99 为刀具返回参考平面（R 点平面）。

③ G73~G89：孔的加工固定循环指令，具体见表 3.7.1。

④ X、Y、Z：X、Y 为孔的位置，Z 为孔的深度。

⑤ R：参考平面的高度。R 点平面一般距离工件上表面 2~5mm。

⑥ Q：在 G73 和 G83 指令中，指定每次进给的深度；在 G76 和 G87 指令中，指定刀具的位移量，用增量值给定。

⑦ P：刀具在孔底的停留时间，用整数表示，单位为 ms。

⑧ F：进给速度，单位为 mm/min。

⑨ L：固定循环次数，不指定时默认为 1 次。

(1) 钻孔循环指令 G81

1) 功能：主轴正转，刀具以进给速度向下运动钻孔，到达孔底位置后，快速退回，无孔底动作。G81 指令轨迹如图 3.7.4 所示。

2) 格式：G81 X__Y__Z__R__F__;

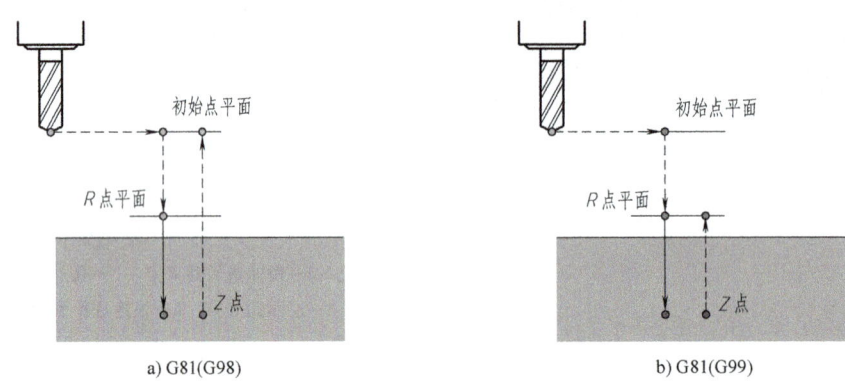

图 3.7.4　G81 指令轨迹

小提示：G81 指令用于加工深度不大的孔（$L/D<3$），钻削深度=孔深+0.5D（D 为钻头直径）。

(2) 深孔钻孔循环指令 G83

1) 功能：深孔加工采用间歇进给（分多次进给），有利于排屑，但加工时间较长，适合加工脆性材料。每次进给深度为 q，为正值，在孔底加进给暂停。G83 指令轨迹如图 3.7.5 所示。

2) 格式：G83 X__Y__Z__R__Q__F__;

(3) 高速深孔钻孔循环指令 G73

1) 功能：G73 指令抬刀距离短，比 G83 指令钻孔速度快，适合加工塑性材料。G73 指令轨迹如图 3.7.6 所示。

2) 格式：G73 X__Y__Z__R__Q__F__;

(4) 镗孔循环指令 G85

1) 功能：主轴正转，刀具以进给速度向下运动镗孔，到达孔底位置后，以进给速度退回，无孔底动作。指令轨迹如图 3.7.7 所示。

2) 格式：G85 X__Y__Z__R__F__;

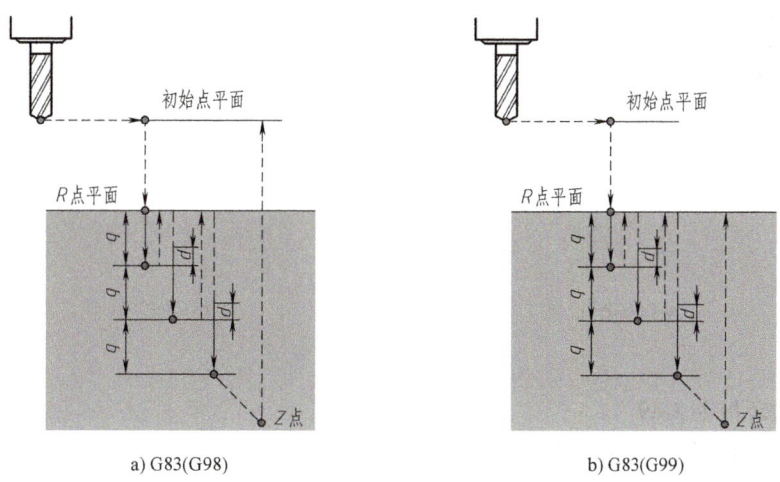

a) G83(G98)　　　　　　　b) G83(G99)

图 3.7.5　G83 指令轨迹

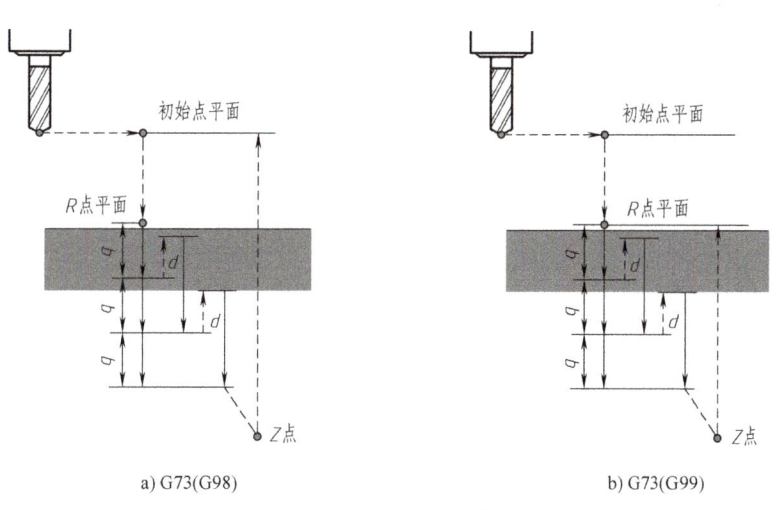

a) G73(G98)　　　　　　　b) G73(G99)

图 3.7.6　G73 指令轨迹

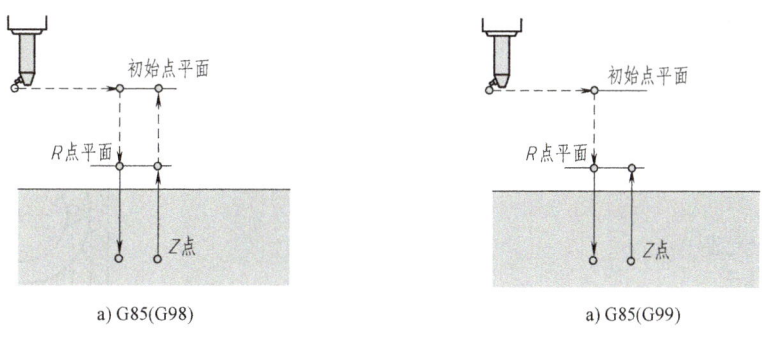

a) G85(G98)　　　　　　　a) G85(G99)

图 3.7.7　G85 指令轨迹

小提示：镗孔加工前必须事先进行钻孔，G85 指令适合普通孔的镗削加工，适合加工弹性变形较大的镗孔或铰孔。

（5）镗孔循环指令 G86

1）功能：到达孔底位置后，主轴停止，并快速退出。指令轨迹如图 3.7.8 所示。

2）格式：G86X ＿ Y ＿ Z ＿ R ＿ F ＿ ；

小提示：G86 指令适合普通孔的镗削加工，适合加工弹性变形较小的镗孔或铰孔。

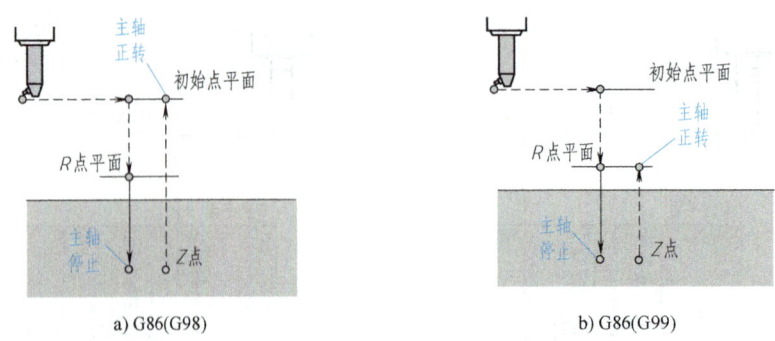

图 3.7.8　G86 指令轨迹

(6) 镗孔循环指令 G89

1) 功能：到达孔底位置后，加进给暂停。指令轨迹如图 3.7.9 所示。

2) 格式：G89X＿＿Y＿＿Z＿＿R＿＿P＿＿F＿＿；

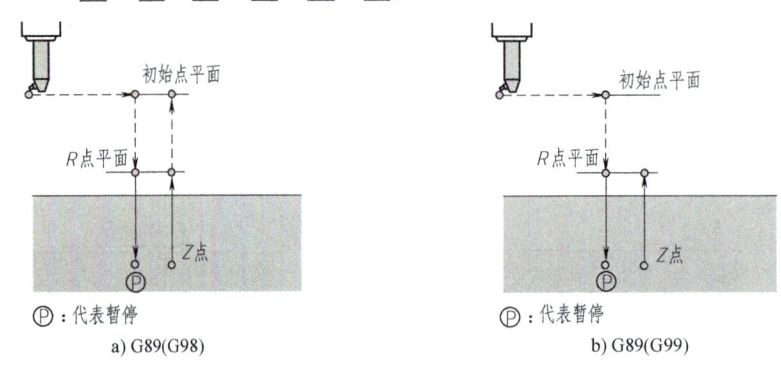

图 3.7.9　G89 指令轨迹

(7) 精镗孔循环指令 G76

1) 功能：G76 指令在孔底有三个动作，即进给暂停、主轴准停、刀具沿刀尖的反方向偏移 q。然后快速退出，以保证刀具不划伤孔的表面，如图 3.7.10 所示。

2) 格式：G76X＿＿Y＿＿Z＿＿R＿＿Q＿＿P＿＿F＿＿；

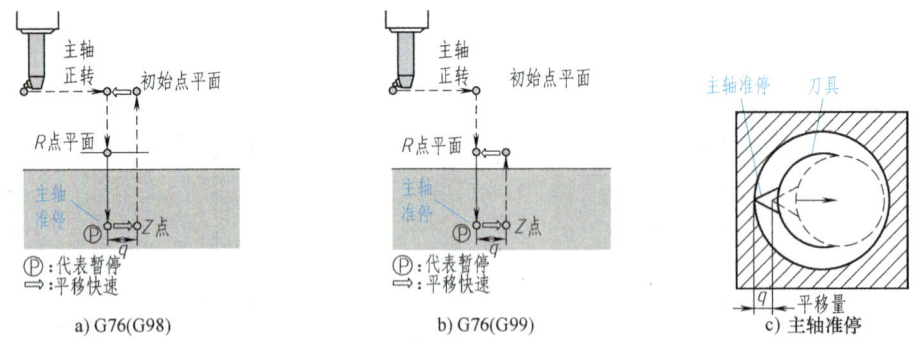

图 3.7.10　G76 指令轨迹及主轴准停

小提示：主轴准停后刀具径向偏移 q，然后再快速退刀可防止刀具划伤内孔表面。G76 指令适合精密孔的镗削加工。

(8) 攻螺纹循环指令 G84

1) 功能：G84 指令用于加工右旋螺纹，攻螺纹进给时主轴正转，退出时主轴反转指令轨迹如图 3.7.11 所示。

2) 格式：G84X＿＿Y＿＿Z＿＿R＿＿P＿＿F＿＿；

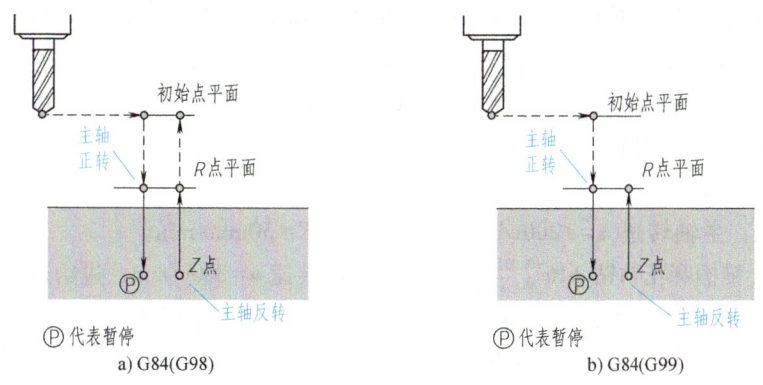

图 3.7.11 G84 指令轨迹

小提示：

① 与钻孔加工循环不同的是，攻螺纹结束后的返回过程不是快速运动，而是以进给速度反转退出。

② 攻螺纹过程要求主轴转速与进给速度成严格的比例关系，两者的关系是进给速度=主轴转速×导程，即 $F=np$。

（9）左旋攻螺纹循环指令 G74

1）功能：攻螺纹进给时主轴反转，退出时主轴正转，指令轨迹如图 3.7.12 所示。

2）格式：G74 X__ Y__ Z__ R__ P__ F__；

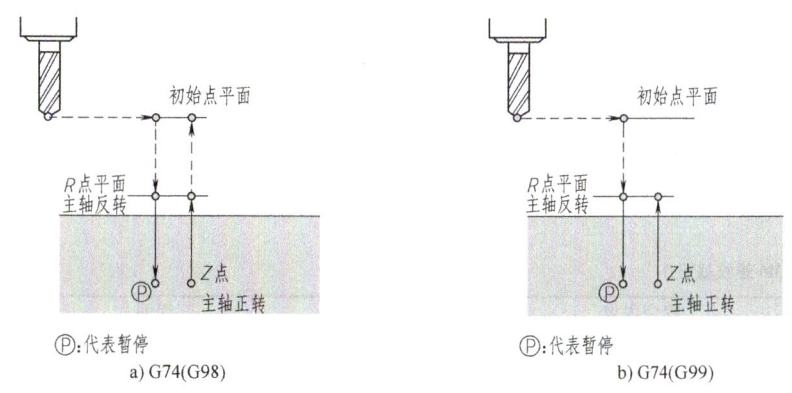

图 3.7.12 G74 指令轨迹

任务实施

完成本任务中图 3.7.1 所示飞机齿轮泵侧孔的数控铣削程序编制与仿真加工。

1）毛坯的选择：选用毛坯的尺寸为 96mm×40mm×20mm，材料为硬铝。

2）工序划分：加工之前应将工件校平，加工顺序按照先粗后精的原则。由于所有孔都在实体上加工，为防止钻偏，均先用中心钻钻引孔，然后再钻孔。加工顺序为：

① 钻 5 个中心孔；

② 钻 $\phi 16^{+0.021}_{0}$ mm 底孔 $\phi 14$mm→扩孔 $\phi 15.5$mm→镗 $\phi 16^{+0.021}_{0}$ mm 孔；

③ 钻螺纹底孔 $\phi 5$mm→螺纹孔口倒角→攻螺纹 M6。

3）确定装夹方案：选用平口虎钳装夹。

4）刀具选择：可先选用 $\phi 3$mm 中心钻钻 5 个中心孔。

$\phi16_0^{+0.021}$mm 孔加工：可选用 $\phi14$mm 锥柄麻花钻钻 $\phi16_0^{+0.021}$mm 底孔 $\phi14$mm；再选用 $\phi15.5$mm 扩孔钻扩孔 $\phi15.5$mm；最后选用 $\phi16$mm 双刃镗刀镗 $\phi16_0^{+0.021}$mm 孔。

M6 螺纹加工：可选用 $\phi5$mm 麻花钻钻螺纹底孔 $\phi5$mm；再选用倒角刀进行螺纹孔口倒角；最后选用 M6 丝锥攻螺纹 M6。

5）确定切削用量。

① 钻中心孔：主轴转速 $n=1200$r/min；进给速度 $F=50$mm/min。

② 用 $\phi14$mm 锥柄麻花钻钻 $\phi16_0^{+0.021}$mm 底孔：主轴转速 $n=300$r/min；进给速度 $F=70$mm/min。

③ 用 $\phi15.5$mm 扩孔钻扩孔：主轴转速 $n=320$r/min；进给速度 $F=60$mm/min。

④ 用 $\phi16$mm 双刃镗刀镗 $\phi16$mm 孔：主轴转速 $n=600$r/min；进给速度 $F=40$mm/min。

⑤ 钻 M6 螺纹底孔：主轴转速 $n=780$r/min；进给速度 $F=80$mm/min。

⑥ M6 螺纹孔口倒角：主轴转速 $n=500$r/min；进给速度 $F=40$mm/min。

⑦ 攻 M6 螺纹：主轴转速 $n=100$r/min；进给速度 $F=100$mm/min。

6）填写数控加工工艺卡：将前面的内容综合成表 3.7.2 所示数控加工工艺卡。

表 3.7.2　数控加工工艺卡

工步号	工步作业内容	刀具号	刀具规格/mm	主轴转速/(r/min)	进给速度/(mm/min)	背吃刀量/mm	备注
1	钻中心孔	T01	$\phi3$（中心钻）	1200	50		
2	钻 $\phi16_0^{+0.021}$mm 底孔	T02	$\phi14$（锥柄麻花钻）	300	70		
3	扩孔	T03	$\phi15.5$（扩孔钻）	320	60		
4	镗孔 $\phi16_0^{+0.021}$mm	T04	$\phi16$ 双刃镗刀	600	40		
5	钻 M6 螺纹底孔	T05	$\phi5$ 麻花钻	780	80		
6	螺纹孔口倒角	T06	倒角刀	500	40		
7	攻 M6 螺纹	T07	M6 丝锥	100	100		

7）确定工件坐标系：以工件上表面中心为工件原点，建立 XYZ 工件坐标系。

8）编写程序：完成表 3.7.3，钻 M6 螺纹底孔的程序名为 O3701，攻 M6 螺纹的程序名为 O3702。

表 3.7.3　程序单

程序名：O3701（钻 M6 螺纹底孔）

程序段号	程序内容	说明
N10	T05D05	选 $\phi5$mm 钻头
N20	G54G90	设定坐标系和绝对坐标方式
N30	M03S780	主轴正转
N40	G00G43Z50H05	下刀至安全高度，建立刀具长度补偿
N50	G99G81X-13Y13Z-14.5R5F80	1 号孔位置点
N60	X13	2 号孔位置点
N70	Y-13	5 号孔位置点
N80	X-13	4 号孔位置点
N90	G80	取消钻孔固定循环
N100	G00G49Z50	机床返回安全高度
N110	M05	主轴关闭
N120	M30	程序结束

程序名：O3702（攻 M6 螺纹）

程序段号	程序内容	说明
N10	T07D07	选 M6 丝锥
N20	G54G90	设定坐标系和绝对坐标方式
N30	M03S100	主轴正转
N40	G00G43Z50H07	下刀至安全高度，建立刀具长度补偿
N50	G99G84X-13Y13Z-9R5F150	1 号孔位置点
N60	X13	2 号孔位置点

（续）

程序名：O3702（攻 M6 螺纹）		
程序段号	程序内容	说明
N70	Y-13	5 号孔位置点
N80	X-13	4 号孔位置点
N90	G80	取消攻螺纹固定循环
N100	G00G49Z50	机床返回安全高度
N110	M05	主轴关闭
N120	M30	程序结束

学习结果评价

完成任务仿真加工，明确检测要素，完成表 3.7.4。

表 3.7.4　自测尺寸、测量工具选用表

序号	检测要素	工具	自测结果	合格否	检测人员
1	M6×1-5H6H	螺纹环规			
2	$12_{-0.1}^{+0.3}$mm	游标卡尺			
3	$\phi 16_{0}^{+0.021}$mm	内径表测量			
4	外观无毛刺	目视检测			

知识巩固与拓展

【巩固题 1】　如图 3.7.13 所示，毛坯的尺寸为 60mm×60mm×20mm，材料为硬铝 2A12，要求加工图中所有的孔。

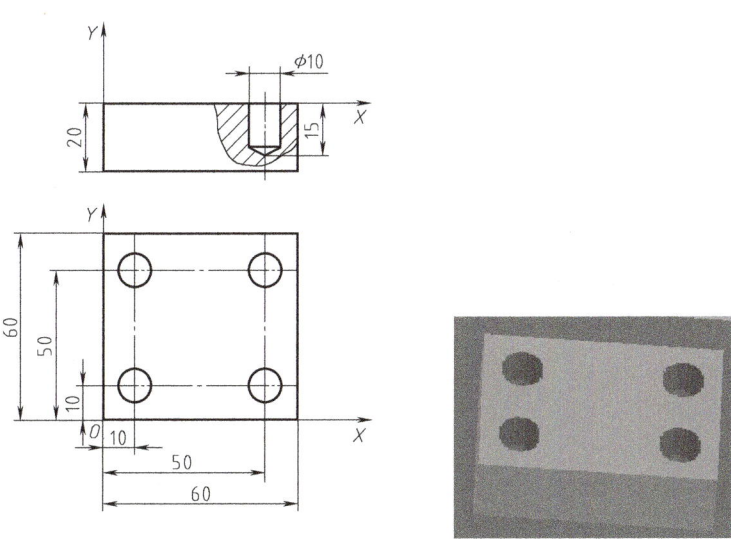

图 3.7.13　巩固题 1 图

【巩固题 2】　完成图 3.7.14 所示的孔类零件加工，材料为硬铝 2A12，毛坯的尺寸为 110mm×110mm×20mm，单件生产。

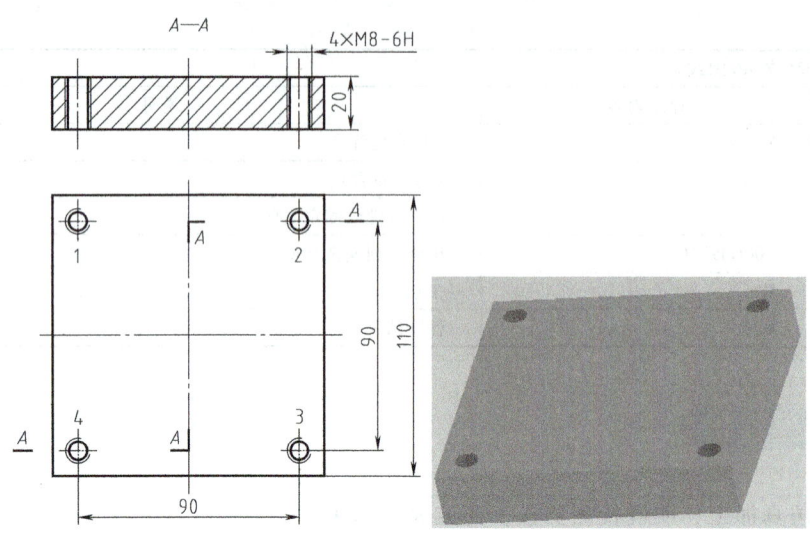

图 3.7.14　巩固题 2 图

【知识拓展】

1. 中心钻在钻削加工中的作用

为了提高孔的定位精度，更好地引导钻头进行孔加工，孔加工时可使用中心钻预制中心孔。常用的中心钻有两种型式，如图 3.7.15 所示。A 型为不带护锥的中心钻，B 型为带护锥的中心钻。加工直径 $d=2\sim10\text{mm}$ 的中心孔时，通常采用不带护锥的中心钻（A 型）；加工工序较长、精度要求较高的工件，为了避免 60°定心锥被损坏，一般采用带护锥的中心钻（B 型）。

a) A 型　　　　　　　　　　　b) B 型

图 3.7.15　中心钻

2. 常用孔加工刀具

（1）镗刀　如图 3.7.16 所示，在机床上用镗刀对大、中型孔进行半精加工和精加工。镗刀按切削刃数量可分为单刃镗刀和双刃镗刀。单刃镗刀只有一个刀片，可用于镗削通孔、阶梯孔和盲孔；双刃镗刀有两个对称的切削刃，可同时工作，常用于镗削大直径的孔。

（2）锪刀　如图 3.7.17 所示，锪刀主要用于各种材料的锪台阶孔、锪平面、孔口倒角等工序。

图 3.7.16　镗刀

（3）丝锥　如图 3.7.18 所示，机用丝锥主要用于加工 M6～M20 的螺纹孔。

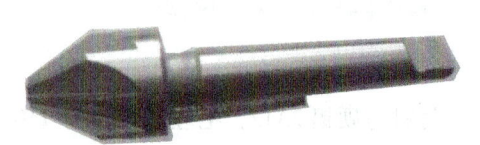

图 3.7.17　锪刀

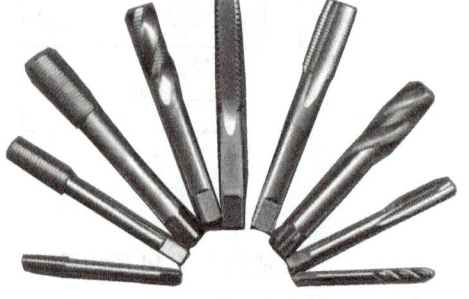

图 3.7.18　丝锥

任务 3.8 镜像、比例缩放编程（G51/G50、G51.1/G50.1 指令应用）

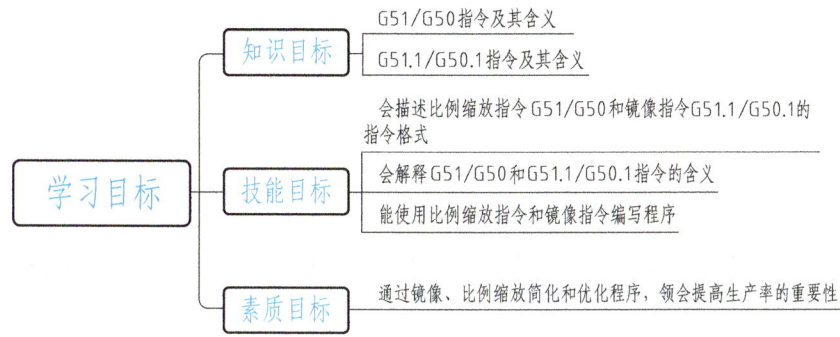

任务导入

任务 1：加工图 3.8.1 所示的零件，毛坯的尺寸为 100mm×100mm×10mm，材料为硬铝 2A12，已知槽宽为 4mm，槽深为 2mm。

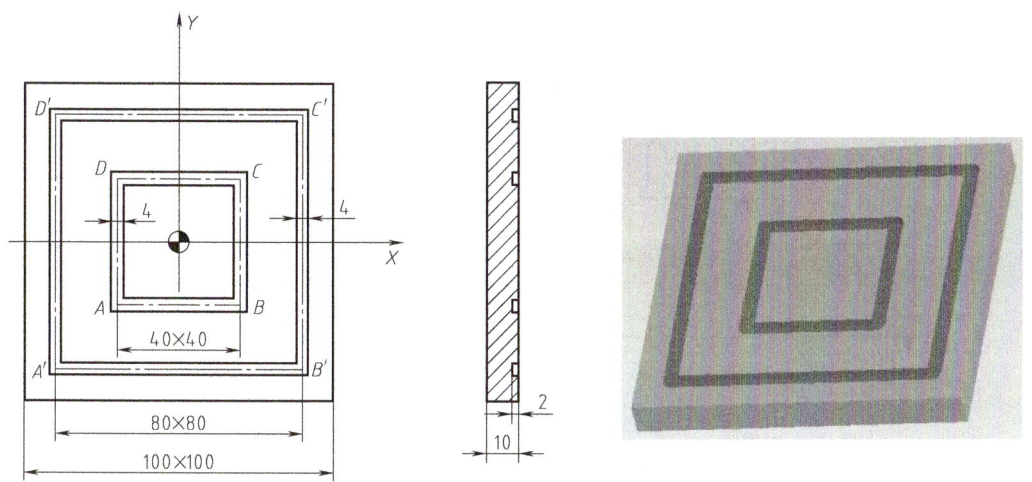

图 3.8.1　任务 1 零件图

任务 2：加工图 3.8.2 所示的零件，毛坯的尺寸为 80mm×80mm×10mm，材料为硬铝 2A12，槽宽为 4mm，槽深为 2mm。

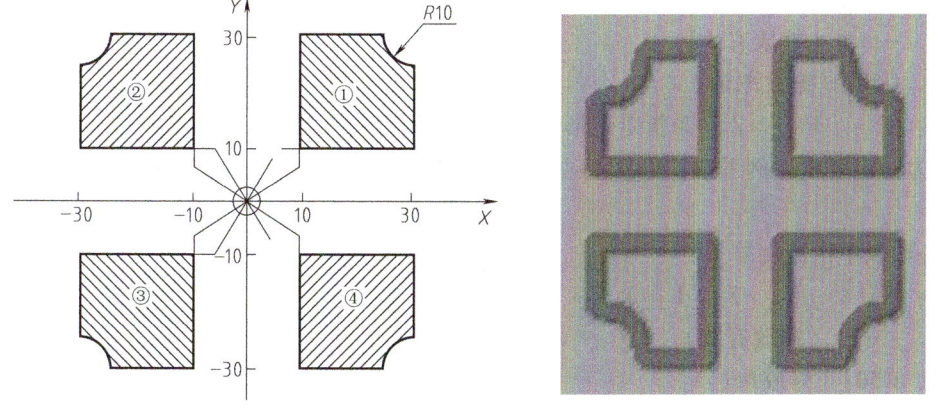

图 3.8.2　任务 2 零件图

任务分析

1. 加工分析

任务 1：毛坯为硬铝 2A12，零件用虎钳就能牢固装夹。该任务加工的槽相似，可用比例缩放功能编程。

任务 2：毛坯为硬铝 2A12，零件用虎钳就能牢固装夹。该任务加工的槽具有对称性，可用镜像功能编程。

2. 主要技术难点

槽结构重复，呈轴对称或中心对称状，不能直接使用子程序编程，使用镜像指令后，方可调用子程序加工。

知识链接

1. 比例缩放指令 G51 和 G50

（1）功能　G51 指令使原编程尺寸按指定比例缩小或放大，简化零件上缩放结构的编程，如图 3.8.3 所示。

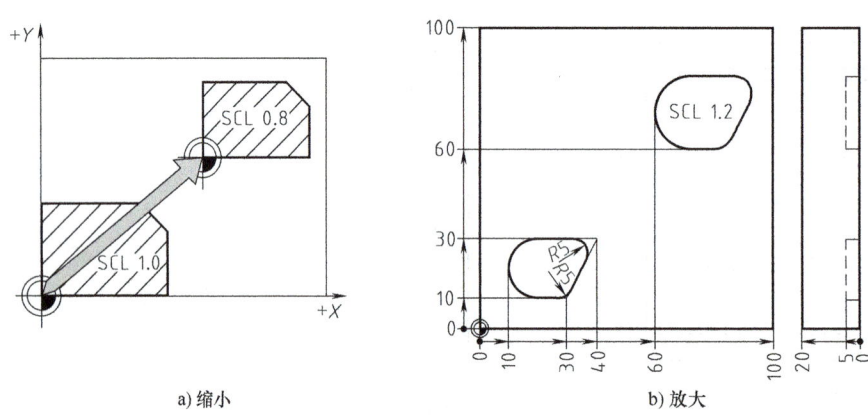

a) 缩小　　　　　　b) 放大

图 3.8.3　同比例缩放

（2）格式

1）各轴按相同比例缩放。

格式：G51 X__ Y__ Z__ P__；（缩放开始）

　　　……；（缩放有效）

　　　G50；（缩放取消）

说明：X__、Y__、Z__ 为指定图形缩放的中心的绝对坐标。

P__ 为指定缩放比例系数，P__ 值对刀具半径补偿和刀具长度补偿无影响。不能用小数指定 P__ 值。

2）各轴以不同比例缩放。

格式：G51 X__ Y__ Z__ I__ J__ K__；（缩放开始）

　　　……；（缩放有效）

　　　G50；（缩放取消）

说明：I__、J__、K__ 对应 X、Y、Z 轴的比例系数。

2. 镜像指令 G51.1 和 G50.1

（1）功能　G51.1 指令可使图形按指定规律产生镜像变换，如图 3.8.4 和图 3.8.5 所示。

（2）格式

G51.1X＿＿Y＿＿；（设置镜像）

……（提示：可用子程序指令 M98P＿＿；镜像有效）

G50.1X＿＿Y＿＿；（取消镜像）

说明：X＿＿Y＿＿为指定镜像对称中心的位置或对称轴位置。

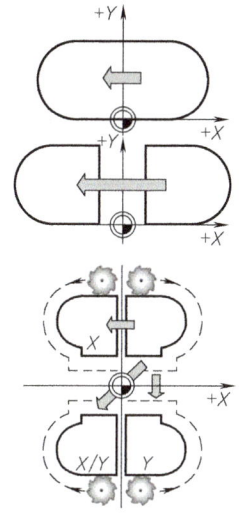

图 3.8.4　G51.1 含义

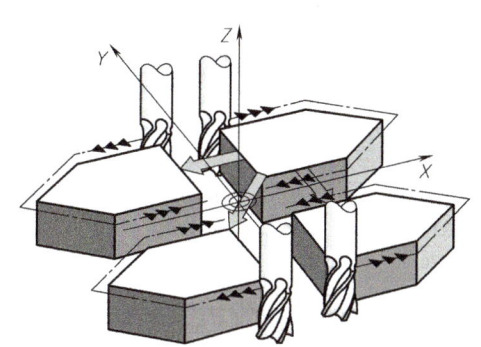

图 3.8.5　G51.1 刀具轨迹

任务1实施

完成本任务中图 3.8.1 所示零件的数控铣削程序编制与仿真加工。

1）毛坯的选择：选用毛坯的尺寸为 100mm×100mm×10mm，材料为硬铝。

2）工艺分析：该零件形状具有相似性，可采用比例缩放编程。

3）确定装夹方案：毛坯轮廓形状规整，适合选择平口虎钳装夹，露出高度为 5mm。

4）刀具选择：该零件槽宽为 4mm，所以选择刀具直径为 4mm 的立铣刀一次加工成形即可。

5）确定切削用量：进给量 $f=0.2\text{m/z}$；切削速度 $v=15\text{m/min}$；切削宽度 $a_w=8\text{mm}$；齿数 $z=3$；主轴转速 $n=1000v/(\pi D)=1000×15/(3.14×4)\text{r/min}≈1200\text{r/min}$；进给速度 $F=nfz=1200×0.2×3\text{mm/min}=720\text{mm/min}$。

6）填写数控加工工艺卡：将前面的内容综合成表 3.8.1 所示数控加工工艺卡。

表 3.8.1　数控加工工艺卡

工步号	工步作业内容	刀具号	刀具规格/mm	主轴转速/(r/min)	进给速度/(mm/min)	背吃刀量/mm	备注
1	精加工轮廓至图样尺寸	T01	φ4	1200	720	2	
2							

7）确定工件坐标系：以工件上表面中心为工件原点，建立 XYZ 工件坐标系。

8）编写程序：完成表 3.8.2，主程序程序名为 O3801，子程序程序名为 O3802。

表 3.8.2 程序单

程序名：O3801（主程序）

程序段号	程序内容	说明
N10	G54G90G40G80	设定坐标系和绝对坐标方式
N20	M03S1200	主轴正转
N30	G00X-20Y-20	定位至 A 点
N40	G00G43Z50H01	下刀至安全高度，建立刀具长度补偿
N50	Z5	快速接近
N60	G01Z-2F120	下刀至切削深度
N70	M98P3802	调用子程序 O3802 切削正方形 ABCD
N80	G00Z5	抬刀
N90	G00X-40Y-40	定位至 A' 点
N100	G01Z-2	下刀至切削深度
N110	G51X0Y0P2000	以 X0Y0 缩放为中心，放大 2 倍
N120	M98P3802	调用子程序 O3802 切削正方形 A'B'C'D'
N130	G50	缩放取消
N140	G00G00G49Z50	抬刀至安全高度，取消刀具长度补偿
N150	M05	主轴关闭
N160	M30	程序结束

程序名：O3802（子程序）

程序段号	程序内容	说明
N10	G01X20Y-20F120	切削 AB 边
N20	Y20	切削 BC 边
N30	X-20	切削 CD 边
N40	Y-20	切削 DA 边
N50	M99	子程序结束

学习结果评价

完成任务仿真加工，完成表 3.8.3。

表 3.8.3 自测尺寸、测量工具选用表

序号	检测要素	工具	自测结果	合格否	检测人员
1	槽宽 4mm	游标卡尺			
2	槽深 2mm	游标卡尺			
3	四边形 ABCD	游标卡尺			
4	四边形 A'B'C'D'	游标卡尺			
5	外观无毛刺	目视检测			

任务2实施

完成本任务中图 3.8.2 所示零件的数控铣削程序编制与仿真加工。

1）毛坯的选择：选用毛坯的尺寸为 80mm×80mm×10mm，材料为硬铝。

2）工艺分析：图 3.8.2 中 4 个多边形槽具有对称性，可采用镜像编程。所以编写程序时，先编写①的程序；②与①关于 Y 轴对称，用 G51.1X0 程序实现；③与①关于原点对称，用 G51.1X0Y0 程序实现；④与①关于 X 轴对称，用 G51.1Y0 程序实现。

小经验：镜像后，刀具工艺发生改变，如 G02 变成 G03，G03 变成 G02，G41 变成 G42，G42 变成 G41；钻孔、镗孔等固定循环指令不镜像。

3）确定装夹方案：毛坯轮廓形状规整，适合选择平口虎钳装夹，露出高度为 5mm。

4）刀具选择：选用直径为 ϕ4mm 的立铣刀。

5）确定切削用量：主轴转速 = 1200r/min；进给速度 = 720mm/min。

6）确定工件坐标系：以工件上表面中心为工件原点，建立 XYZ 工件坐标系。

7）编写程序：完成表 3.8.4，主程序程序名为 O3803，子程序程序名为 O3804。

表 3.8.4　程序单

程序名：O3803（主程序）

程序段号	程序内容	说明
N10	G54G90	设定坐标系和绝对坐标方式
N20	S1200M03	主轴正转
N30	G00G43Z50H01	下刀至安全高度，建立刀具长度补偿
N40	G00Z5	快速接近工件
N50	M98P3804	调用子程序 O3804 切削①号多边形
N60	G00Z5	抬刀
N70	G51.1X0	关于 Y 轴镜像
N80	M98P3804	调用子程序 O3804 切削②号多边形
N90	G00Z5	抬刀
N100	G51.1X0Y0	关于原点镜像
N110	M98P3804	调用子程序 O3804 切削③号多边形
N120	G00Z5	抬刀
N130	G51.1Y0	关于 X 轴镜像
N140	M98P3804	调用子程序 O3804 切削④号多边形
N150	G00Z5	抬刀
N160	G50.1X0Y0	取消镜向
N170	G00G49Z50	抬刀至安全高度，取消刀具长度补偿
N180	M05	主轴关闭
N190	M30	程序结束

程序名：O3804（子程序）

程序段号	程序内容	说明
N10	X10Y10	定位至①号多边形左下角
N20	G01Z-2F50	下刀至切削深度
N30	G01Y30F720	切削①号多边形左侧边
N40	X20	切削①号多边形上底边
N50	G03X30Y20R10	切削 R10mm 圆弧
N60	G01Y10	切削①号多边形右侧边
N70	X10	切削①号多边形下底边
N80	M99	子程序结束

学习结果评价

完成任务仿真加工，明确检测要素，完成表 3.8.5。

表 3.8.5　自测尺寸、测量工具选用表

序号	检测要素	工具	自测结果	合格否	检测人员
1	槽宽 4mm	游标卡尺			
2	槽深 2mm	游标卡尺			
3	R10	R 规			
4	外观无毛刺	目视检测			

知识巩固与拓展

【巩固题 1】 使用 G50 和 G51 指令完成图 3.8.6 轮廓铣削编程。已知毛坯的尺寸为 110mm×110mm×10mm，槽宽为 4mm，槽深为 2mm。

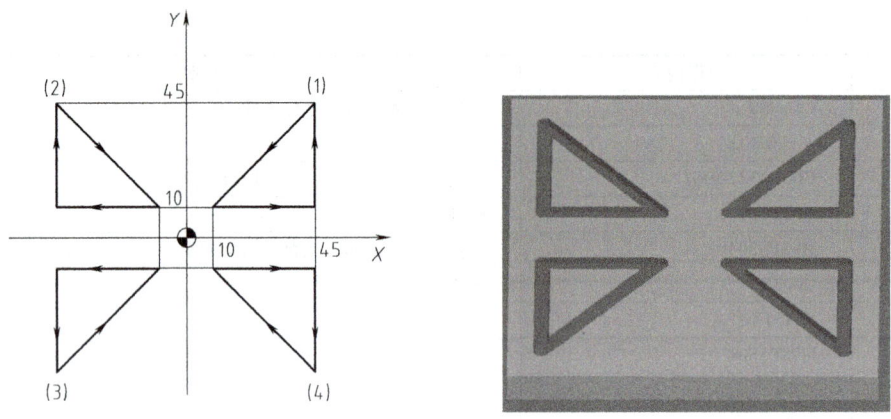

图 3.8.6 巩固题 1 图

【巩固题 2】 加工图 3.8.7 所示的零件，毛坯的尺寸为 80mm×80mm×10mm，材料为硬铝 2A12，使用 G50 和 G51 指令完成图示零件的轮廓铣削编程。

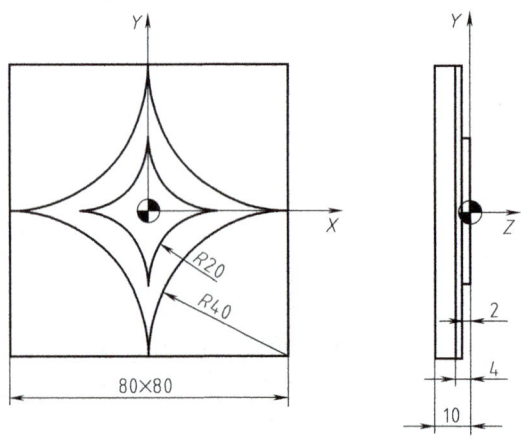

图 3.8.7 巩固题 2 图

任务 3.9 平面多轮廓加工（G54~G59 指令应用）

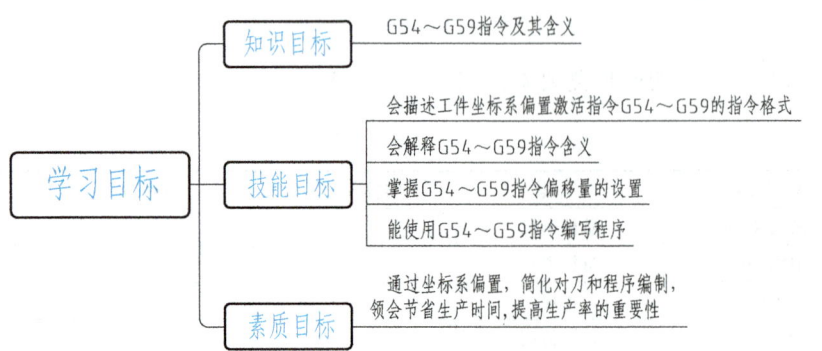

项目3 数控铣削编程与加工

任务导入

图3.9.1所示为某企业需加工的卡槽，毛坯尺寸为100mm×100mm×16mm，材料为硬铝2A12，加工深度为8mm，要求利用现有设备完成零件的加工任务。

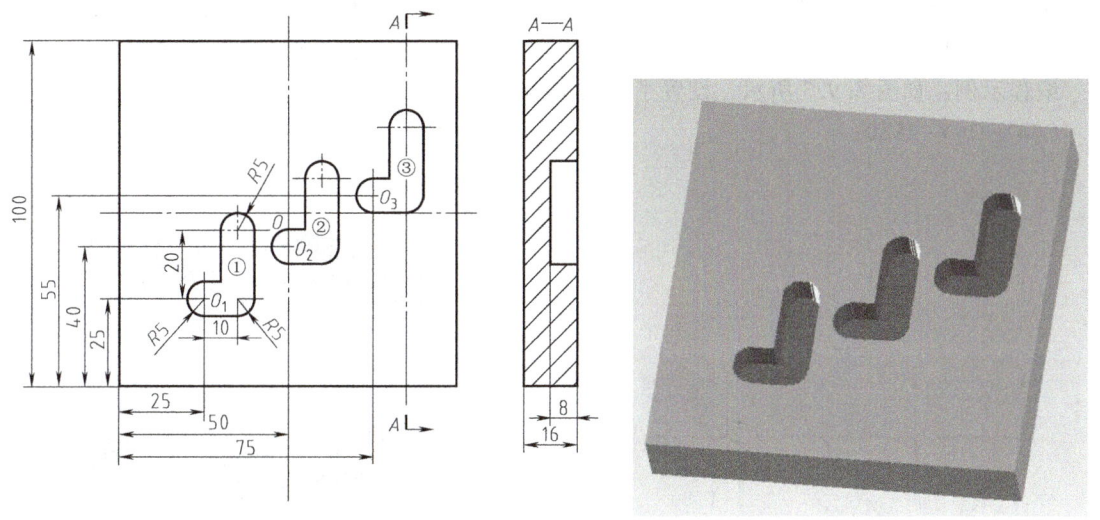

图3.9.1 卡槽

任务分析

1. 加工分析

毛坯的材料为硬铝2A12，零件轮廓为方正形。

2. 主要技术难点

有三个相同结构型腔，但不对称，无规律，寻找最简单的加工方法是关键。

知识链接

工件坐标系偏置激活指令G54~G59。

（1）指令的目的 批量加工工件时，通常使用与机床参考点位置固定的绝对工件坐标系，通过工件坐标系偏置激活指令G54~G59这6个指令来选择调用对应的工件坐标系。这6个工件坐标系是通过运行程序前，输入每个工件坐标系的原点到机床参考点的偏置值而建立的。

一般机床都要回零操作，即让机床回到机床原点或机床参考点。一般每次开机启动后，或当机床因意外断电、紧急制动等原因停机而重新启动时，都应该先让各轴回参考点。回零操作后机床控制系统进行了初始化，即机床运动坐标X、Y、Z、A、B等的显示为零。

工件在机床上固定后，程序原点与机床参考点的偏移量必须通过测量来确定，一般配有工件测量头，如果没有则要用碰刀的方式进行，把测量值存入G54~G59原点偏置寄存器中。G54~G59设定的工件原点在机床坐标系中的位置是不变的，在系统断电后也不破坏，再次开机后仍有效，并与刀具的当前位置无关。

如果在工作台上同时加工多个相同零件或不同的零件，它们都有各自的尺寸基准。在编程过程中，有时为了避免尺寸计算，可以建立6个工件坐标系，其坐标原点设在便于编程的某一固定点上，当加工某个零件时，可选择相应的工件坐标系编制加工程序，如图 3.9.2 所示。

（2）指令使用　利用 G54～G59 指令建立工件坐标系，是通过 CRT/MDI 操作面板设定加工坐标系参数实现的，如图 3.9.3 所示。操作者在安装工件后，测量工件原点相对于机床原点的偏移量，并写入原点偏置寄存器中，在执行程序时，就可以按工件坐标系中的坐标值来运动了。

G54～G59 分别设置参数之后，就可得到 6 个工件原点，即 6 个工件坐标系。在 NC 程序中使用 G54～G59 指令来调用相应的工件坐标系，相当于将工件置于某个工件坐标系中。

编程示例：如图 3.9.3 所示，设置了加工坐标系：

G54 X-25 Y-25 Z0；

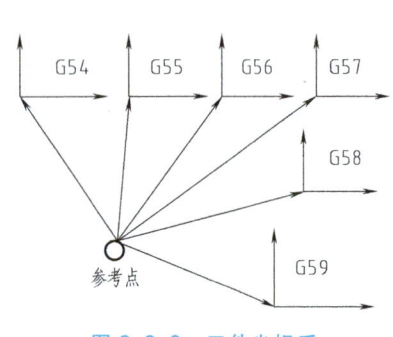

图 3.9.2　工件坐标系

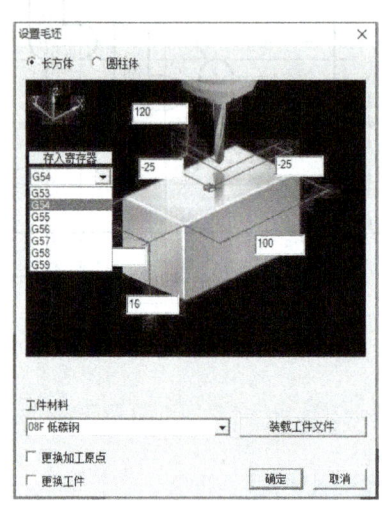

图 3.9.3　设置 G54～G59 指令参数值

（3）注意事项　为了突出 G54～G59 指令，一般都是单独一段书写。如执行 G55 指令后，后续程序段中所有编程坐标值都是以 G55 选定的工件坐标系为基准。

G54～G59 本身不是移动指令，它只是记忆坐标偏置，如果需要移动刀具到 G54～G59 点，必须再编写 G00 或 G01 指令。

（4）本任务程序原点的偏置　分别用 G54、G55 和 G56 三个原点偏置寄存器存放图 3.9.1 中 O_1、O_2 和 O_3 三个点相对于机床参考坐标系的坐标。O_1、O_2 和 O_3 相对于该零件上表面中心的坐标为（-25，-25）、（0，-10）、（25，5），并在设置工件大小、原点的界面填入相应的值，如图 3.9.4 所示，分别以 O_1、O_2 或 O_3 为编程原点加工型腔。

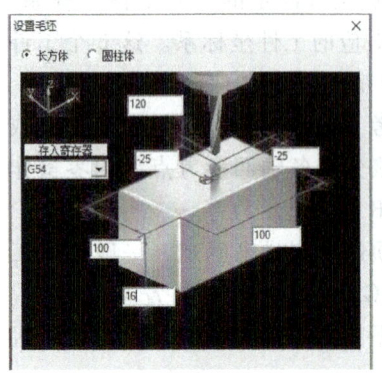

a) G54 原点偏置

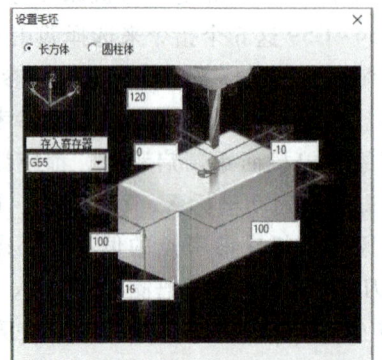

b) G55 原点偏置

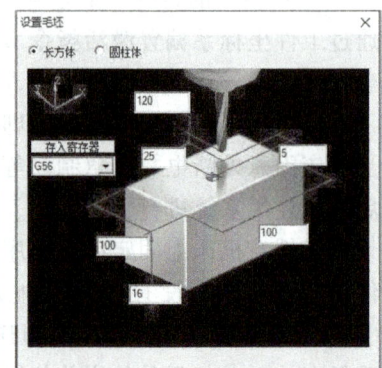

c) G56 原点偏置

图 3.9.4　设置工件大小、原点

任务实施

完成本任务中图 3.9.1 所示卡槽的数控铣削程序编制与仿真加工。

1) 毛坯的选择：毛坯的尺寸为 100mm×100mm×16mm，材料为硬铝 2A12。

2) 工序划分：

① 依次加工图 3.9.1 中①、②、③型腔。

② 深度方向下刀 4 次，每次下刀 2mm。

③ 型腔平面铣削路线：每个型腔以 O 为编程原点，走刀路线如图 3.9.5 所示。直线插补到 1 点、2 点、3 点，圆弧插补到 4 点，直线插补到 5 点、6 点，圆弧插补到 7 点，直线插补到 8 点，圆弧插补到 2 点，直线插补到 9 点，再回到 1 点。

图 3.9.5 中各基点坐标值见表 3.9.1。

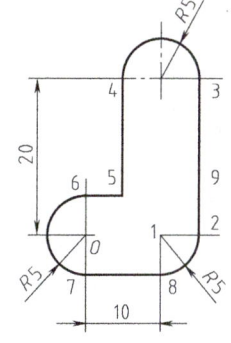

图 3.9.5 型腔走刀路线

表 3.9.1 各基点坐标值

基点	1	2	3	4	5
坐标	(10,0)	(15,0)	(15,20)	(5,20)	(5,5)
基点	6	7	8	9	
坐标	(0,5)	(0,-5)	(10,-5)	(15,5)	

3) 确定装夹方案：毛坯轮廓形状规整，适合选择平口虎钳装夹。

4) 刀具选择：根据图 3.9.1 所示，最小半径为 R5mm，所以刀具直径不能大于 ϕ10mm，此处选用 R4mm 的刀具。

5) 确定切削用量（精加工）：主轴转速为 3000r/min；进给速度为 700mm/min。

6) 填写数控加工工艺卡：将前面的内容综合成表 3.9.2 所示数控加工工艺卡。

表 3.9.2 数控加工工艺卡

工步号	工步作业内容	刀具号	刀具规格/mm	主轴转速/(r/min)	进给速度/(mm/min)	背吃刀量/mm	备注
1	精加工型腔	T01	ϕ8	2300	750	2	
2	精加工型腔至图样尺寸	T01	ϕ8	3000	700	0.2	
3							

7) 确定工件坐标系：分别用 G54、G55 和 G56 三个原点偏置寄存器存放图 3.9.1 中 O_1、O_2 和 O_3 三个点相对于机床参考坐标系的坐标。O_1、O_2 和 O_3 相对于机床上表面中心的坐标为 _____、_____ 和 _____。

8) 编写程序：完成零件精加工程序的编写，并填写表 3.9.3，主程序名为 O3901，子程序名为 O3902。

表 3.9.3 程序单

程序名：O3901（主程序）

程序段号	程序内容	说明
N10	G54G90M03S2300	设定坐标系 O_1，主轴正转
N20	G00G43Z50H01	下刀至安全高度
N30	X0Y0	走刀至原点
N40	Z5	快速接近工件

(续)

程序段号	程序内容	说明
N50	G01Z0F50	下刀至工件上表面
N60	M98P43902	调用子程序 O3902 切削①型腔
N70	_____	抬刀
N80	_____	设定坐标系 O_2
N90	_____	下刀至工件上表面
N100	_____	调用子程序 O3902 切削②型腔
N110	Z5	抬刀
N120	G56	设定坐标系 O_3
N130	G01Z0F50	下刀至工件上表面
N140	M98P43902	调用子程序 O3902 切削③型腔
N150	G00G49Z50	抬刀至安全高度
N160	M05	主轴关闭
N170	M30	程序结束

程序名：O3902（子程序）

程序段号	程序内容	说明
N10	G00X5Y0	走刀至 X5Y0
N20	G41X10Y0D01	建立刀具半径补偿
N30	G91G01X5Z-2F50	增量值编程，斜下刀 2mm，进给至点 2
N40	G90Y20	绝对值编程，进给至点 3
N50	G03X5R5	加工逆圆 R5mm，进给至点 4
N60	G01Y5	进给至点 5
N70	X0	进给至点 6
N80	G03Y-5R5	加工逆圆 R5mm，进给至点 7
N90	G01X10	进给至点 8
N100	G03X15Y0R5	加工逆圆 R5mm，进给至点 2
N110	G01Y5	进给至点 9
N120	G40G01X10Y0	取消刀具半径补偿，回到 1 点
N130	M99	子程序结束

学习结果评价

完成任务仿真加工，明确检测要素，完成表 3.9.4。

表 3.9.4 自测尺寸、测量工具选用表

序号	检测要素	工具	自测结果	合格否	检测人员
1	25mm	游标卡尺			
2	R5mm	R 规			
3	外观无毛刺	目视检测			

知识巩固与拓展

【巩固题1】 分别用 G54、G55、G56 和 G57 四个原点偏置寄存器存放图 3.9.6 中 O_1、O_2、

O_3 和 O_4 四个点相对于机床参考坐标系的坐标，毛坯的尺寸为 110mm×100mm×20mm，N 点与 O_3 在 X 方向的距离 $X_N = 11.547$mm。切削深度为 2mm。

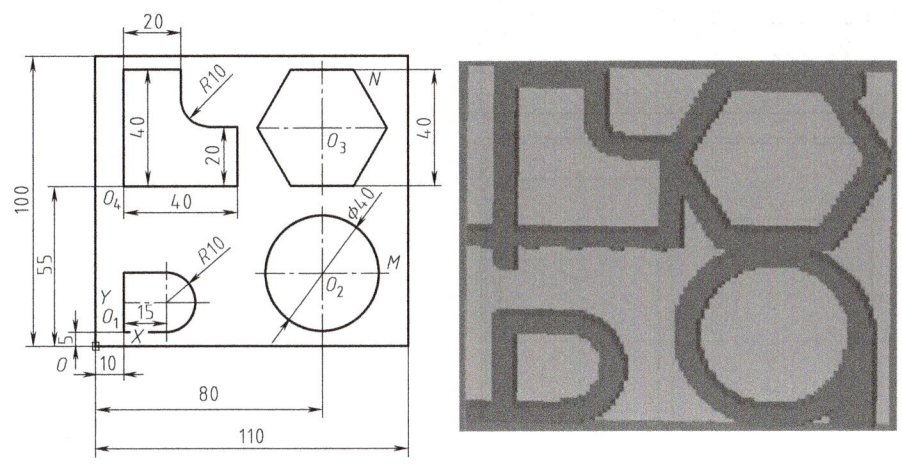

图 3.9.6 巩固题 1 图

【巩固题 2】 分别写出子程序、坐标系、坐标系旋转指令、可编程镜像功能、比例缩放功能的指令格式。

任务 3.10 数铣削、加工中心综合零件的加工

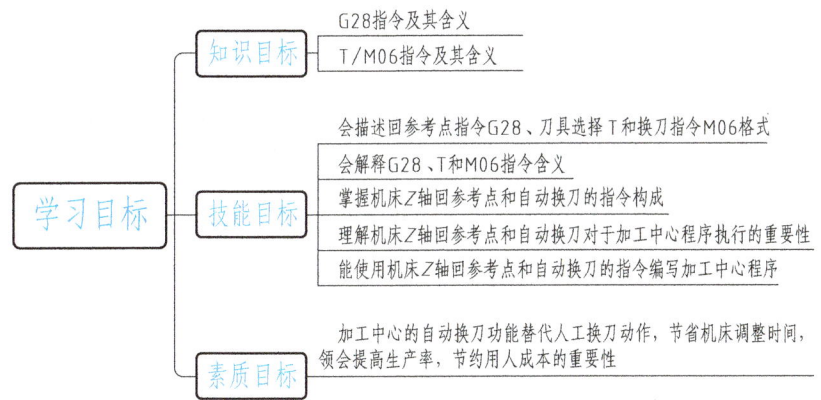

任务导入

图 3.10.1 所示为限位挡块，它主要用于控制油路排量，起限位作用。已知毛坯尺寸为 100mm×100mm×40mm，材料为硬铝 2A12，要求利用数控铣或加工中心完成零件的加工任务。需完成加工工序卡和程序单，检验后填写自测尺寸、测量工具选用表。

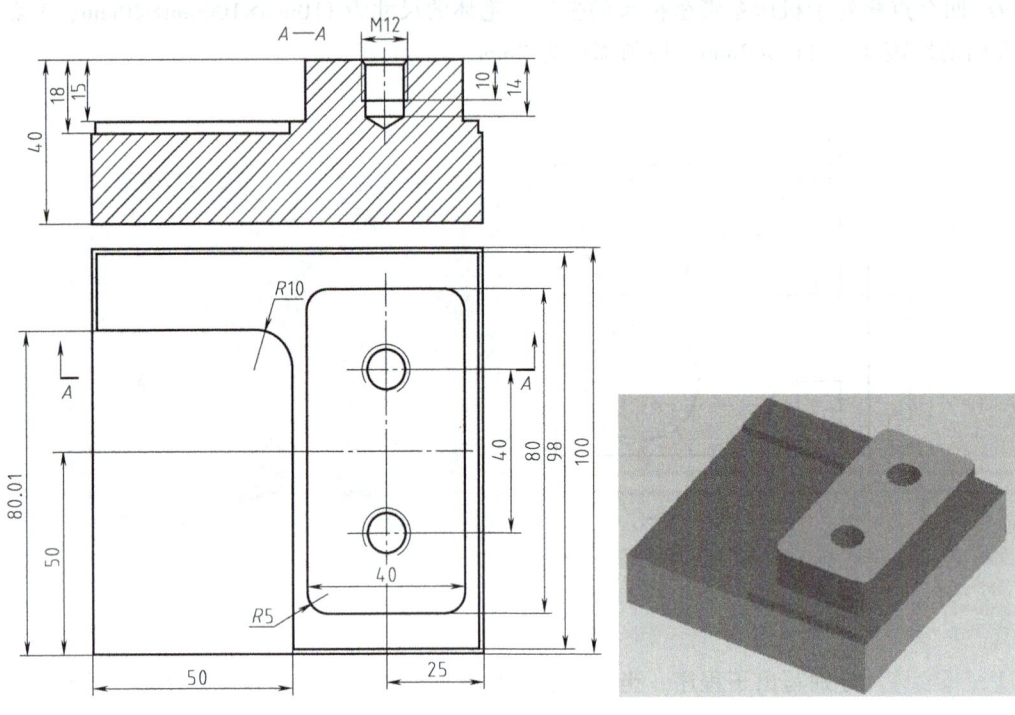

图 3.10.1　限位挡块

1. 加工分析

毛坯材料为硬铝 2A12，零件轮廓比较方正，用虎钳就能牢固装夹。零件在不同深度有多个轮廓需加工，且有螺纹孔需加工，考虑刀具数量较多，适合使用加工中心进行零件的加工。

2. 主要技术难点

零件在不同深度上余量较多且轮廓外形不对称，在完成轮廓的粗、精加工后会留下较多的残留，如使用修改刀具半径补偿的方式加工残留其加工效率较低，因此可以用手动方式将刀具调整至加工深度，人工操作将残留去除。

1. 加工中心概述

加工中心是在数控铣床的基础上发展而来，一般认为只要配备了刀库和刀具自动交换装置的数控铣床就可以称为加工中心。除此之外，很多机床厂家的加工中心配备了支持多轴控制的回转工作台，以及支持车铣复合加工的动力头等，通过以上装备使得数控机床在一次装夹后可连续进行多种工序的加工，减少零件在不同设备上流转所消耗的辅助时间，同时也避免了零件因多次定位装夹而带来的工艺误差。

加工中心按主轴与机床工作台面的位置关系可分为立式加工中心（图 3.10.2）和卧式加工中心（图 3.10.3）。立式加工中心的主轴垂直于工作台面，卧式加工中心的主轴是水平的，且平行于工作台面。

（1）加工中心的功能特点　加工中心最重要的功能是自动换刀，通过刀库和刀具自动交换装置可以在同一设备上完成铣削、镗孔、钻孔、扩孔、铰孔、攻丝等加工工序，这也体现了加

图 3.10.2　立式加工中心

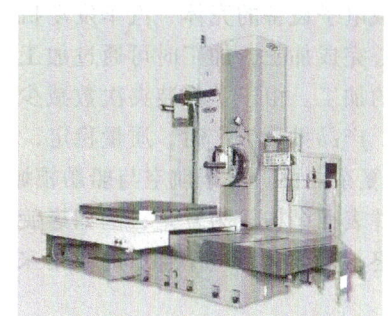
图 3.10.3　卧式加工中心

工中心工序集中的特点。

为了实现零件一次装夹后可进行更多面的加工，立式加工中心可配备一个围绕 X 轴转动的数控转台以实现四轴联动加工，如图 3.10.4 所示。

在三轴立式加工中心上使用球头铣刀加工曲面时，由于刀具底刃切削线速度为零，因此曲面被底刃切削的部位加工效果较差，如图 3.10.5 所示，采用五轴立式加工中心则可使刀具始终保持与曲面一个相对倾斜的角度，避开底刃切削不佳的缺点，同时也实现了除零件底面以外其他所有面的加工。

图 3.10.4　四轴加工

图 3.10.5　五轴加工

在生产中零件往往既需要车削又需要铣削，如果使用具有车铣复合功能的加工中心，则可减少设备的装夹次数和流转于不同设备上的辅助时间，进一步提高生产率，如图 3.10.6 所示。

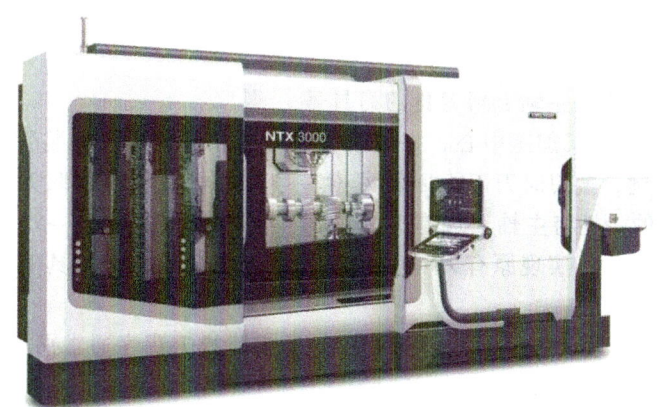
图 3.10.6　车铣复合加工中心

（2）加工中心的加工对象　对于形状结构复杂、加工精度要求高且加工中所需刀具种类较多的零件，如果使用传统加工方法，对设备种类要求多，同时装夹和调整次数较多，这样的零件就非常适合加工中心。适合加工中心的加工对象主要有以下四类：

1）箱体类零件。箱体类零件的主要特征反映在拥有较多的孔系和复杂的型腔结构，例如航空和舰载电子设备的壳体、汽车发动机的缸体和机床的主轴箱等。这类零件非常适合使用卧式加工中心完成加工，加工时可通过加工中心的回转工作台在一次装夹下完成箱体类零件所有侧面结构的加工。由于零件装夹次数减少，因此使用卧式加工中心加工箱体类零件其各项精度一致性好。产品批量生产时，质量稳定，加工效率高。

2）复杂曲面。对于航空与船舶领域的产品，为了实现较好的气动性或满足流体力学的要求，很多零件表面结构较为复杂，例如螺旋桨与航空发动机叶片等。此类零件在精加工时需使球头铣刀始终与曲面保持一个合适的倾角来加工，其走刀路线复杂，这样的零件非常适合五轴加工中心。

3）异形零件。异形零件外观结构不规则，存在较多的"拐臂"结构，有些异形零件还存在若干个相互不平行的支撑面，例如医疗器械中的接骨板和人造肱骨等。此类零件加工时如果使用传统加工设备，则装夹困难、加工精度无法保证，因此非常适合五轴加工中心或车铣复合加工中心。

4）盘、套、板类零件。对于拥有较多键槽、孔、型腔或曲面结构的盘、套和板类零件，如果这些特征均分布在一个面或相互平行的两个面上，就非常适合三轴立式加工中心。如果零件存在多个面的特征需加工或回转体零件径向存在特征需加工，则可使用四轴加工中心，通过其第四轴进行周向定位来完成加工。

2. 编程指令

加工中心与普通的数控铣床相比，由于增加了刀库和自动换刀装置，因此使用时需对换刀点和换刀动作进行编程。

(1) 回参考点指令 G28

1）功能：G28 指令可使受控轴自动返回参考点。

2）格式：G28X＿Y＿；或 G28X＿Z＿；或 G28Y＿Z＿；

其中，X、Y、Z 为中间点位置坐标。

说明：执行 G28 指令后，所有的受控轴都将快速定位到中间点，然后再从中间点快速移动到参考点。

对于三轴立式加工中心，其换刀点位于 Z 轴的参考点位置，因此换刀时至少应将刀具移动至 Z 轴参考点，一般情况下可直接从当前点返回，其指令如下：

G91G28Z0；

(2) 换刀指令 M06　加工中心换刀时换刀指令和选刀指令应配合使用。

1）格式：T××M06；

其中，××表示需替换到主轴上新刀具的刀具号。

2）举例。对于三轴立式加工中心，一般回转式刀库和机械手换刀装置已得到普及。以执行换刀指令 T02 M06 为例，换刀时刀库先回转搜索 2 号刀并将刀具转到取刀位置，然后机械手执行换刀动作：机械手的一端将主轴上现有刀具取出，同时机械手的另一端则将刀库里所选的刀抓取，当手臂回转 180°后，实现原有刀具和新刀具位置的交换，新刀具安装到主轴上，原有刀具收回至刀库。

当使用不同刀具，执行多个工序时，加工中心的实际换刀程序通常书写如下：

```
G91G28Z0；        （Z 轴回机床原点）
T01M06；          （换 1 号刀）
……；             （执行当前工序）
G91G28Z0；        （Z 轴回机床原点）
T02M06；          （换 2 号刀）
……；             （执行当前工序）
```

任务实施

1) 毛坯的选择：选用毛坯的尺寸为 100mm×100mm×40mm，材料为硬铝。

2) 工序划分：

情境 1：材料为硬铝，加工深度为 15mm 的外轮廓应使用多大尺寸的刀具，能否一次下刀完成其粗加工？

根据零件的尺寸，考虑该轮廓左侧的残留较多，应选择直径较大的铣刀进行轮廓加工，如选择 ϕ25mm 的铣刀，其最大背吃刀量不超过 12.5mm，可分 2 次加工至深度。

情境 2：该零件的两个螺纹孔应该如何加工？

螺纹孔应以先钻孔、后攻螺纹的方式进行加工。根据螺纹孔的大径尺寸和深度尺寸，查表后可知，该螺纹孔螺距为 1.75mm，应先钻直径为 10.3mm、深度为 19.2mm 的盲孔，然后使用 M12×1.75 的丝锥攻螺纹，螺纹加工深度为 10mm，但考虑到丝锥头部有一段不完全螺纹，因此螺纹实际加工深度可控制在 15mm。

3) 确定装夹方案：毛坯轮廓形状规整，适合选择平口虎钳装夹，露出高度为 23mm。

4) 刀具选择：

情境 3：加工深度为 18mm 的外轮廓应选择多大尺寸的立铣刀？

考虑到该部分轮廓其残留也较多，因此刀具直径应尽量大一些，可减少残留铣削的次数，同时轮廓最小凹圆弧的半径为 R10mm，因此可选择 ϕ16mm 的立铣刀。

5) 确定切削用量：根据本次使用的两把立铣刀、一把钻头和一把丝锥分别查表并计算其粗、精加工的切削用量。

6) 填写数控加工工艺卡：将前面的内容综合成表 3.10.1 所示数控加工工艺卡。

表 3.10.1 数控加工工艺卡

工步号	工步作业内容	刀具号	刀具规格/mm	主轴转速/(r/min)	进给速度/(mm/min)	背吃刀量/mm	备注
1	粗加工深度为 15mm 的外轮廓（留单边余量 0.2mm）	T01	ϕ25	2300	700	7.4	
2	精加工深度为 15mm 的外轮廓至图样尺寸	T01	ϕ25	3000	500	0.2	
3	粗加工深度为 18mm 的外轮廓（留单边余量 0.2mm）	T02	ϕ16	1500	450	2.8	
4	精加工深度为 18mm 的外轮廓至图样尺寸	T02	ϕ16	2000	300	0.2	
5	钻 ϕ10.3mm 的盲孔(2个)	T03	ϕ10.3	600	90	—	
6	攻螺纹(2个)	T04	M12	100	175	—	
7	手动铣削深度为 15mm 的残留	T01	ϕ25	3000	500	7.4、0.2	分 3 次下刀
8	手动铣削深度为 18mm 的残留	T02	ϕ16	2000	300	2.8、0.2	分 2 次下刀

7) 确定工件坐标系：以工件上表面左下角为工件原点，建立 XYZ 工件坐标系。

8) 编写程序：完成表 3.10.2，主程序名为 O3101，深度 15mm 外轮廓加工子程序的程序名为 O3102，深度 18mm 外轮廓加工子程序的程序名为 O3103。

课堂笔记

表 3.10.2　程序单

程序名：O3101（主程序）

程序段号	程序内容	说明
N10	G91G28Z0	Z 轴回参考点
N20	T01M06	换 1 号刀
N30	G54G90	设定坐标系和绝对坐标方式
N40	S2300M03	主轴正转
N50	G00G43Z50H01	下刀至安全高度,建立刀具长度补偿
N60	G00X135Y50	轮廓外定位
N70	Z3	快速接近
N80	G01Z-7.4F700	下刀至第一次的切削深度
N90	M98P3102	调用深度 15mm 外轮廓加工子程序
N100	G01Z-14.8F700	下刀至第二次的切削深度
N110	M98P3102	调用深度 15mm 外轮廓加工子程序
N120	G01Z-15F500S3000	下刀至最终深度
N130	M98P3102	调用深度 15mm 外轮廓加工子程序
N140	G00G49Z50	抬刀至安全高度,取消刀具长度补偿
N150	M05	主轴关闭
N160	G91G28Z0	Z 轴回参考点
N170	T02M06	换 2 号刀
N180	S1500M03	主轴正转
N190	G90G00G43Z50H02	下刀至安全高度,建立刀具长度补偿
N200	G00X124Y50	轮廓外定位
N210	Z3	快速接近
N220	G01Z-17.8F450	下刀至第一次的切削深度
N230	M98P3103	调用深度 18mm 外轮廓加工子程序
N240	G01Z-18F300S2000	下刀至最终深度
N250	M98P3103	调用深度 18mm 外轮廓加工子程序
N260	G00G49Z50	抬刀至安全高度,取消刀具长度补偿
N270	M05	主轴关闭
N280	G91G28Z0	Z 轴回参考点
N290	T03M06	换 3 号刀
N300	S600M03	主轴正转
N310	G90G00G43Z50H03	下刀至安全高度,建立刀具长度补偿
N320	G00X75Y70	定位至第一个孔上方
N330	G98G81Z-19.2R3F90	钻孔 1
N340	Y30	钻孔 2
N350	G80	取消孔加工循环
N360	G00G49Z50	抬刀至安全高度,取消刀具长度补偿
N370	M05	主轴关闭
N380	G91G28Z0	Z 轴回参考点
N390	T04M06	换 4 号刀
N400	S100M03	主轴正转
N410	G90G00G43Z50H04	下刀至安全高度,建立刀具长度补偿
N420	G00X75Y70	定位至第一个孔上方
N430	G98G84Z-15R3F175	孔 1 攻螺纹
N440	Y30	孔 2 攻螺纹
N450	G80	取消孔加工循环
N460	G00G49Z50	抬刀至安全高度,取消刀具长度补偿
N470	M05	主轴关闭
N480	M30	程序结束

(续)

程序名:O3102(深度15mm外轮廓加工子程序)

程序段号	程序内容	说明
N10	G01G41X110Y65D01	建立刀具半径补偿
N20	G03X95Y50R15	圆弧方式切入零件轮廓
N30	G01Y15	插补轮廓右侧下方直线
N40	G02X90Y10R5	插补轮廓右下角R5mm圆弧
N50	G01X60	插补轮廓下方直线
N60	G02X55Y15R5	插补轮廓左下角R5mm圆弧
N70	G01Y85	插补轮廓左侧直线
N80	G02X60Y90R5	插补轮廓左上角R5mm圆弧
N90	G01X90	插补轮廓上方直线
N100	G02X95Y85R5	插补轮廓右上角R5mm圆弧
N110	G01Y50	插补轮廓右侧上方直线
N120	G03X110Y35R15	圆弧方式切出零件轮廓
N130	G01G40X135Y50	取消刀具半径补偿
N140	M99	返回主程序

程序名:O3103(深度18mm外轮廓加工子程序)

程序段号	程序内容	说明
N10	G01G41X109Y60D02	建立刀具半径补偿
N20	G03X99Y50R10	圆弧方式切入零件轮廓
N30	G01Y1	插补轮廓右侧下方直线
N40	X50	插补轮廓下方直线
N50	Y70.01	插补轮廓左侧下方直线
N60	G03X40Y80.01R10	插补轮廓左侧R10mm圆弧
N70	G01X1	插补轮廓左侧下方直线
N80	Y99	插补轮廓左侧直线
N90	X99	插补轮廓上方直线
N100	Y50	插补轮廓右侧上方直线
N110	G03X109Y40R10	圆弧方式切出零件轮廓
N120	G01G40X124Y50	取消刀具半径补偿
N130	M99	返回主程序

学习结果评价

完成任务仿真加工,明确检测要素,完成表3.10.3。

表3.10.3 自测尺寸、测量工具选用表

序号	检测要素	工具	自测结果	合格否	检测人员
1	98mm	游标卡尺			
2	98mm	游标卡尺			
3	80mm	游标卡尺			
4	40mm	游标卡尺			
5	R5mm	R规			
6	15mm	深度游标卡尺			
7	18mm	深度游标卡尺			
8	M12	螺纹塞规			
9	外观无毛刺	目视检测			

知识巩固与拓展

【巩固题 1】 图 3.10.7 所示零件的材料为 45 钢,毛坯的尺寸为 80mm×80mm×20mm,要求使用加工中心完成其数控加工。

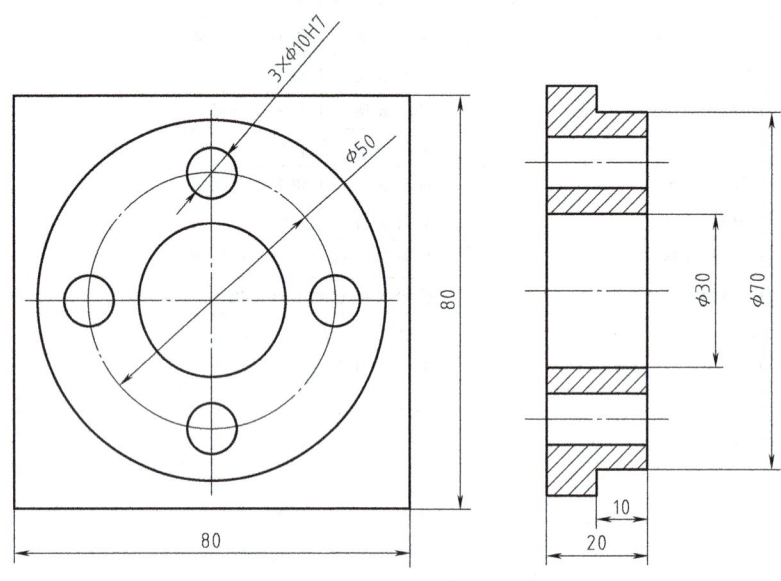

图 3.10.7 巩固题 1 图

【巩固题 2】 图 3.10.8 所示零件的材料为 45 钢,毛坯的尺寸为 100mm×80mm×20mm,要求使用加工中心完成其数控加工。

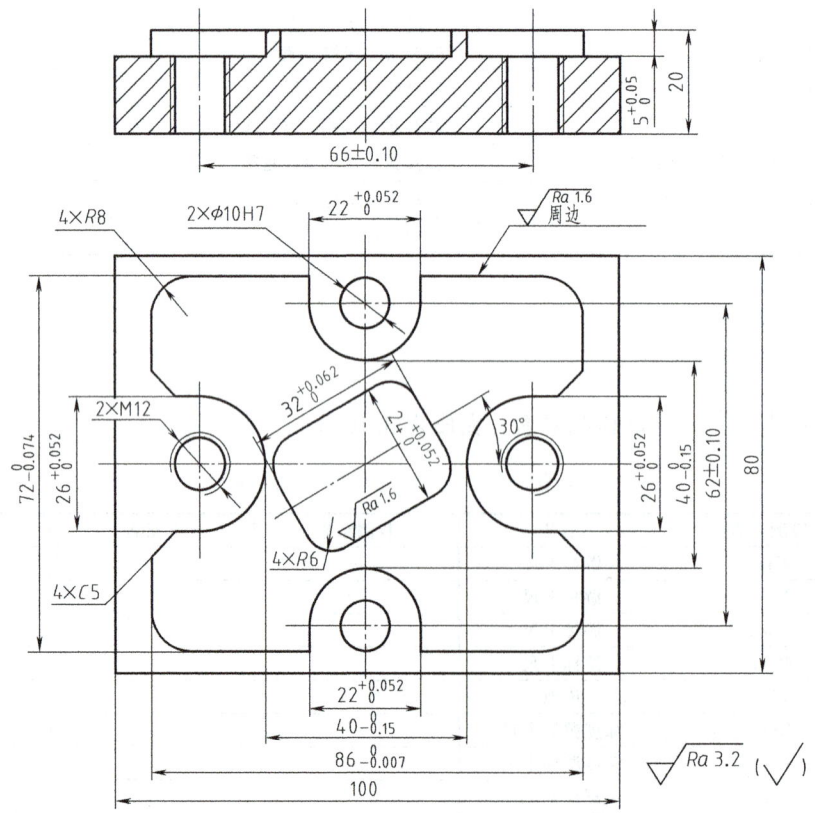

图 3.10.8 巩固题 2 图

【知识拓展】

自动对刀仪

目前较为先进的加工中心已经配备了非接触式自动对刀仪，可对刀具的半径和长度值进行自动测量和数据的录入。图 3.10.9 所示为德国 BLUM 非接触式激光自动对刀仪，对刀时刀具以一定速度旋转并按给定进给速度靠近自动对刀仪，此时自动对刀仪发射极发出的激光束被接收极接收。随着刀具的进给，当刀具边缘遮挡住激光束时，自动对刀系统产生"触发信号"并传送至数控系统，数控系统记录此时的位置信息，并根据位置信息计算刀具相关信息，最后自动得出半径和长度数值。同时，为了提高测量精度，设备制造商会提供一根标准对刀棒，自动对刀时，需先利用标准对刀棒将对刀系统进行校准，然后才能进行刀具的自动对刀。

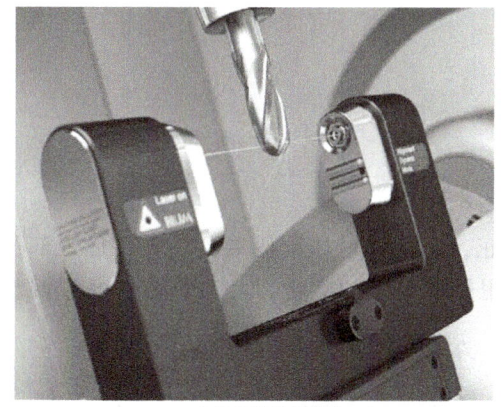 

a) 刀具半径值测量　　　　　　　　b) 刀具长度值测量

图 3.10.9　自动对刀仪

任务 3.11　数铣削、加工中心宏程序编程与加工

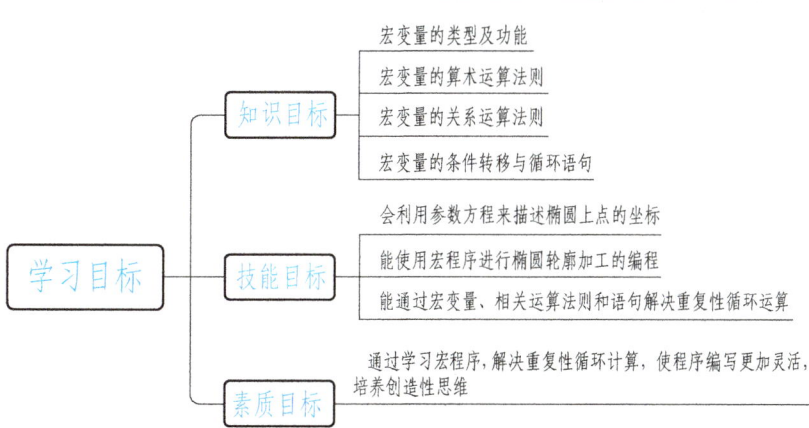

任务导入

图 3.11.1 所示零件的表面深度为 5mm，外轮廓为椭圆，椭圆长轴和短轴分别为 50mm 和 30mm，毛坯尺寸为 100mm×100mm×25mm，材料为硬铝 2A12，要求利用数控铣或加工中心完成零件外轮廓的加工任务。需完成加工工艺卡和程序单，检验后填写自测尺寸、测量工具选用表。

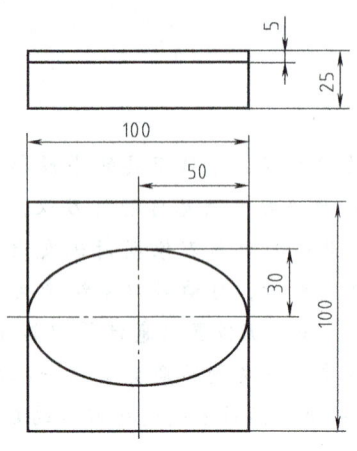
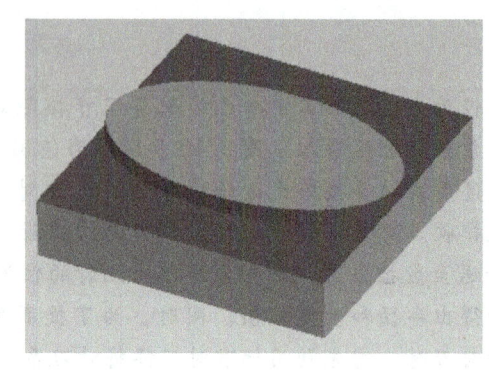

图 3.11.1 椭圆凸台

任务分析

1. 加工分析

毛坯的材料为硬铝 2A12，零件轮廓比较方正，用虎钳就能牢固装夹。零件加工部位为外轮廓，且不存在凹轮廓的半径干涉，可以优先选用较大尺寸的立铣刀加工，最后通过调整刀具半径补偿值或手动方式将残留去除。

2. 主要技术难点

零件外轮廓为椭圆，无法使用直线或圆弧指令进行直接编程，因此可通过数学方法将椭圆轮廓拟合成大量的微小直线段并使用宏指令进行编程。

知识链接

1. 使用直线拟合椭圆的数学方法

将椭圆轮廓用大量的微小直线段进行拟合后，只要每一个直线段长度足够小，那么其轮廓将逼近椭圆的实际轮廓，从而满足加工的需要。如图 3.11.2 所示，将原点设置为椭圆的中心，并建立坐标系，A 点为椭圆上一动点。由椭圆参数方程可得，A 点的坐标为 (X, Y)，其中

$$X = a\cos\theta$$
$$Y = b\sin\theta$$

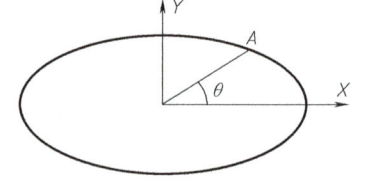

图 3.11.2 椭圆的数学分析

说明：a 为椭圆长轴；b 为椭圆短轴。

为了保证拟合的精度，同时也确保加工的速度不致过低，此外假定 θ 角度值从 0°～360° 的变化过程中每次递增 1°，则可以在椭圆轮廓上插入 360 个点，即通过 360 根微小直线段去替代椭圆轮廓。编程时，先计算出 θ 初始值时的 X 和 Y 坐标，然后使用直线插补指令对当前点至该坐标点进行编程，接下来让 θ 值递增 1°，再算出下一点的 X 和 Y 坐标，如此反复下去直到椭圆加工完毕，这样便可以使用直线插补指令完成椭圆的编程。

情境1： 为什么用参数方程对椭圆进行数学分析呢？可不可以用直角坐标方程呢？

由于直角坐标方程在表达椭圆时其公式中会出现二次方运算，因此在已知 X 坐标去求解 Y 坐标时将会使用开平方运算，牵涉到运算后正负号的判定，同时其自变量 X 的控制不如使用参数方程对 θ 角的控制来得方便，因此往往使用参数方程对椭圆进行数学处理。

2. 宏指令及其编程

在对椭圆加工编程时，由于其坐标随 θ 值不断变化，且为了方便控制椭圆插补开始至结束的过程，可使用类似计算机高级语言的方法，使用变量和条件语句对其进行编程，这便需要用到宏指令。

（1）宏变量的类型 在 FANUC 数控系统中，宏变量用变量符号（#）和后面的变量号（数字）指定，如"#1"代表系统的局部变量。宏变量根据变量号可分为四种类型，见表 3.11.1。

表 3.11.1 宏变量的类型

变量号	变量类型	功能
#0	空变量	该变量总是空，没有值能赋给该变量
#1~#33	局部变量	局部变量只能用在宏程序中存储数据，例如运算结果。当断电时，局部变量被初始化为空。调用宏程序时，自变量对局部变量赋值
#100~#199 #500~#999	公共变量	公共变量在不同的宏程序中的意义相同。当断电时，变量#100~#199 初始化为空，变量#500~#999 的数据保存，即使断电也不丢失
#1000~	系统变量	系统变量用于读和写 CNC 运行时的各种数据，例如刀具的当前位置和补偿值

（2）宏变量的算术运算法则 以 FAUNC 系统为例，其常见的宏变量算术运算法则见表 3.11.2。

表 3.11.2 宏变量算术运算法则

功能	格式	备注
定义	#i = #j	
加法 减法 乘法 除法	#i = #j + #k #i = #j - #k #i = #j×#k #i = #j / #k	
正弦 余弦 正切	#i = SIN[#j] #i = COS[#j] #i = TAN[#j]	角度以°指定。如：90°30′表示为 90.5°
二次方根 绝对值	#i = SQRT[#j] #i = ABS[#j]	

宏变量的算术运算法则使用举例：

定义变量#1 = 100，#2 = 200，#3 = 0.2，编程 G01X#1Z#2F#3，其功能等同于常规指令 G01X100Z200F0.2。

（3）宏变量的关系运算法则 以 FAUNC 系统为例，其常见的宏变量关系运算法则见表 3.11.3。

表 3.11.3 宏变量关系运算法则

表达式	含义	英文	表达式	含义	英文
#j EQ #k	#j=#k	EQual	#j LT #k	#j<#k	Less Than
#j NE #k	#j≠#k	Not Equal	#j GE #k	#j≥#k	Greater or Equal
#j GT #k	#j>#k	Greater Than	#j LE #k	#j≤#k	Less or Equal

宏变量的关系运算法则使用举例：

要表达变量#1≥#2，则应编程为#1GE#2。

（4）宏变量的条件转移和循环语句 使用条件转移和循环语句可以控制程序的流向。

1）条件转移（IF 语句）。

格式：IF[<条件表达式>]GOTO n；

说明：若满足<条件表达式>，下一步操作转移到顺序号为 n 的程序段；若不满足，执行 IF 语句下面的语句。

格式：IF[<条件表达式>]THEN...；

说明：若满足<条件表达式>，执行 THEN 后的宏程序语句，只执行一个语句。

2）循环（WHILE 语句）

格式：WHILE［<条件表达式>］DO m；（m＝1，2，3）

　　　……

　　　END m；

　　　……

说明：若满足<条件表达式>，执行 DO～END 之间的程序。若条件不满足，则转到 END 后的程序段。必须注意的是，DO m 和 END m 必须成对使用，并以其中的 m 作为识别号相互识别。m 的范围为 1、2、3，可以根据需要多次使用，但不可交叉使用。

任务实施

完成本任务中图 3.11.1 所示椭圆凸台的数控铣削程序编制与仿真。

1）毛坯的选择：选用毛坯的尺寸为 100mm×100mm×25mm，材料为硬铝。

2）工序划分：尽可能在一道工序中完成零件外轮廓的粗、精加工。

情境 2：如何使用同一个程序完成零件的粗、精加工？

通过程序中添加刀具半径补偿和刀具长度补偿指令，并配合数控系统中刀具半径、刀具长度，以及磨损值的设置，可实现用同一个程序完成零件的粗、精加工。

3）确定装夹方案：毛坯轮廓形状规整，适合选择平口虎钳装夹，露出高度不小于 8mm。

4）刀具选择：由于零件外轮廓没有凹形，为提高切削效率，此处选择 φ20mm 的铝用硬质合金铣刀完成其粗、精加工。

5）确定切削用量：

① 粗加工：主轴转速为 1800r/min；进给速度为 550mm/min。

② 精加工：主轴转速为 2400r/min；进给速度为 400mm/min。

6）填写数控加工工艺卡：将前面的内容综合成表 3.11.4 所示数控加工工艺卡。

表 3.11.4　数控加工工艺卡

工步号	工步作业内容	刀具号	刀具规格/mm	主轴转速/(r/min)	进给速度/(mm/min)	背吃刀量/mm	备注
1	粗加工轮廓（留单边余量 0.2mm）	T01	φ20	1800	550	4.8	
2	精加工轮廓至图样尺寸	T01	φ20	2400	400	0.2	

7）确定工件坐标系：以工件上表面中心为工件原点，建立 XYZ 工件坐标系。

8）编写程序：完成表 3.11.5，程序名为 O3111。

表 3.11.5　程序单

程序名：O3111

程序段号	程序内容	说明
N10	G54G90	设定坐标系和绝对坐标方式
N20	S2400M03	主轴正转
N30	G00G43Z50H01	下刀至安全高度，建立刀具长度补偿
N40	G00X70Y70	轮廓外定位
N50	Z3	快速接近
N60	G01Z-5F50	下刀至切削深度
N70	G01G41X50Y50D01F400	建立刀具半径补偿
N80	G01Y0	以切线方式切入零件轮廓
N90	#1＝50	设置椭圆的长轴

（续）

程序段号	程序内容	说明
N100	#2 = 30	设置椭圆的短轴
N110	#3 = 359	设置初始角度值
N120	#4 = #1 * COS[#3]	计算椭圆 X 坐标
N130	#5 = #2 * SIN[#3]	计算椭圆 Y 坐标
N140	G01X#4Y#5	进给至椭圆下一个插补点
N150	#3 = #3 − 1	角度值减 1°
N160	IF[#3GE0]GOTO120	判断椭圆是否插补完成
N170	G01Y−50	以切线方式切出零件轮廓
N180	G01G40X70Y−70	取消刀具半径补偿
N190	G00G49Z50	抬刀至安全高度，取消刀具长度补偿
N200	M05	主轴关闭
N210	M30	程序结束

情境3：完成椭圆轮廓的加工时，为了实现顺铣，同时方便编程时使用条件语句或循环语句进行微小直线的不断插补，应选择什么位置作为椭圆加工的切入点？

使用参数方程计算椭圆上大量的插入点坐标时是通过不断改变其 θ 角度值来实现的，为使用条件语句或循环语句不断计算其插入点坐标，则必须设置 θ 角度的变化范围。同时为了实现顺铣加工，可以选择椭圆轮廓的最右端点为切入点，使 θ 角度值从 359°~0° 逐渐递减，每次递减 1°。

学习结果评价

完成任务仿真加工，明确检测要素，完成表 3.11.6。

表 3.11.6 自测尺寸、测量工具选用表

序号	检测要素	工具	自测结果	合格否	检测人员
1	100mm	游标卡尺			
2	60mm	游标卡尺			
3	5mm	深度游标卡尺			
4	外观无毛刺	目视检测			

知识巩固与拓展

【巩固题1】 完成一长方形毛坯面的铣削，材料为 45 钢，毛坯长宽尺寸为 100mm×60mm，加工深度为 1mm，铣刀直径为 16mm，要求使用宏程序完成其面铣削加工程序的编写。

【巩固题2】 如图 3.11.3 所示，零件的材料为 45 钢，毛坯尺寸为 80mm×80mm×20mm，零件左上角为一段椭圆轮廓，要求使用宏程序完成其外轮廓加工程序的编写。

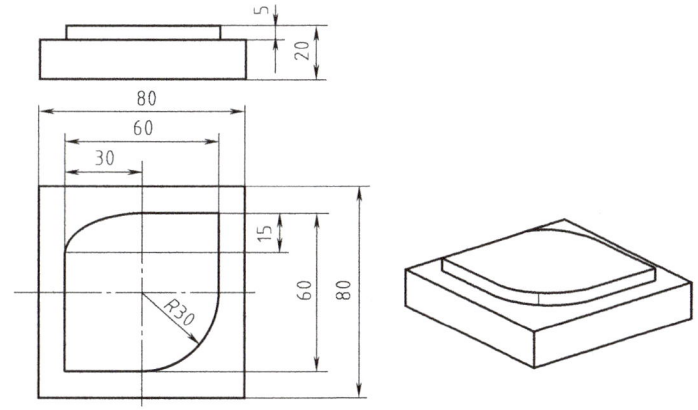

图 3.11.3 巩固题 2 图

【知识拓展】

宏程序在铣平面编程中的应用

在数控加工中，为获得基准面或将零件厚度加工到定值，经常会对长方体的毛坯料进行铣平面加工，其加工方法便是让铣刀在工件的 X 方向不断进行往复进给，并且在每次进给前沿 Y 方向进给一个步距值，直到整个长方形平面加工完毕。这样往复运动的次数取决于零件的长、宽尺寸和刀具的直径等因素，因此虽然运动过程不复杂，但其数控编程却很烦琐。

如图 3.11.4 所示，在铣长方形平面时，零件的长、宽、进给步距值以及刀具直径均使用宏变量定义，加工前刀具定位至长方形轮廓右下角外侧，其一次加工循环的过程包括 X 方向向左进给、Y 方向向上进给一个步距、X 方向向右进给以及 Y 方向向上再次进给一个步距。其中，步距值不可以超过刀具的直径，一般为刀具直径的 50%~75%。当刀具完成一个循环加工后即对当前加工情况做出判别，加工完成即退出循环，反之，则继续下一个循环。

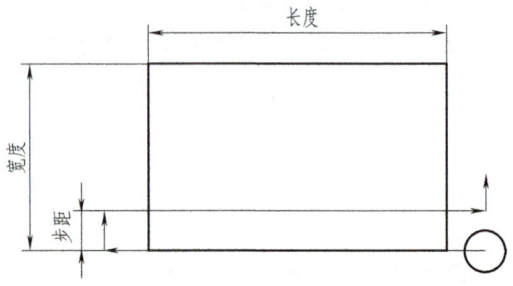

图 3.11.4　铣平面加工

在进行铣平面的编程时，可以先使用宏变量定义相关参数如下：

#1 = ＿＿；　　　　　　　（定义矩形的长）
#2 = ＿＿；　　　　　　　（定义矩形的宽）
#3 = ＿＿；　　　　　　　（定义刀具的直径）
#4 = 0.75 * #3；　　　　　（定义步距值为刀具直径的 75%）
#5 = ［#1+#3］/2+5；　　 （定义刀具中心在 X 方向的初始位置）
#6 = -#2/2；　　　　　　 （定义刀具中心在 Y 方向的初始位置）

接下来按照数控铣削编程的过程进行坐标系设定、主轴正转、刀具长度补偿建立、水平方向定位至初始位置并下刀至切削深度，然后便可通过一组循环语句控制整个加工过程，其代码如下：

WHILE ［［#6-#4］LT［#2/2］］DO 1；（如果刀具中心还没有到达上边缘，则继续循环）
G01X-#5；　　　　　　　（进给至零件左端）
#6 = #6+#4；　　　　　　 （Y 坐标完成一次步距值的递增）
Y#6；　　　　　　　　　 （完成 Y 向一个步距值的进给）
X#5；　　　　　　　　　 （进给至零件右端）
#6 = #6+#4；　　　　　　 （Y 坐标完成一次步距值的递增）
Y#6；　　　　　　　　　 （完成 Y 向一个步距值的进给）
END 1

可以看出使用宏程序并根据已知的加工条件来控制其加工的循环次数，可使传统的编程过程变得简单，且用户通过修改程序开头的 #1~#3 这 3 个变量即可使程序适应新的加工环境，从而使数控加工程序具有更好的通用性。

任务 3.12　数控铣、加工中心 CAD/CAM 自动编程加工

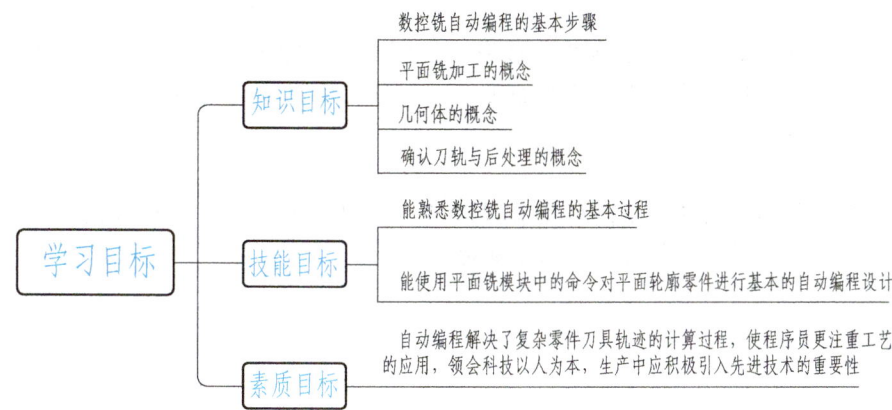

任务导入

图 3.12.1 所示为滑阀壳体，应用于某型电液伺服系统，该系统装于载机上，用来锁闭载机到雷达液压系统，该滑阀壳体是在压力的作用下实现断电锁闭和通电开锁的。毛坯尺寸为 100mm×100mm×25mm，材料为硬铝 2A12，要求利用数控铣或加工中心完成零件内、外结构的加工任务。

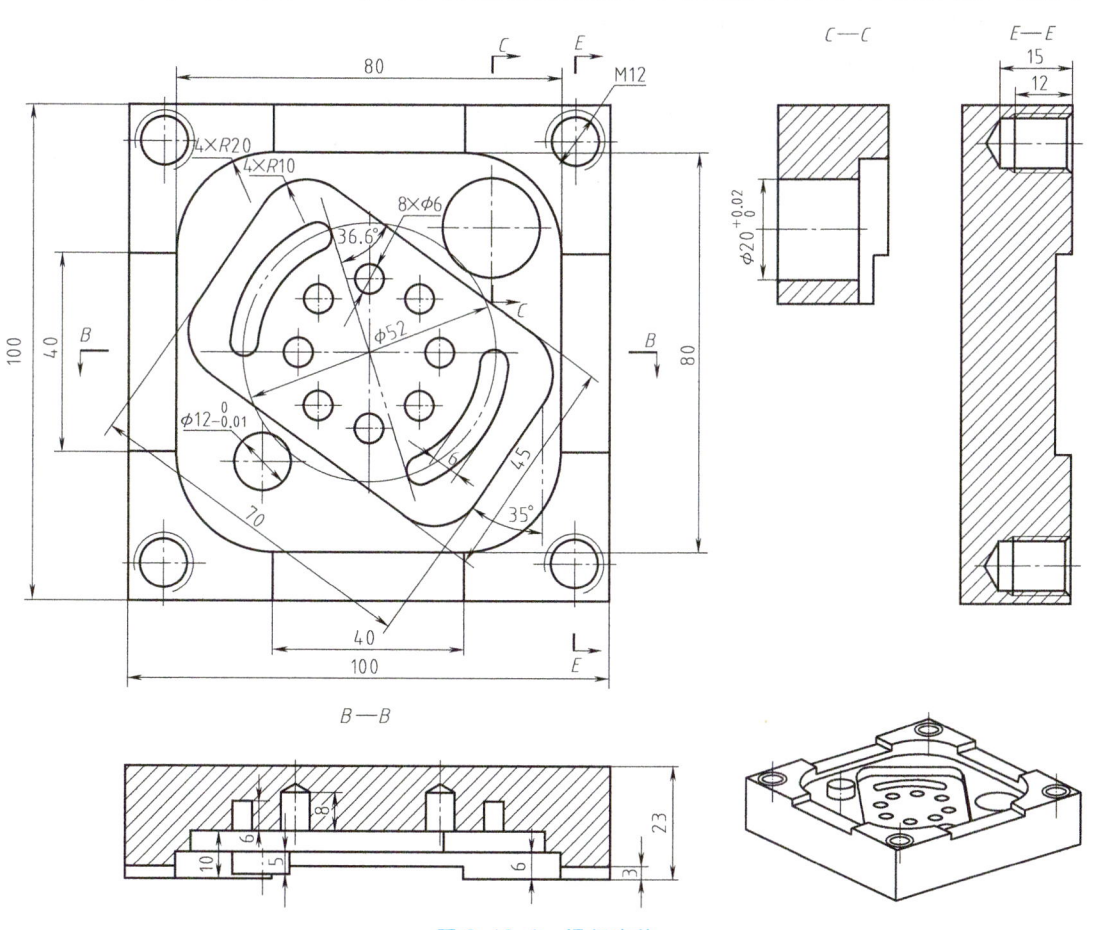

图 3.12.1　滑阀壳体

任务分析

1. 加工分析

毛坯的材料为硬铝 2A12，零件轮廓比较方正，用虎钳就能牢固装夹。零件加工部位均在内部，包含轮廓、型腔、槽、孔及内螺纹的加工，且部分轮廓尺寸有精度要求，该零件的数控编程适合使用自动编程软件进行。

2. 主要技术难点

零件加工部位较多，需使用不同种类和尺寸的刀具进行加工，且自动编程时需选择合适的加工命令和工艺参数，并通过仿真加工加以确定。

知识链接

1. NX 软件平面铣加工模块简介

平面铣加工模块适合对平面轮廓零件进行数控编程，多用于零件的基准面、型腔的底面和侧壁以及外轮廓的加工，对加工直壁，并且岛屿顶面和型腔底面为平面的零件尤为适用。平面铣加工模块中的命令控制机床采用 2.5 轴的加工方式，在加工过程中水平方向的 X、Y 两轴联动，而 Z 轴方向只在完成当前层加工进入下一切削层的下刀动作时才单独运动。

2. 使用 NX 软件编程的主要步骤

零件的自动编程在行业中可使用的软件很多，其基本过程大致相同，包括零件的 CAD 建模、CAM 编程与仿真加工和后处理生成数控加工程序。下面使用 NX 软件对数控铣、加工中心的自动编程过程做简要介绍。

（1）进入加工环境　在使用 NX 软件完成零件的 CAD 建模后需将环境切换至加工模块，其操作方法是选择"文件"，并单击"启动"中的"加工"选项，NX 软件弹出加工环境对话框，如图 3.12.2 所示，"要创建的 CAM 设置"选择"mill planar"，并单击"确定"按钮，即可进入加工模块。其中，"mill planar"表示平面铣加工模块，用于平面轮廓类零件的加工编程，图 3.12.1 所示零件中的大部分结构都适合使用平面铣加工模块中的命令进行编程，但是零件中的钻孔和攻螺纹加工还需要切换至"drill"（钻削模块）进行。

（2）设置坐标系原点和安全平面　选择软件左侧"工序导航器"中的"几何视图"，双击"MCS_MILL"选项，将弹出 MCS 铣削对话框，如图 3.12.3 所示，分别选择图中圈出的两选项，

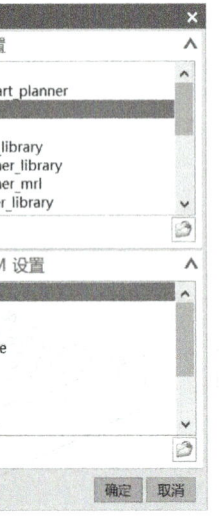

图 3.12.2　加工环境设置

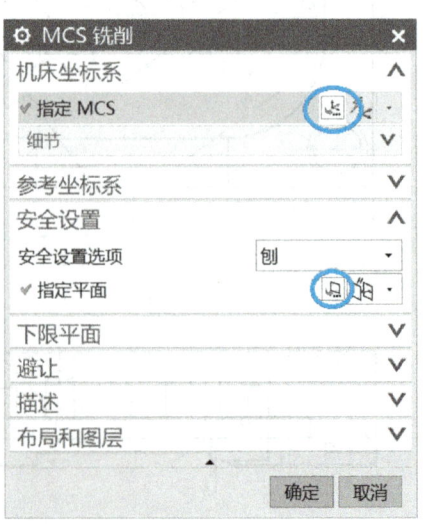

图 3.12.3　坐标系原点和安全平面设置

将编程原点设置为零件上表面中心，将安全平面设置为零件上表面以上50mm高度。

（3）指定部件和毛坯 单击左侧目录树"MCS_ MILL"选项左边的"+"符号，在展开的子目录中双击"WORKPIECE"选项，软件弹出工件对话框，如图3.12.4所示，分别选择图中圈出的两选项，设置"指定部件"为待加工的零件，"指定毛坯"为包容块，并将包容块的"ZM+"值设置为2，为零件上表面留出2mm的加工余量。

（4）创建刀具 零件加工时需选择合适类型和尺寸的刀具，其操作方法是选择软件上方快捷按钮中的"创建刀具"选项，软件弹出创建刀具对话框，如图3.12.5所示，选择类型为"mill_planar"，可以从"库"或"刀具子类型"中选择合适类型的刀具，在"名称"中给刀具命名，最后单击"确定"按钮并完成后续刀具尺寸参数的设置。

图3.12.4 几何体设置

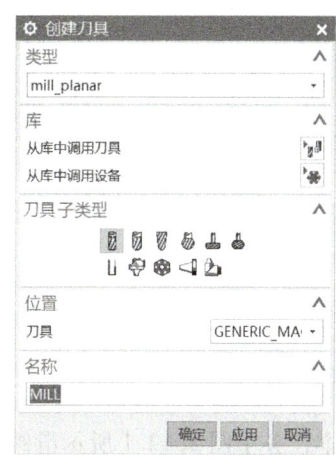

图3.12.5 创建刀具

（5）创建工序 对于零件不同的部位或结构，需选择合适的加工工序，其操作方法是选择软件上方快捷按钮中的"创建工序"选项，软件弹出创建工序对话框，如图3.12.6所示，选择类型为"mill_planar"，选择合适的"工序子类型"，并在"位置"选项中选择合适的"刀具"（事先创建的刀具）、"几何体"（一般选择WORKPIECE）和"方法"（加工类型的归类），最后单击"确定"按钮并完成后续工艺参数的设置。

（6）仿真加工 待当前的一个或多个工序编程完成后即可对其进行仿真加工，通过仿真结果判断工序的设计是否符合要求。选择软件左侧目录树中待仿真的工序并选择上方快捷按钮中的"确认刀轨"选项，软件弹出刀轨可视化对话框，如图3.12.7所示。仿真时可选择"3D动态"或"2D动态"方式。3D方式允许仿真后动态旋转工件从各个视角进行观察，其仿真时间较长；2D方式仿真时间短，但观察视角不可调整。"动画速度"用于控制仿真进行的快慢，单击播放按钮开始仿真加工。

图3.12.6 创建工序

（7）后置处理生成数控加工程序 当仿真加工无误后即可将选择的工序通过后处理器生成为数控加工程序，方法是选择软件左侧目录树中需处理的工序并选择上方快捷按钮中的"后处理"选项，软件弹出后处理对话框，如图3.12.8所示。在"后处理器"选项中选择合适的已知机床类型，或者从"浏览查找后处理器"中选择需要的机床类型，正确设置"文件扩展名"并单击"确定"按钮，即可生成零件工序的数控加工程序。

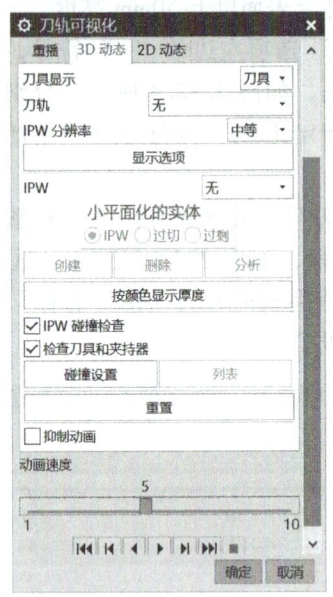
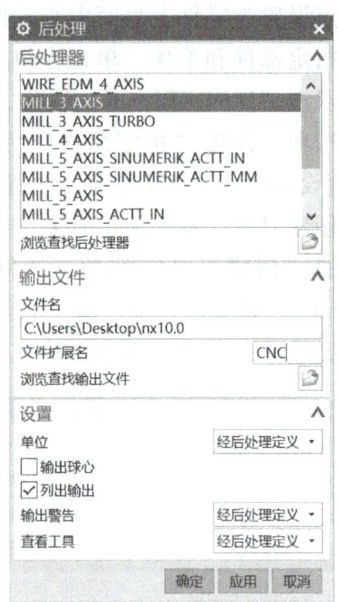

图 3.12.7　仿真加工　　　　　　　　　图 3.12.8　后处理

任务实施

完成本任务中图 3.12.1 所示滑阀壳体的自动编程与仿真加工。

1）毛坯的选择：选用毛坯的尺寸为 100mm×100mm×25mm，材料为硬铝。

2）工序划分：根据零件的内、外结构和图样上的技术要求，将零件的加工工序分为铣平面、内部型腔加工、环形槽加工、钻孔加工、攻螺纹加工和倒角加工。其中，$\phi12_{-0.01}^{0}$mm 和 $\phi20_{0}^{+0.02}$mm 的圆柱和孔因为有尺寸精度要求，在粗加工时需留出余量，并且各安排一次轮廓精加工。

情境1：零件中 4 个 M12 的螺纹孔在攻螺纹前其钻孔尺寸应为多少？

通过查表可知这 4 个螺纹孔为普通粗牙螺纹，其螺距为 1.75mm，在攻螺纹前其钻孔尺寸＝螺纹大径－螺纹螺距，即钻孔直径为 10.25mm，可选择 $\phi10.3$mm 的钻头进行钻孔加工。

3）确定装夹方案：毛坯轮廓形状规整，适合选择平口虎钳装夹，露出高度不小于 6mm。

4）刀具选择：由于零件结构复杂且加工类型较多，因此其使用的加工刀具较多，所使用的刀具见表 3.12.1。

表 3.12.1　加工刀具卡

序号	刀具号	刀具名称	数量	加工表面	规格/mm	备注
1	T01	面铣刀	1	上表面	$\phi60$	
2	T02	立铣刀	1	内轮廓	$\phi10$	
3	T03	立铣刀	1	环形槽	$\phi4$	
4	T04	钻头	1	环形阵列孔	$\phi6$	
5	T05	钻头	1	螺纹孔底孔	$\phi10.3$	
6	T06	丝锥	1	螺纹孔	M12	
7	T07	倒角刀	1	螺纹孔倒角	$\phi6$	

情境2：零件中 4 个 M12 的螺纹孔的倒角加工除了使用倒角刀以外，还可以使用什么刀具？

倒角刀具是刀具沿零件倒角轮廓走刀时通过刀具的 45°侧刃进行倒角切削的，除使用倒角刀以外还可以使用 90°锪孔钻或钻头沿孔的中心进给来倒角，该加工属点位加工方式。

5）确定切削用量：根据选定刀具的类型、被加工材料和粗、精加工分类分别计算各工序的切削用量。

6）填写数控加工工艺卡：将前面的内容综合成表3.12.2所示数控加工工艺卡。

表 3.12.2 数控加工工艺卡

工步号	工步作业内容	刀具号	刀具规格/mm	主轴转速/(r/min)	进给速度/(mm/min)	背吃刀量/mm	备注
1	铣平面	T01	ϕ20	800	200	2	
2	铣内轮廓至图样尺寸（ϕ12mm的圆柱留0.3mm的余量）	T02	ϕ10	3600	1100	5	
3	铣ϕ20mm的孔，留0.3mm的余量	T02	ϕ10	3600	1100	0	
4	精铣ϕ12mm的圆柱和ϕ20mm的孔	T02	ϕ10	4700	700	0	
5	铣环形槽至图样尺寸	T03	ϕ4	5000	300	2	
6	钻环形阵列孔	T04	ϕ6	600	80	—	
7	钻M12螺纹孔底孔	T05	ϕ10.3	450	120	—	
8	攻M12螺纹孔	T06	M12	200	350	—	
9	M12螺纹孔倒角	T07	ϕ6	3000	500	—	

7）确定工件坐标系：以工件上表面中心为工件原点，建立 *XYZ* 工件坐标系。

8）完成零件的自动编程：使用NX10.0软件按照拟定的工序进行自动编程，以工序2为例其生成的刀具轨迹与仿真加工效果如图3.12.9所示。

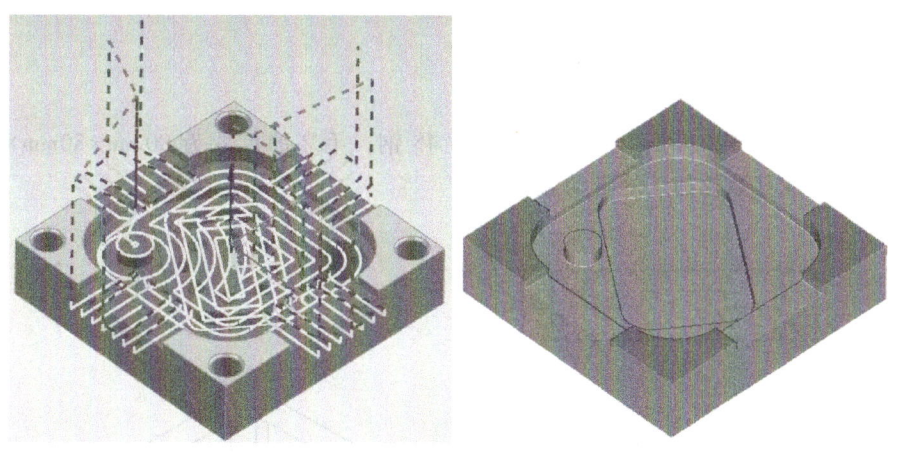

图 3.12.9 工序2的刀轨与仿真加工效果

学习结果评价

完成任务仿真加工，明确检测要素，完成表3.12.3。

表 3.12.3 自测尺寸、测量工具选用表

序号	检测要素	工具	自测结果	合格否	检测人员
1	40mm	游标卡尺			
2	80mm	游标卡尺			
3	6mm	游标卡尺			
4	45mm	游标卡尺			

（续）

序号	检测要素	工具	自测结果	合格否	检测人员
5	70mm	游标卡尺			
6	$\phi 12_{-0.01}^{0}$ mm	外径千分尺			
7	$\phi 20_{0}^{+0.02}$ mm	内径量表			
8	ϕ6mm	游标卡尺			
9	M12	螺纹塞规			
10	R10mm	R规			
11	R20mm	R规			
12	15mm	游标卡尺			
13	3mm	游标卡尺			
14	5mm	游标卡尺			
15	6mm	游标卡尺			
16	8mm	游标卡尺			
17	10mm	游标卡尺			
18	23mm	游标卡尺			
19	外观无毛刺	目视检测			

知识巩固与拓展

【巩固题1】 图3.12.10所示零件的材料为45钢，毛坯的尺寸为80mm×80mm×20mm，要求使用NX软件完成其数控加工的自动编程。

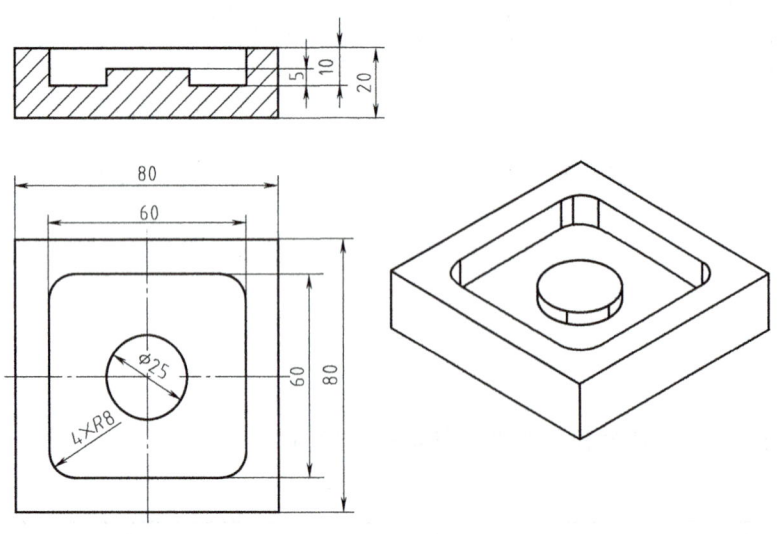

图 3.12.10 巩固题1图

【巩固题2】 图3.12.11所示零件的材料为45钢，毛坯的尺寸为80mm×80mm×20mm，要求使用NX软件完成其数控加工的自动编程。

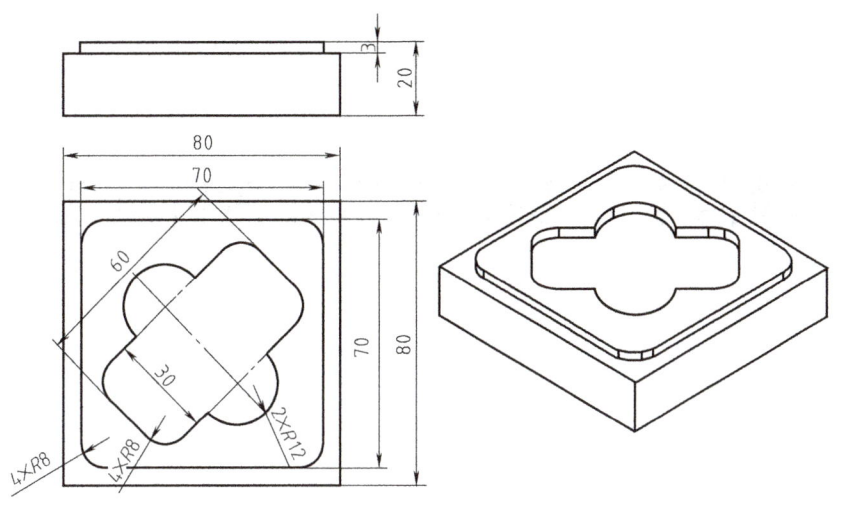

图 3.12.11　巩固题 2 图

【知识拓展】

多轴加工技术与编程

多轴加工指使用运动轴数为四轴或五轴以上的机床进行的数控加工，如图 3.12.12 所示，具有加工结构复杂、控制精度高、加工程序复杂等特点。多轴加工适用于加工复杂的曲面、斜轮廓以及不在同平面上的孔系等，其中叶轮的加工非常具有代表性。在多轴加工过程中，刀具与工件的位置是可以随时调整的，因此刀具与工件能达到最佳的切削状态，从而提高机床加工效率。由于多轴加工常用于解决复杂结构零件，因此其数控编程主要通过自动编程软件来实现，市场上具有代表性的国外软件有 NX、POWER MILL、MASTERCAM、HYPER MILL 等，近十年来随着国产信息技术的迅速发展，涌现出了 CAXA 制造工程师、中望 3D、北京精雕 SurfMill 等优秀的国产计算机辅助设计与制造软件，目前这些国产软件均支持多轴编程技术，在众多制造行业得到了用户的肯定。

图 3.12.12　五轴叶片加工

项目4　数控车铣复合件加工

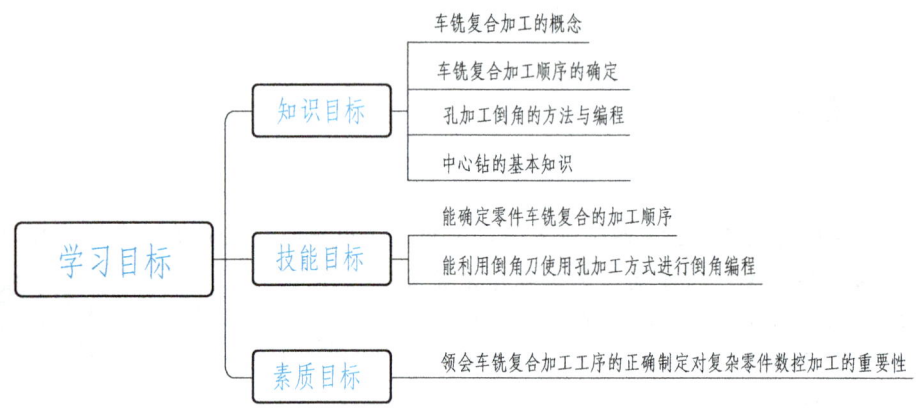

> 任务导入

图 4.1 所示为负载端盖,是液压系统前轮转弯子系统的组成部分,该系统主要控制前轮转弯液压能的通断,端盖在其中起支撑作用。毛坯的材料为 45 钢,尺寸为 $\phi130\text{mm}\times30\text{mm}$,要求利

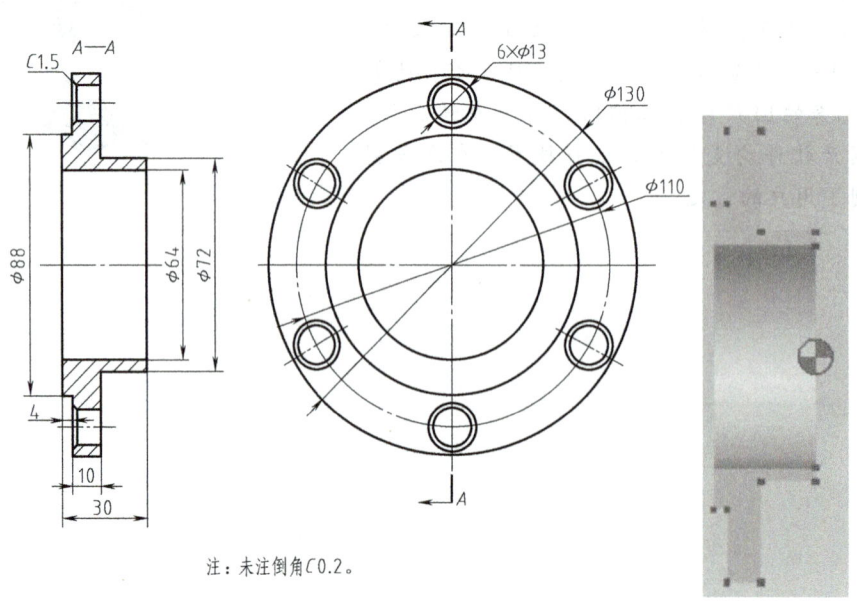

注：未注倒角C0.2。

图 4.1　负载端盖

用数控车铣复合方式完成零件的加工任务。需完成加工工序卡和程序单，检验后填写自测尺寸、测量工具选用表。

 任务分析

1. 加工分析

毛坯的材料为 45 钢，需通过掉头加工的形式分两次完成左、右外圆轮廓和中心孔的车削加工，同时零件在周向均匀分布了 6 个通孔，需在数控铣或加工中心上完成均布通孔的加工，因此该零件属于典型的车铣复合加工。

2. 主要技术难点

零件属车铣复合加工形式，因此需先确定车铣加工的顺序。为保证周向均布孔的加工定位精度，同时方便铣削加工的装夹，应先进行零件的车削加工，再利用加工好的右端外圆和端面作为定位基准进行均布孔的铣削加工。

 知识链接

1. 倒角加工概述

倒角的主要作用是去除毛刺，使零件表面美观，同时也方便零件的装配以及避免接触时过于尖锐的表面对操作者或用户的伤害。如图 4.2 所示，该倒角刀的刀尖角为 90°，可完成零件轮廓上 45°的倒角加工，加工时倒角刀沿零件轮廓方向走刀，多用于零件的外轮廓或内轮廓边缘的倒角。由于该方法在编程时需考虑倒角刀中心相对轮廓的偏置距离和加工深度，一般使用自动编程较为方便。对于孔的边缘倒角，除使用前者方法以外，也可以使用合适尺寸的倒角刀或钻头以钻削方式进行加工。该加工方法属点位加工，数据计算较方便，适合手工编程。

2. 钻削加工倒角的编程

如图 4.3 所示，需对 φ10mm 通孔的上表面边缘进行倒角，加工刀具为 φ16mm、刀尖角 90°的倒角刀。如果将编程原点设置为该孔的上表面中心，刀具已定位至当前图中位置且已正转，则从图中的相关尺寸可以计算出，倒角刀的刀尖下刀至零件表面以下 6mm 即可完成该倒角加工。如果使用固定循环指令编程，则可编写如下程序：

G81Z-6R3F50；

图 4.2 常见倒角刀

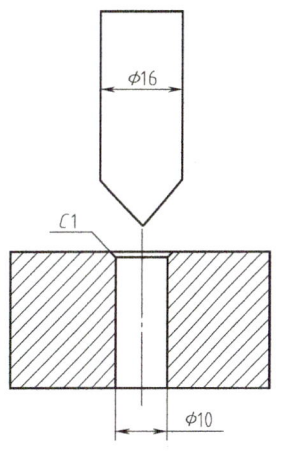

图 4.3 孔加工方式倒角

任务实施

完成本任务中图 4.1 所示负载端盖的编程与仿真加工。

1）毛坯的选择：选用毛坯的尺寸为 φ130mm×30mm，材料为 45 钢。

2）工序划分：为保证周向均布孔的加工定位精度，同时方便铣削加工的装夹，应先进行零件的车削加工，再进行铣削加工。

情境 1：车削加工时应先加工零件的左半边还右半边？

由于零件左半边的端面深度只有 4mm，而右半边端面深度有 16mm，考虑到装夹的难易与可靠性，应先加工零件的右半边，然后以右半边外圆和端面作为定位基准掉头加工零件的左半边。

情境 2：零件中心 φ64mm 的通孔应该使用车削加工还是铣削加工？

一般此类零件对中心孔与外圆的同轴度要求较高，最好在一次装夹中完成对应结构的加工。同时，车削加工的孔其圆度相比铣削要高很多，如在数控铣上采用先钻后镗的方式加工，虽然圆度可以得到提高，但是其加工效率要比车削低很多。

3）确定装夹方案：车削时使用自定心卡盘装夹毛坯，确保外圆露出不少于 20mm，待零件右半边车削完毕后再掉头以加工好的右半边外圆和端面作为定位基准装夹，并加工零件的左半边。铣削时由于零件属圆盘结构，不可以使用虎钳装夹，应使用压板将自定心卡盘固定在铣床工作台面上，以零件右半边外圆和端面作为定位基准装夹，并完成铣削工序。

小贴士：在铣削工序装夹零件时，需根据 6 个周向孔的编程位置来调整卡爪相对孔的位置，即确保卡爪上方没有待加工的孔，否则加工时会引发撞刀事故。

4）刀具选择：根据加工工序内容，车削加工时需使用外圆车刀、钻头和镗刀；铣削加工时需使用钻头和倒角刀。

5）确定切削用量：根据选定的刀具、被加工材料和粗、精加工分类分别计算各工序的切削用量。

6）填写数控加工工艺卡：将前面的内容综合成表 4.1 和 4.2 所示数控加工工艺卡（车削和铣削）。

表 4.1 数控加工工艺卡（车削）

工步号	工步作业内容	刀具号	刀具规格	主轴转速/(r/min)	进给速度/(mm/min)	背吃刀量/mm	备注
1	装夹毛坯	—	—	—	—	—	
2	钻中心通孔	T03	φ20mm	300	0.2	—	手动
3	粗车右端外圆（留 0.3mm 的余量）	T01	90°	300	0.2	4	
4	精车右端外圆	T01	90°	600	0.1	0.3	
5	粗镗内孔（留 0.3mm 的余量）	T02	90°	950	0.4	4	
6	精镗内孔	T02	90°	550	0.2	0.3	
7	掉头装夹零件右端	—	—	—	—	—	
8	粗车左端外圆（留 0.3mm 的余量）	T01	90°	300	0.2	4	
9	精车左端外圆	T01	90°	500	0.1	0.3	

表 4.2 数控加工工艺卡（铣削）

工步号	工步作业内容	刀具号	刀具规格	主轴转速/(r/min)	进给速度/(mm/min)	背吃刀量/mm	备注
1	装夹毛坯右端外圆	—	—	—	—	—	
2	钻 6 个 φ13mm 通孔	T01	φ13mm	400	80	—	
3	6 个 φ13mm 通孔倒角	T02	90°	600	50	—	

7）确定工件坐标系：车削零件右端时以右端面中心为工件原点，建立 *XZ* 工件坐标系；车削零件左端时以左端面中心为工件原点，建立 *XZ* 工件坐标系。铣削零件时以左端面中心为工件原点，建立 *XYZ* 工件坐标系。

8）编写程序：完成零件加工程序的编写，并填写表 4.3～表 4.6，程序名分别为 O4001、O4002、O4003 和 O4004。

表 4.3 程序单（车削右端）

程序名：O4001

程序段号	程序内容	说明
N10	S300M03	主轴正转
N20	T0101	调用 1 号刀
N30	G00X135Z3	快速定位至加工起点
N40	G94X72.3Z-4F0.2	第 1 次端面粗车
N50	Z-8	第 2 次端面粗车
N60	Z-12	第 3 次端面粗车
N70	Z-16	第 4 次端面粗车
N80	S600	调整至精车转速
N90	G90X72Z-16F0.1	外圆精车
N100	G00X100Z200	刀架远离
N110	T0202	调用 2 号刀
N120	S950	调整至粗车转速
N130	G00X18Z3	快速定位至加工起点
N140	G94X63.7Z-4F0.4	第 1 次粗镗内孔端面
N150	Z-8	第 2 次粗镗内孔端面
N160	Z-12	第 3 次粗镗内孔端面
N170	Z-16	第 4 次粗镗内孔端面
N180	Z-20	第 5 次粗镗内孔端面
N190	Z-24	第 6 次粗镗内孔端面
N200	Z-28	第 7 次粗镗内孔端面
N210	Z-32	第 8 次粗镗内孔端面
N220	S550	调整至精车转速
N230	G90X64Z-32F0.2	精车内孔
N240	G00X100Z100	刀架远离
N250	M05	主轴关闭
N260	M30	程序结束

表 4.4 程序单（车削左端）

程序名：O4002

程序段号	程序内容	说明
N10	S300M03	主轴正转
N20	T0101	调用 1 号刀
N30	G00X135Z3	快速定位至加工起点
N40	G94X88.3Z-4F0.2	粗车外圆端面
N50	S500	调整至精车转速
N60	G90X88Z-4F0.1	外圆精车
N70	G00X100Z100	刀架远离
N80	M05	主轴关闭
N90	M30	程序结束

表 4.5 程序单（铣削：钻孔）

程序名：O4003

程序段号	程序内容	说明
N10	G54G90G99	设定坐标系和绝对坐标方式
N20	S400M03	主轴正转
N30	G00G43Z50H01	下刀至安全高度，建立刀具长度补偿
N40	G68X0Y0R30	坐标系旋转
N50	G81X55Y0Z-21R3F80	钻第 1 个孔
N60	G68X0Y0R90	坐标系旋转
N70	G81X55Y0Z-21R3F80	钻第 2 个孔
N80	G68X0Y0R150	坐标系旋转
N90	G81X55Y0Z-21R3F80	钻第 3 个孔
N100	G68X0Y0R210	坐标系旋转
N110	G81X55Y0Z-21R3F80	钻第 4 个孔
N120	G68X0Y0R270	坐标系旋转
N130	G81X55Y0Z-21R3F80	钻第 5 个孔
N140	G68X0Y0R330	坐标系旋转
N150	G81X55Y0Z-21R3F80	钻第 6 个孔
N160	G80	孔加工固定循环取消
N170	G69	坐标系旋转取消
N180	G00G49Z50	抬刀至安全高度，取消刀具长度补偿
N190	M05	主轴关闭
N200	M30	程序结束

表 4.6 程序单（铣削：倒角加工）

程序名：O4004

程序段号	程序内容	说明
N10	G54G90G99	设定坐标系和绝对坐标方式
N20	S600M03	主轴正转
N30	G00G43Z50H02	下刀至安全高度，建立刀具长度补偿
N40	G68X0Y0R30	坐标系旋转
N50	G81X55Y0Z-12R3F50	第 1 个孔倒角
N60	G68X0Y0R90	坐标系旋转
N70	G81X55Y0Z-12R3F50	第 2 个孔倒角
N80	G68X0Y0R150	坐标系旋转
N90	G81X55Y0Z-12R3F50	第 3 个孔倒角
N100	G68X0Y0R210	坐标系旋转
N110	G81X55Y0Z-12R3F50	第 4 个孔倒角
N120	G68X0Y0R270	坐标系旋转
N130	G81X55Y0Z-12R3F50	第 5 个孔倒角
N140	G68X0Y0R330	坐标系旋转
N150	G81X55Y0Z-12R3F50	第 6 个孔倒角
N160	G80	孔加工固定循环取消
N170	G69	坐标系旋转取消
N180	G00G49Z50	抬刀至安全高度，取消刀具长度补偿
N190	M05	主轴关闭
N200	M30	程序结束

学习结果评价

完成任务仿真加工，明确检测要素，完成表4.7。

表4.7 自测尺寸、测量工具选用表

序号	检测要素	工具	自测结果	合格否	检测人员
1	φ88mm	游标卡尺			
2	φ72mm	游标卡尺			
3	φ64mm	内径量表			
4	φ13mm	内径量表			
5	4mm	游标卡尺			
6	10mm	游标卡尺			
7	外观无毛刺	目视检测			

知识巩固与拓展

【巩固题1】 图4.4所示零件的材料为45钢，毛坯的尺寸为 φ40mm×20mm，要求使用车铣复合方式完成其数控加工。俯视图中 R4mm 圆弧的两端点 A、B 相对于零件中心的水平坐标分别为 A（5.385, 17）、B（8.213, 15.828）。

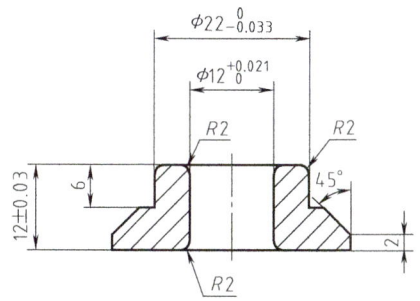

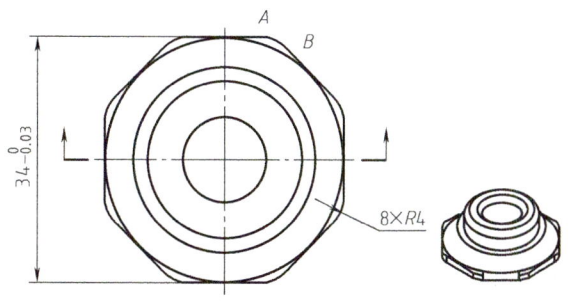

图4.4 巩固题1图

【巩固题2】 图4.5所示零件的材料为45钢，毛坯的尺寸为 φ40mm×35mm，要求使用车铣复合方式完成其数控加工。

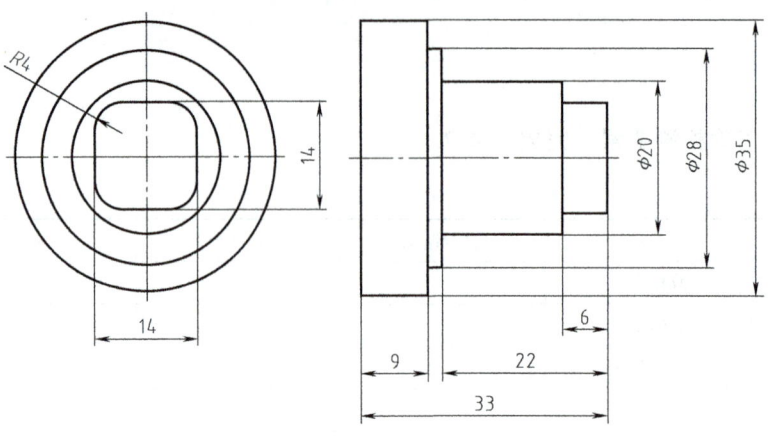

图 4.5　巩固题 2 图

附 录

附录A 常用切削用量表

表A.1 高速钢的切削参数推荐值（车削）

被加工材料	几何参数		切削用量		
	主前角 $\gamma/(°)$	主后角 $\alpha/(°)$	速度 v /(m/min)	进给量 $f/(mm/r)$	切削深度 a_p /mm
低碳钢（150HBW）	25~30	8~12	20~40	0.2~0.6	2~4
正火45钢（150~200HBW）	20~25	8~12	20~40	0.2~0.6	2~4
调质结构钢（230~300HBW）	15~20	6~10	10~30	0.2~0.6	2~3
调质结构钢（300~400HBW）	10~15	6~10	10~20	0.1~0.4	1~3
淬硬结构钢（45~50HRC）	0~5	6~8	5~15	0.1~0.3	0.5~1.5
不锈钢	15~25	6~8	10~20	0.1~0.5	1~2
高温合金	5~15	8~12	5~10	0.1~0.22	0.5~1.5
钛合金	5~15	10~15	10~15	0.1~0.2	1~2
灰铸铁	10~15	6~8	20~40	0.2~0.6	2~5

表A.2a 部分金属切削用硬质合金牌号的切削参数推荐值1（车削）

被加工材料		布氏硬度 HBW	YC10			YC20.1			YC30			YC40		
			进给量 $f/(mm/r)$											
			0.1	0.3	0.5	0.2	0.4	0.6	0.2	0.5	1.0	0.3	0.6	1.2
			切削速度 $v/(m/min)$											
碳钢	$w_c=0.15\%$	125	395	270	25	355	260	195	190	135	95	160	115	85
	$w_c=0.35\%$	150	355	250	05	265	190	155	160	125	95	155	105	80
	$w_c=0.6\%$	200	315	220	75	230	170	115	140	95	80	125	100	70
合金	退火态	180	250	170	40	150	135	95	125	105	90	95	70	50
	淬火+回火	275	170	115	90	120	90	65	85	65	50	70	50	35
	淬火+回火	300	155	105	80	100	85	65	75	55	40	65	45	30
	淬火+回火	350	135	90	70	85	70	50	70	45	35	55	40	25
高合金钢	退火态	200	220	140		130	95		105	70		85	65	40
	淬火态	325	100	65		80	65		55	40		40	30	20
不锈钢	马氏体/铁素体	100	230	190		150	125		110	80		120	100	80
	奥氏体	175	200	165		115	95		90	60		120	100	75
铸钢	非合金	180	150	115		150	120	95	100	90	70	70	55	40
	低合金	200	150	105		150	115	85	90	70	50	60	50	35
	高合金	225	120	85					70	50	30	45	35	25

表A.2b 部分金属切削用硬质合金牌号的切削参数推荐值2（车削）

被加工材料		布氏硬度 HBW	YB415			YB215			YB125			YB435			YB135		
			进给量 $f/(mm/r)$														
			0.1	0.4	0.8	0.1	0.4	0.8	0.1	0.4	0.8	0.2	0.5	1.0	0.2	0.5	1.0
			切削速度 $v/(m/min)$														
碳钢	$w_c=0.15\%$	125	480	340	250	460	300	220	440	300	210	320	30	160	270	190	130
	$w_c=0.35\%$	150	440	310	230	420	260	200	400	270	200	300	210	150	250	170	120
	$w_c=0.6\%$	200	380	270	200	370	240	180	340	230	180	260	180	130	220	150	110

（续）

被加工材料		布氏硬度 HBW	YB415			YB215			YB125			YB435			YB135		
			进给量 f/(mm/r)														
			0.1	0.4	0.8	0.1	0.4	0.8	0.1	0.4	0.8	0.2	0.5	1.0	0.2	0.5	1.0
			切削速度 v/(m/min)														
合金钢	退火态	180	380	260	190	360	240	170	290	190	140	200	140	90	160	110	80
	淬火并回火	275	260	180	130	250	165	120	200	130	95	130	95	65	115	75	55
	淬火并回火	300	240	165	120	230	150	110	185	120	90	125	90	60	105	70	50
	淬火并回火	350	205	145	105	200	130	95	160	105	75	110	75	55	90	60	40
高合金钢	退火态	200	350	230	170	300	220	160	265	175	130	175	115	80	150	100	70
	淬火态	325	170	110		160	105		95	65	50	85	55	40	70	35	20
不锈钢	马氏体/铁素体	100	295	240	170	280	220	155	265	195	155	220	175	145	190	155	125
	奥氏体	175	285	240	160	260	220	150	240	190	140	195	160	125	170	140	110
铸钢	非合金	180	260	185	145	230	155	120	190	130	100	135	105	75	115	90	65
	低合金	200	255	160	120	195	140	100	160	115	85	120	90	60	100	80	55
	高合金	225	190	130	95	165	110	85	135	90	70	95	70	55	80	60	50

表 A.2c　部分金属切削用硬质合金牌号的切削参数推荐值 3（车削）

被加工材料		布氏硬度 HBW	YD10.2			YD20			YB215			YB415			YB435		
			进给量 f/(mm/r)														
			0.1	0.3	0.5	0.2	0.5	1.0	0.2	0.5	1.0	0.1	0.4	0.6	0.2	0.5	1.0
			切削速度 v/(m/min)														
硬钢	淬火钢	55HRC	36	25		26	15	10	31	20		—			—		
	锰钢	250	57	43	28	62	37	15	47	28	20	—			—		
低合金铸铁		180	230	160	130	130	87	52	205	140	86	390	260	165	225	150	90
高合金铸铁		260	165	115	90	92	62	38	155	110	56	280	175	110	160	100	55
球墨铸铁	铁素体	160	185	140	115	110	75	42	175	130	82	285	195	135	165	110	70
	珠光体	250	165	125	105	95	76	36	155	115	72	250	180	125	145	110	65
冷硬铸铁		400	30	16		16	10		23	14		—			—		
耐热合金	铁基	退火	200	—			63	31	14	—			—			—		
		老化	280	—			35	18		—			—			—		
	镍或钴基	退火	250				22	10		—			—			—		
		老化	350				15			—			—			—		
		铸造	320				13			—			—			—		
铝合金	不可热处理	60	2400	1550	1950	1650	950	1200	—			—			—		
	可热处理	100	810	600	460	470	320	220	—			—			—		

表 A.2d　部分金属切削用硬质合金牌号的切削参数推荐值 4（车削）

被加工材料	布氏硬度 HBW	YT15			YT14			YT5			YT05		
		进给量 f/(mm/r)											
		0.1	0.2	0.3	0.1	0.2	0.3	0.2	0.4	0.6	0.1	0.2	0.3
		切削速度 v/(m/min)											
低碳钢（w_c<0.25%）	<150	200	170	120	180	130		110	90	60	—		
中碳钢（0.25%<w_c<0.6%）	225	140	110		130	100		70	50		—		
高碳钢（w_c>0.6%）	250	125	100		110	80		60	40		—		
合金钢	<220	130	110		120	100		90	60		—		
工具钢	100~140	120	100		120	100		100	80		—		
淬硬钢	50(HRC)	—			—			—			36	20	

表 A.2e　部分金属切削用硬质合金牌号的切削参数推荐值 5（车削）

被加工材料	布氏硬度 HBW	YS8			YS10			YD15			YT5R		
		进给量 f/(mm/r)											
		0.1	0.2	0.4	0.1	0.3	0.5	0.1	0.3	0.5	0.2	0.5	1.0
		切削速度 v/(m/min)											
淬硬钢	55(HRC)	5	10		10	8		—			—		
锰钢	250	70	50	30				—			35	20	
不锈钢	—	65	50	35				45	35	25	—		
高温合金	>40(HRC)	40	25					40	30	20	—		
钛合金	—	30	20					45	25		—		
冷硬铸铁	400	25	20	16	30	20	18	20	15	10	—		
	60(HRC)	12	10	8	15	12	10	8			—		
铸钢	200	—			—			—			10	80	60

表 A.2f 部分金属切削用硬质合金牌号的切削参数推荐值6（车削）

被加工材料	布氏硬度 HBW	YC35			YC45			YC2T			YD05		
		进给量 $f/(\text{mm/r})$											
		0.2	0.5	1.0	0.5	1.0	1.5	0.1	0.2	0.3	0.1	0.5	1.0
		切削速度 $v/(\text{m/min})$											
碳钢铸件	150~230	100	85	50	80	60	45	—	—	—	—	—	—
碳钢气割件	200~300	56	35	30	40	20	—	—	—	—	—	—	—
铸钢	150~220	80	50	30	60	50	35	—	—	—	—	—	—
合金钢	225	80	65	28	35	18	—	—	—	—	—	—	—
不锈钢	150~220	40	20	—	30	15	—	60	40	30	100	—	—
钛合金	300~400	—	—	—	—	—	—	20	15	10	40	—	—
钴基合金	220~300	—	—	—	—	—	—	—	—	—	20	15	10
镍基合金	220~300	—	—	—	—	—	—	—	—	—	20	10	7.5
喷涂（焊）层工件	60(HRC)	—	—	—	—	—	—	—	—	—	15	10	8

表 A.3a 切削部分材料用硬质合金刀具的切削参数推荐值1（铣削）

被加工材料		布氏硬度 HBW	YC30S			YC40			YC10		
			进给量 $f/(\text{mm/z})$								
			0.4	0.2	0.1	0.4	0.2	0.1	0.4	0.2	0.1
			切削速度 $v/(\text{m/min})$								
碳素钢	$w_c<0.25\%$	110	130	180	230	96	125	150	170	230	290
	$w_c<0.8\%$	150	86	105	145	62	82	95	105	150	200
	$w_c<1.4\%$	310	66	95	120	46	70	80	90	125	160
低合金钢	退火	125~225	86	115	145	62	82	160	155	180	
	淬火	220~450	52	70	90	40	55	65	95	120	
高合金钢	退火	150~250	76	100	130	60	75	85	135	170	
	淬火	250~500	46	62	86	40	48	55	90	110	
高速钢 高合金工具钢	退火	150~250	66	92	115	50	60	75	95	120	
	淬火	250~350	52	66	85	30	40	50	70	90	
退火不锈钢	铁素体、马氏体	150~270	105	145	180	80	105	130	90	240	
	奥氏体	150~220	82	110	145	65	85	100	150	180	
铸钢	碳素钢	150	72	105	130	60	75	95	140	170	
	低合金钢	150~250	60	85	105	50	65	85	110	140	
	高合金钢	160~200	46	60	70	35	45	55	80	100	
铸造不锈钢	铁素体、马氏体	200	42	56	65	30	40	50	70	95	
	奥氏体	200	42	52	—	18	25	35	55	75	

表 A.3b 切削部分材料用硬质合金刀具的切削参数推荐值2（铣削）

被加工材料		布氏硬度 HBW	YD15S			YD10.2			YD10.1	
			进给量 $f/(\text{mm/z})$							
			0.4	0.2	0.1	0.4	0.2	0.1	0.2	0.1
			切削速度 $v/(\text{m/min})$							
淬火钢		50~65(HRC)	—	—	—	10	15	—	—	—
铸造锰钢（12%~14%）		250	15	20	30	20	30	40	—	—
可锻铸铁	短屑	110~145	97	120	145	120	145	170	—	—
	长屑	200~230	87	112	130	96	120	145	—	—
灰铸铁	低强度	180	82	115	150	86	125	165	—	—
	高强度	260	68	87	108	72	96	120	—	—
球墨铸铁	铁素体	160	68	87	108	86	116	120	—	—
	珠光体	250	63	82	97	57	96	110	—	—
冷硬铸铁		40~60(HRC)	—	—	—	10	24	—	—	—
铁基合金		180~300	—	—	—	—	—	—	—	—
镍基、钴基合金		220~300	—	—	—	—	—	—	10	20
钛合金		300~400	—	—	—	—	—	—	20	90
铝合金	非铸造	30~150	—	—	—	—	—	—	200	600
	铸造	40~185	—	—	—	—	—	—	250	500
铝	非铸造	—	—	—	—	—	—	—	500	2000

附录 B　数控车铣加工职业技能等级要求

工作领域	工作任务	职业技能要求（中级）
1. 数控编程	1.1　车铣配合件加工工艺文件编制	1.1.1　能根据车铣配合件加工工作任务要求和机械加工过程卡,分析车铣配合件加工工艺,并能对车铣配合件加工工艺进行优化调整 1.1.2　能根据机械加工工艺规范及车铣配合件机械加工过程卡,以及现场提供的数控机床及工艺设备,完成车铣配合件数控加工工艺卡的编制 1.1.3　能根据机械加工工艺规范及车铣配合件机械加工过程卡,以及现场提供的数控机床及工艺设备,完成车铣配合件刀具卡的编制 1.1.4　能根据车铣配合件 CAM 编程及数控机床调整情况,填写数控加工程序卡
	1.2　车削件数控编程	1.2.1　能根据车削件零件图,使用计算机和 CAD/CAM 软件,完成车削件的三维造型 1.2.2　能根据工作任务要求和数控编程手册,使用计算机和 CAD/CAM 软件,完成车削件 CAM 软件编程 1.2.3　能根据工作任务要求和数控编程手册,使用计算机和 CAD/CAM 软件,完成车削件加工仿真验证 1.2.4　能根据数控车系统说明书,选用后处理器,生成数控加工程序
	1.3　铣削件数控编程	1.3.1　能根据零件图,使用计算机和 CAD/CAM 软件,完成铣削件的实体和曲面造型 1.3.2　能根据工作任务要求和数控编程手册,使用计算机和 CAD/CAM 软件,进行编程参数设置,生成曲线、平面轮廓、曲面轮廓、平面区域、曲面区域、三维曲面等刀具轨迹,完成铣削件 CAM 软件编程 1.3.3　能根据工作任务要求和数控编程手册,使用计算机和 CAD/CAM 软件,完成铣削件加工仿真验证,能进行程序代码检查、干涉检测、工时估算 1.3.4　能根据数控铣系统说明书,选用后处理器,生成数控加工程序
2. 数控加工	2.1　车铣配合件加工准备	2.1.1　能根据机械制图国家标准及车铣配合件的零件图和装配图,完成车铣配合件装配工艺的分析 2.1.2　能根据加工工艺文件要求,完成刀具、量具和夹具的选用 2.1.3　能根据数控机床安全操作规程、车铣配合件的加工工艺要求,使用通用或专用夹具,完成工件的安装与夹紧 2.1.4　能根据数控机床操作手册,遵循数控机床安全操作规范,使用刀具安装工具,完成刀具的安装与调整
	2.2　车铣配合件加工	2.2.1　能根据生产管理制度及班组管理要求,执行机械加工的生产计划和工艺流程,协同合作完成生产任务,形成团队合作意识 2.2.2　能根据车铣配合件的加工工艺文件和数控机床操作手册,完成数控机床工件坐标系的建立 2.2.3　能根据数控机床操作手册和加工工艺文件要求,使用计算机通信传输程序的方法,完成数控加工程序的输入与编辑 2.2.4　能根据车铣配合件的加工工艺文件及加工现场情况,完成刀具偏置参数、刀具补偿参数及刀具磨损参数设置 2.2.5　能根据车铣配合件加工要求,使用数控机床完成零件的车铣配合加工,加工精度应达到如下要求: 1. 轴、套、盘类零件的数控加工 (1) 尺寸公差等级:IT7 (2) 形位公差等级:IT7 (3) 表面粗糙度:Ra1.6μm 2. 普通三角螺纹的数控加工 (1) 尺寸公差等级:IT7 (2) 表面粗糙度:Ra1.6μm 3. 内径槽、外径槽和端面槽零件的数控加工 (1) 尺寸公差等级:IT7 (2) 形位公差等级:IT7 (3) 表面粗糙度:Ra3.2μm 4. 平面、垂直面、斜面、阶梯面等零件的数控加工 (1) 尺寸公差等级:IT7 (2) 形位公差等级:IT7 (3) 表面粗糙度:Ra3.2μm

(续)

工作领域	工作任务	职业技能要求（中级）
2. 数控加工	2.2 车铣配合件加工	5. 平面轮廓加工。 (1)尺寸公差等级：IT7。 (2)形位公差等级：IT7。 (3)表面粗糙度：$Ra1.6\mu m$。 6. 曲面加工。 (1)尺寸公差等级：IT9。 (2)形位公差等级：IT9。 (3)表面粗糙度：$Ra3.2\mu m$。 7. 孔系加工。 (1)尺寸公差等级：IT7。 (2)几何公差等级：IT7。 (3)表面粗糙度：$Ra3.2\mu m$。 2.2.6 能根据车铣配合件加工工艺文件要求，运用配合件关键尺寸精度控制方法，完成关键尺寸精度的加工控制
	2.3 零件加工精度检测与装配	2.3.1 能对游标卡尺、千分尺、百分表、千分表、万能角度尺等量具进行校正。 2.3.2 能根据零件图、机械加工工艺文件要求，使用相应量具或量仪，完成车铣配合件加工精度的检测。 2.3.3 能遵循机械零部件检验规范，完成机械加工零件自检表的填写，能正确分类存放和标识合格品和不合格品。 2.3.4 能根据车铣配合件装配工艺要求，使用常用装配工具，完成车铣配合件的装配与调整
3. 数控机床维护	3.1 数控车床一级保养	3.1.1 能根据数控车床维护手册，使用相应的工具和方法，完成数控车床主轴、刀架、卡盘和尾座等机械部件的定期与不定期维护保养。 3.1.2 能根据数控车床维护手册，使用相应的工具和方法，完成数控车床电气部件的定期与不定期维护保养。 3.1.3 能根据数控车床维护手册，使用相应的工具和方法，完成数控车床液压气动系统的定期与不定期维护保养。 3.1.4 能根据数控车床维护手册，使用相应的工具和方法，完成数控车床润滑系统的定期与不定期维护保养。 3.1.5 能根据数控车床维护手册，使用相应的工具和方法，完成数控车床冷却系统的定期与不定期维护保养
	3.2 数控铣床一级保养	3.2.1 能根据数控铣床维护手册，使用相应的工具和方法，完成数控铣床主轴、工作台等机械部件的定期与不定期维护保养。 3.2.2 能根据数控铣床维护手册，使用相应的工具和方法，完成数控铣床电气部件的定期与不定期维护保养。 3.2.3 能根据数控铣床维护手册，使用相应的工具和方法，完成数控铣床液压气动系统的定期与不定期维护保养。 3.2.4 能根据数控铣床维护手册，使用相应的工具和方法，完成数控铣床润滑系统的润滑油泵、分油器、油管等的定期与不定期维护保养。 3.2.5 能根据数控铣床维护手册，使用相应的工具和方法，完成数控铣床冷却系统中冷却泵、出水管、回水管及喷嘴等的定期与不定期维护保养
	3.3 数控机床故障处理	3.3.1 能根据数控机床故障诊断理论，运用数控机床故障分析的基本方法，通过观察、监视机床实际动作，发现数控机床润滑方面的故障，完成润滑故障处理。 3.3.2 能根据数控机床故障诊断理论，运用数控机床故障分析的基本方法，通过观察、监视机床实际动作，发现数控机床冷却方面的故障，完成冷却故障处理。 3.3.3 能根据数控机床故障诊断理论，运用数控机床故障分析的基本方法，通过观察、监视机床实际动作，发现数控机床排屑方面的故障，完成切屑故障处理。 3.3.4 能根据数控系统的提示，使用相应的工具和方法，完成数控车床润滑油过少、软限位超程、电柜门未关、刀架电机过载等一般故障处理。 3.3.5 能根据数控系统的提示，使用相应的工具和方法，完成数控铣床的气压不足、G54零点未设置、刀库清零、刀库电机过载、冷却电机过载等一般故障处理
4. 新技术应用	4.1 数控机床误差补偿	4.1.1 能根据数控系统使用说明书，使用自适应补偿功能，完成机床的热误差自适应补偿。 4.1.2 能根据数控系统使用说明书，运用检测工具，完成热误差补偿之后的数控机床检测。 4.1.3 能根据数控系统使用说明书，运用误差分析及补偿工具，完成机床直线度误差补偿。 4.1.4 能根据数控系统使用说明书，运用误差分析及补偿工具，完成机床俯仰误差补偿

(续)

工作领域	工作任务	职业技能要求（中级）
4. 新技术应用	4.2 数控机床远程运维服务	4.2.1 能根据数控机床远程运维操作手册，完成数控机床远程运维平台的连接。 4.2.2 能根据数控机床远程运维操作手册，使用远程运维平台，完成数控机床设备工作状态、生产情况的远程监控。 4.2.3 能根据数控机床远程运维操作手册，使用远程运维平台，完成数控机床工作效率的统计。 4.2.4 能根据数控机床远程运维操作手册，使用远程运维平台，及时发现和处理报警信息
	4.3 智能制造工程实施	4.3.1 能根据企业智能制造工程实施具体案例，辨识离散型智能制造模式与流程型智能制造模式。 4.3.2 能根据企业网络协同制造模式实施具体案例，能分析网络协同制造模式实施的2~3个要素条件。 4.3.3 能根据企业大规模个性化定制模式实施具体案例，能分析大规模个性化定制模式实施的2~3个要素条件。 4.3.4 能根据企业远程运维服务模式实施具体案例，能分析远程运维服务模式实施的2~3个要素条件

附录 C　齿轮泵壳体工艺路线表

产品型号	DSX-5	工艺路线表		特性标记		编号	GUGC-DSX5-100		
零组件代号	DSX5-100			S		共1页		第1页	
零组件名称	齿轮泵壳体	零组件分类	C	材料	7A09	毛坯类别	ϕ100mm 棒料	版次	1
序号	工种	工序名称		单位		设备名称		设备型号	
005	数控车	车端面				数控车床			
		三爪夹外圆,车两端面,保证两端面尺寸不小于38mm（切刀宽度不大于3mm）							
010	数控车	车端面、ϕ10mm 孔（对应 $\phi 33_{0}^{+0.021}$ mm）				数控车床			
	1	车端面,保证尺寸（37±0.2）mm							
	2	车内孔及孔口倒角,保证尺寸 $\phi 10_{0}^{+0.03}$ mm 及 $C0.5$ 用于工装装夹							
015	数控车	调头车端面、$\phi 20_{-0.3}^{0}$ mm 轴				数控车床			
	1	车工艺凸台,保证尺寸 $\phi 20_{-0.3}^{0}$ mm							
	2	车端面,保证尺寸（36±0.05）mm							
020	数控铣	加工 4×ϕ10mm 孔及 M10×1.5 螺纹				数控铣床			
	1	钻孔,用 ϕ9mm 钻头钻 ϕ10mm 底孔,用 ϕ8mm 钻头钻 M10×1.5 底孔							
	2	铣孔,保证 4-$\phi 10_{0}^{+0.1}$ mm							
	3	攻螺纹,保证 M10×1.5							
025	数控铣	铣端面、ϕ16mm 孔及 4-M6×1-5H6H 螺纹				数控铣床			
	1	铣端面,保证尺寸（80±0.01）mm							
	2	铣孔、扩孔和镗孔,保证尺寸 2-$\phi 16_{0}^{+0.021}$ mm							
	3	钻 M6 螺纹底孔至 ϕ5mm							
	4	丝锥攻螺纹 M6							
030	数控铣	铣外轮廓				数控铣床			
035	数控铣	加工 ϕ30mm、R16.5mm、ϕ10mm 孔				数控铣床			
	1	钻孔,开粗去余量,分别加工至 ϕ28mm、R15mm、ϕ9mm							
	2	铣孔,单边留余量 0.2mm							
	3	镗孔,尺寸为 $\phi 30_{0}^{+0.021}$ mm、$\phi 33_{0}^{+0.021}$ mm、$\phi 10_{0}^{+0.021}$ mm							
040	检验	检验							
		说明:该工艺路线针对生产企业特定的工装与设备及批量生产要求而制定。							
更改标记		更改单号		姓名		日期	更改标记	更改单号	姓名	日期
编制							校对			
审核							复核			

参 考 文 献

［1］ 郭检平，夏源渊. 数控机床编程与仿真加工［M］. 北京：机械工业出版社. 2019.
［2］ 吕宜忠. 数控编程与加工技术［M］. 北京：机械工业出版社. 2019.
［3］ 杨静云. 数控编程与加工［M］. 北京：高等教育出版社. 2018.
［4］ 殷小清，王阳. 数控编程与加工［M］. 北京：机械工业出版社. 2019.
［5］ 马金平. 数控机床编程与操作项目教程［M］. 北京：机械工业出版社. 2016.
［6］ 周保牛，刘江. 数控编程与加工技术［M］. 北京：机械工业出版社. 2019.
［7］ 杨丰，邓元山. 数控加工工艺与编程［M］. 北京：国防工业出版社. 2020.
［8］ 展迪优. UG NX 8.0数控加工教程［M］. 北京：机械工业出版社. 2013.
［9］ 陈海舟. 数控铣削加工宏程序及应用实例［M］. 北京：机械工业出版社. 2006.